现代信息检索与利用丛书 • 丛书主编 袁润

理工信息检索与利用

SCIENCE & ENGINEERING INFORMATION RETRIEVAL AND UTILIZATION

主编 刘竟 副主编 李文娟

江苏大学出版社
JIANGSU UNIVERSITY PRESS
镇 江

图书在版编目(CIP)数据

理工信息检索与利用／刘竞主编．—镇江：江苏大学出版社，2015．2(2024．1重印)
ISBN 978-7-81130-910-2

Ⅰ．①理…　Ⅱ．①刘…　Ⅲ．①理科(教育)—情报检索—高等学校—教材②工科(教育)—情报检索—高等学校—教材　Ⅳ．①G252．7

中国版本图书馆CIP数据核字(2015)第028357号

理工信息检索与利用
Ligong Xinxi Jiansuo yu Liyong

主　　编／刘　竞
责任编辑／段学庆
出版发行／江苏大学出版社
地　　址／江苏省镇江市京口区学府路301号(邮编：212013)
电　　话／0511-84446464(传真)
网　　址／http://press.ujs.edu.cn
排　　版／镇江文苑制版印刷有限责任公司
印　　刷／镇江文苑制版印刷有限责任公司
开　　本／718 mm×1 000 mm　1/16
印　　张／18．5
字　　数／384千字
版　　次／2015年2月第1版
印　　次／2024年1月第11次印刷
书　　号／ISBN 978-7-81130-910-2
定　　价／42．00元

如有印装质量问题请与本社营销部联系(电话：0511-84440882)

序

大数据、云计算、物联网、移动技术、RFID 等为当今信息社会打上了深深的时代标签。而信息社会的机制与装置又让数据运动的速度和广度加强，渗透到社会运行与发展的各个领域，直至每个角落。信息无时不在、无处不在。信息与物质、能源并称为人类社会生存和发展的基本要素。当需要信息时，我们称之为“信息黄金”；当不需要信息时，我们称之为“信息垃圾”。飞机失联了，人们动用各种技术手段寻找它的蛛丝马迹，一丁点信息都会成为解开谜团的金钥匙，这时的信息贵如金。当我们打开邮箱，看到一条条的广告邮件时，不禁感叹信息满天飞。因此，处在信息社会，塑造良好的信息素质，练就优秀的信息本领，已成为整个社会的共识。

信息素质是高等院校全面素质教育的一个重要组成部分。一般来讲，信息素质是一种结构体系，包括能够判断何时需要信息的信息意识，具备如何去获取信息、如何评价和有效利用所需信息的信息能力，客观使用真正意义上之信息的信息道德，使信息保值和增值的信息价值观与信息认知观。信息检索类课程担负着大学生信息素质教育的神圣职责和光荣使命，是一门理论性、实用性和操作性很强的理论、方法与技能课程，核心是提高大学生的信息素质，具体目标就是培养大学生的信息意识，提高其信息技能和树立其遵守信息道德的理念等，形成科学的信息价值观与信息认知观。我国在 20 世纪 80 年代由原国家教委推进高校相关课程的开设，课程名称是“文献检索与利用”，简称“文献检索”。90 年代随着网络技术的发展，“文献检索”课程内容的重点开始向数据库倾斜，“信息检索”逐渐取代了“文献检索”。21 世纪以来，信息检索类课程由检索利用层次深化为分析研究层次，更加注重学生信息观念、信息意识与信息认知的培养。出版既能理论前沿联系实际一线、又能发扬传统和坚持创新并举的高质量的教材是满足信息检索课程的重要保障和前提。欣喜地看到，由长期奋战在信息检索教学一线的教师编写的《现代信息检索与利用丛书》堪称现代信息社会环境条件下大学生信息素养与能力培养的理论方法之知识体系的示范。

《现代信息检索与利用丛书》系列教材注重大学生信息资源检索与利用的素质养成及其理论方法体系培养。该系列教材共包含《社科信息检索与利用》《理工信息检索与利用》和《医学信息检索与利用》3 本教材，与其他信息资源检索教材不同之处在于，本系列教材既能“顶天”，又能“立地”。所谓“顶天”是指注重信息资源检索利用的观念素养与理论方法，所谓“立地”是指注重信息资源检索利用的能力培养与实战体验。该系列教材具有 3 个方面的特点：（1）理论性与实践性相结合，既有丰富的信息资源检索利用的基础理论，如信息资源检索理论、语言、方法、技术、步骤与评价；又有生动详细的数据库检索案例。（2）传统性与新颖性相结合，既包含传统的信息检索长期积累下来的基本理论框架，又有当前信息网络技术的发展带来的研究领域，如大数据、智慧图书馆、知识发现、搜索引擎等。（3）严谨性和活泼性相结合，无论是基础理论还是实践案例都经过编者仔细考究，力争做到内容的严谨性；教材的编排设计富有活泼性，每章设有案例、小贴士、思考题、扩展阅读等。

该系列教材立意深远、内容丰富、形式活泼、特色鲜明。能够帮助大学生在复杂多变的信息环境下，掌握信息资源检索的基础知识、方法与技能，引导学生灵活运用信息检索工具来解决实际问题，做到学以致用，对全面提高大学生的信息素质大有裨益。

衷心希望该系列教材能够成为大学生信息素质教育阵地的排头兵，发挥应有的价值。

郑建明

2015.六.28

前言

现代信息化社会，高速发展的网络及通信技术，促使了传统信息传播媒介的不断拓展与延伸，形成以多种媒介为载体的多元、立体、开放的信息传播体系，带来信息海量级、爆炸性地更新增长，并迅速渗透到人们生活、学习与工作的各个领域。人们对信息的需求依赖与日俱增，但信息泛滥又使人们陷入困惑之中。作为信息社会的大学生，尤其是理工科专业的大学生，必须具备良好的信息素质，即能够在短时间内精、准、全地获取所需信息，并有效地鉴别、分析、整合和利用有价值信息的能力。

信息素质是现代人才的必备素质，也是顺利进行有效学习、科学研究和知识创新的基础。信息检索与利用课程教学是目前高校开展信息素质教育的重要途径。

江苏大学曾在2008年编写了一套《高校信息素质教育丛书》，其中亦包括面向理工科大学生的信息检索与利用教程。该教材在信息检索课程教学中发挥了应有的作用，但自出版至今已有7年，随着信息技术和环境的发展，很多原有数据库的功能、使用方法等发生了很大变化，同时出现了一些新的信息获取平台和工具，仅靠修订已不能满足教学要求。因此，编者组建了教材编写团队，对理工信息检索与利用教材进行重新编写，以满足理工科学生的学习需求。

在编写中，编者力求展现信息素质教育的最新教学内容，把握“信息检索与利用”课程实践性和工具性的教学特点，理论与实践相结合，在章节中设置了开篇案例、内容案例、小贴士、扩展阅读等生动的小栏目，希望以更加灵活、有效的方式，充分调动学生学习的积极性。本书是加强教材建设与创新的一种尝试，编者由衷期望本教材能够对信息素质教育工作起到一定的推动作用。

本书是集体智慧的结晶。全书由刘竟担任主编，李文娟担任副主编，负责全书各章节的确定、修改、补充和统稿工作，编写大纲由刘竟拟定。第一、二章及附录一、二由朱安青执笔，第三章及附录三由李明娟执笔，第四章由柳翔执笔，第五章由傅俏、谢萍执笔，第六章由周云峰执笔，第七章由杨小琴执笔，第八章由骆雪松执笔，参考文献由刘竟整理。

在本书编写过程中，江苏大学图书馆领导和有关部、室的老师给予了大力支持和指导，江苏大学科技信息研究所2013级、2014级研究生参与了教材前期调研，在此向他们表示衷心的感谢！本书在编写过程中参考了大量的相关文献，在此对文献资料的作者致以诚挚谢意！江苏大学出版社的编辑为本书出版提供了指导，并付出了艰辛的劳动，在此向他们表示感谢！

南京大学信息管理系教授、博士生导师郑建明先生在百忙之中欣然为本丛书作序，在此深表谢意！

限于时间仓促，书中难免有疏漏，恳请专家、读者指正。

编　者

2014 年 12 月

目　录

第1章

信息环境与信息素质

学习目标

⊙ 了解信息环境及其特点；

⊙ 掌握信息素质的基本概念和评价标准；

⊙ 理解信息检索与知识创新的关系。

开篇案例

带鱼脊椎骨瘤病发现事件

人们经常会到市场上买一些带鱼吃，在吃剩的鱼的脊椎上偶尔会见到一些突起的小骨包，一般人见怪不怪，不会放在心上。但甘肃农业大学兽医系博士生导师陈怀涛教授以他丰富的病理学知识敏锐地察觉到，这一现象是不正常的。他将一些有突起的带鱼骨头带到病理实验室，做成病理骨磨片，通过观察发现这些骨质小鼓包其实是带鱼脊椎骨上长的骨瘤，分析骨瘤细胞的大小和形态，最后诊断是良性带鱼骨瘤，并结合产地的环境，对带鱼的产地来源进行分析，推测其发病原因可能是海洋污染。于是陈教授把这一发现经整理后发表在国内期刊上，后经过科研成果查新，发现这个问题在世界上还没有其他人报道过，因此陈怀涛教授成为发现“带鱼脊椎骨瘤病”的第一人。这个实例看似简单，但吃过带鱼的人成千上万，为什么只有陈怀涛教授研究了这个问题？这是因为陈怀涛教授具有敏锐的信息感受力和强烈的信息意识。

论文剽窃事件

2009年6月21日下午，湖北宜城市第四届人大四次会议以无记名投票的方式，选举产生了新一任人民政府市长。以全票当选市长的周森锋只有29岁，是中国当时最年轻的市长。消息传出后，29岁的周森锋立即成为网络红人，不少网友在网络上传周森锋的相关资料，其中不乏他的个人生平、家庭状况等。23日上午，有匿名网友在“周森锋贴吧”发表了一个题为《最年轻市长论文抄袭》的帖子。发帖者在帖子中称：“2004年周森锋就读硕士研究生期间发表于《商业研究》的《基于价值链的房地产企业核心竞争力分析》一文，与2002年王宇、柯玲发表于《经济体制改革》的《论房地产企业核心竞争力》的文章内容相似度超过50%。”为了求证网友的质疑，《新京报》的记者对两篇发表时间相差两年多的文章进行了对比，发现周森锋在硕士研究生期间发表的这篇论文，的确与王宇等人的论文在很多地方有惊人的相似，有些段落文字一字不差，但并没注明是引用。虽然身处舆论漩涡的周森锋对此事始终保持缄默，但是社会舆论与网友关注，表现出大家对其德、能、勤、绩、廉中“德”层面的重大质疑。

1.1 为什么学习信息检索知识

21世纪人类社会步入了信息化时代，高速发展的计算机网络技术、现代通信技术，促进了传统信息传播媒介的不断拓展与延伸，形成依托文字、声像、网络、通信等多种媒介的多元、立体、开放的信息传播体系，带来信息呈爆炸性增长的趋势，各种信息迅速渗透到人们生活、学习与工作的各个领域。人们对信息的需求依赖与日俱增，但信息泛滥又使人们陷入困惑之中，如何在尽可能短的时间内精、准、全地查找到所需要的信息成为一个难题，而信息检索知识可以帮助人们解决这一难题。掌握了信息检索知识与检索技能，可以有效提升自己从浩如烟海的信息中获取、鉴别和利用有价值信息的能力。

1.1.1 信息环境及其特征

1. 信息环境特征

信息环境是与信息交流和信息活动有关的各种要素的总和。信息环境有两层含义：一是社会信息交流与信息活动对社会发展的作用程度，即信息交流与信息活动在社会发展中的功能和作用的发挥程度，社会对信息交流与信息活动的功能和作用的认可程度；二是社会相关因素对信息交流与信息活动的作用程度，即信息交流与信息活动对社会发展的条件要求的满足程度，社会对信息交流与信息活动的发展条件的保证程度。

当代信息环境主要有以下特征：

(1) 信息超载严重

信息超载又称信息泛滥或信息爆炸。它是指在信息社会，伴随着科学技术的迅速发展，出现的数据爆炸、信息平庸化以及噪音化趋势，使人们无法根据自己的需要和当前的能力选择并消化自己所需要的信息。

（2）信息失衡明显

信息失衡是对由于经济水平、科技水平和其他多种相关因素的影响，不同国家、不同地区以及不同阶层的人群在信息占有水平以及利用程度上存在极大差距的描述。当今世界，信息资源分布不均，已经出现信息富国和信息穷国、信息富人与信息穷人的两极分化，而且这种分化还会因“马太效应”①的作用而进一步加大。

（3）信息污染成灾

信息污染是指社会信息流中充斥或伴随着许多不利于人们健康而有效地进行工作、学习、生活的不良信息，危害人类信息环境，影响人们及时、正常地吸收及利用有效信息的社会现象。

（4）信息障碍加剧

信息障碍是指在信息交流过程中，一方面各种原因阻碍了信息的正常流通，另一方面信息用户各自的生活经历、文化背景等存在很大差异，妨碍了其信息利用的有效性而产生信息交流障碍与信息利用障碍。现代社会信息交流中常见的信息障碍主要包括自然语言障碍、交流体制障碍、文化传统障碍、认知心理障碍和信息能力障碍。

（5）信息犯罪增多

信息犯罪是信息社会中一种新的犯罪类型，一般是指运用信息技术故意实施的严重危害社会、危害公民合法权益并应负刑事责任的行为。信息犯罪是有意识的、破坏性的甚至是反社会的活动，其危害极其严重。信息犯罪具有智能性、隐匿性、跨国性、严重性、社会危害性等特点。

2. 信息环境问题的解决对策

面对信息环境的种种严峻现实，国内外众多有识之士对信息环境问题的治理与社会控制展开了积极的研究，并提出各种解决问题的方案和措施。这方面的举措归结起来主要有以下几点：

① 对现代信息环境从政策与法规方面予以调节和控制。通过对信息政策与信息法规的制订与不断完善，对信息环境中出现的各种问题进行引导、协调、控制和管理，引导信息环境变动的方向，调控由于信息环境变动而引起的各种矛盾，对信息产业的各个环节进行科学而严格的管理，对从事信息搜集、存储、加工、传播、利用、创作等各种活动的个人和组织行为从法律法规方面予以规范。

② 宣传并教育人们树立正确的信息伦理及信息道德观念。促使人们在信息开发、信息传播、信息管理和信息利用等方面自觉遵守正确的伦理要求、伦理规则，认

① 马太效应（Matthew Effect），指好的愈好，坏的愈坏，多的愈多，少的愈少的一种现象。

识和理解与信息技术相关的文化、伦理和社会等问题,负责任地使用信息技术。

③ 强化技术手段以保障信息安全及净化信息环境。借助高新技术,如各种加密技术、认证技术、防病毒技术、防火墙技术、过滤技术等,有效地预防与治理信息环境问题。

④ 鼓励人们积极创作,丰富人类精神文明资源,大力推进先进文化的传播,净化信息环境,努力消除不文明、不健康、不利于人们接受有益信息或降低人们信息利用效果的信息垃圾,消除信息污染。

⑤ 加强信息教育,提高信息素质,促进人的素质的全面提升。提高信息用户素质,增强人们信息检索、获取、辨别及利用的意识、技能及相关的道德观念,是应对现代信息环境、防范与治理信息污染的重要内容。

1.1.2 信息需求

1. 信息需求的类型

信息需求是指人们在从事各种社会活动的过程中,为解决不同的问题所产生的对信息的需求,它是信息用户对信息内容、信息载体、信息服务的一种期待状态,是激励人们积极开展信息活动的源泉和动力。人的信息需求是人的一种心理活动或反映,它作为表现人的高级需求的一种形式,受到人的内部认知结构与外部客观环境的双重影响,是一个取决于各种主、客观因素的动态量值,处于一种运动状态。

美国情报学家沃格特认为,用户的信息需求一般可分为以下三种类型:

① 首先是对新信息的需求,即需要能及时获得、迅速传递的最新信息。这类信息需求的存在,是由于信息本身具有非常强的时效性,例如体育赛事、选举结果、股票行情等;或者是由于用户本人的工作特点,例如新闻报道和时事评论人员、金融市场分析人员、科技创新人员以及决策和管理人员等。这类信息需求对检索的查全率和查准率要求一般不会太高,但对信息的新颖性极为重视。要满足这类信息需求,最重要的是选择和利用那些及时报道和提供最新信息服务的各种网络检索系统或联机检索系统。性能优越的网络检索系统可以大大缩短信息报道的时差,消除信息传递中的时间延迟和误差,使信息的新颖性程度得到最大限度的保障。

② 用户的第二类信息需求是想了解某一理论、方法、事件等的片段性信息,以解决其研究或日常工作中遇到的具体问题。这种信息需求数量最大,其特点是信息需求的准确性要求较高,即检索出来的信息应有针对性,能解决实际问题。相对于检索的查全率而言,这类信息需求的查准率更为重要。这种需求的提出者往往是从事具体设计、制造工作的工程技术人员以及在校学生等用户群体。

③ 信息用户的另一类需求是基于对某一课题或项目进行系统、详尽地了解,以便掌握问题的历史、发展和现状。这是一种带有追溯性质的检索要求。用户在编写教材、撰写综述、评价科技成果、制定发展规划等工作中,一般会提出这种信息需求。

这类信息需求的特点是全面性,即要求检索全面、系统、彻底。满足这类信息需求一般需要回溯较长时间跨度内的大量文献和数据资料,因而联机检索系统在其中可以发挥重要作用。性能较强的联机检索系统,一般拥有较大的数据存储容量、较长时间范围的收录数据和强大的随机存取能力,是高效率、高质量地满足回溯检索的首选检索系统。

可以说,沃格特的三种信息需求类型的划分,不仅对信息检索系统的检索性能提出了要求,也为提高信息检索服务的质量提供了可操作的方法,如表 1-1 所示。

表 1-1　信息需求的类型及特点

信息需求的类型	需求信息的特点	信息需求的用户	信息检索的要求	信息检索的渠道
新信息	迅速传递的最新信息	新闻报道和时事评论人员、金融市场分析人员、科技创新人员以及决策和管理人员等	注重信息的新颖性	选择和利用那些及时报道和提供最新信息服务的各种网络检索系统或联机检索系统
片段性信息	关于某一理论、方法、事件等的片段性信息,以解决用户研究或日常工作中遇到的具体问题	从事具体设计、制造工作的工程技术人员和在校学生等	注重信息的查准率	选择和利用那些综合性、专业性的各种网络检索系统或联机检索系统
系统性追溯性信息	基于对某一课题或项目进行系统、详尽地了解,以掌握问题的历史、发展和现状	编写教材、撰写综述、评价科技成果、制定发展规划等工作的用户	注重信息的查全率	选择和利用那些较大的数据存储容量、较长的收录时间范围的性能高强的联机检索系统

2. 各类人群的信息需求

由于用户的专业知识、社会分工、承担任务不同,他们所关心的问题就会有差异,信息需求也会有所不同。下面主要从高校与社会两个层面,按照职业特点范畴,针对几种主要信息用户群体介绍其信息需求特点。

(1) 高校教师的信息需求

高校教师大多承担了不同学科领域的专业教学和专题研究,为提高教研质量,深入、系统揭示某课题或专题的本质和规律,需要了解和掌握本学科、本专业、本专题领域的研究历史、研究现状和发展趋势,因而对学科、专业、专题研究信息的全面性、系统性与前沿性的信息需求较为迫切;伴随着科学研究综合化的发展历程,科学研究在高度分化的基础上趋向综合,学科交融已成为当代科学发展的主要趋向。为适应这一趋势,高校教师的综合性、跨学科信息需求量增大。

(2) 大学生的信息需求

① 大学期间信息需求。课程信息:课程信息是指与大学生的课堂学习内容相关的信息,如课程参考书、课程复习材料、课程视频等;考试信息:包括大学英语四六级

考试、计算机等级考试，主要需求有关考试报名、复习及其考试政策等多方面的信息；科研信息：是指与大学生毕业设计、论文写作、科技创新等活动相关的信息。以上相关信息，学生主要通过学校图书馆来获得丰富的纸质资源、数据库电子资源，同时辅以搜索引擎检索、门户网站浏览、BBS 交流、博客圈子等方式补充完善所需信息。

② 毕业考研族的信息需求。考研的学生主要关心招生单位、招生专业、招生人数、考试课程以及毕业去向等方面信息。这些信息大多非常透明，登录招生单位的网站即可方便地获得。有些网站甚至把国内所有招生单位的招生信息集合到一起，考研信息一搜即得。考研族经过努力进入研究生阶段后，他们对信息的需求主要体现在科技文献方面。研究生阶级第一学年以上课为主，需要的文献主要是参考书；当完成或接近完成规定的学分后，注意力即转向硕士论文的开题准备，此时主要文献需求以期刊论文和学位论文为主，直到毕业；对于考博的学生，文献需求会向着内容更加专深的研究报告转移，特别是美国的四大科技报告。如有机会参加学术会议，不仅能够获取会议论文，而且可以相互交流，得到一些重要的非文献型信息。

③ 毕业就业族的信息需求。找工作的大学生普遍关心各种人才交流会。通过有关的企业名录，可得到用人单位的信息。学生就业后需要开阔知识领域，对信息的需求多关注在技术方面，文献需求包括专利、标准、样本等。

大学生的信息要求如图 1-1 所示。

（3）决策部门和管理部门的信息需求

国家机关各单位、部门的各级领导人员、管理人员，是负责决策与指导社会活动的用户集团，是信息服务的重要对象。其需求特点为：① 所需的信息范围广泛，主要是带有全局性、方向性的综合性信息，且着重需要经过高度加工的分析型综述信息，如涉及科技、经济管理、能源材料、环境市场及世界上相关行业的现状及发展趋势等方面的信息。这类用户对信息的全面性、系统性和完整性有较高的要求。② 他们都一般借助于本系统所属的信息机构通过正式渠道获得信息。

（4）科学研究人员的信息需求

科研人员的活动在于揭示和认识自然、社会与人类思维的规律，其成果是新的科学技术，这种工作的性质决定了信息需求有下列特点：① 所需的信息主要是科技信息，而且学科领域较窄，一般是一门学科的某一课题。② 由于科研活动的继承性、积累性，他们对于所需内容的信息的连续性要求比较高，但对信息服务的时限要求没有像技术人员那样紧迫。③ 既通过正式通道寻找所需的信息，也非常重视非正式通道的信息交流。④ 期刊是科研人员发表科研成果的工具，也是交流获取知识、了解情况的主要工具，因此期刊是科研人员获取信息的主要来源。

（5）工程技术人员的信息需求

这类用户的信息需求具有如下特点：① 工程师的主要任务是综合利用各种知识设计社会需要的各种产品，因此往往需要综合性的、涉及许多学科和技术范围的信息。② 不强调信息的内容连续性和累积性，但是对于信息内容服务的时间性要求较高。③ 需要经过检验的、成熟的技术信息，强调信息内容的新颖性、可靠性和准确性。④ 需要解决的是具体的技术问题，因此专利文献、标准文献、实物样品是主要的信息来源。

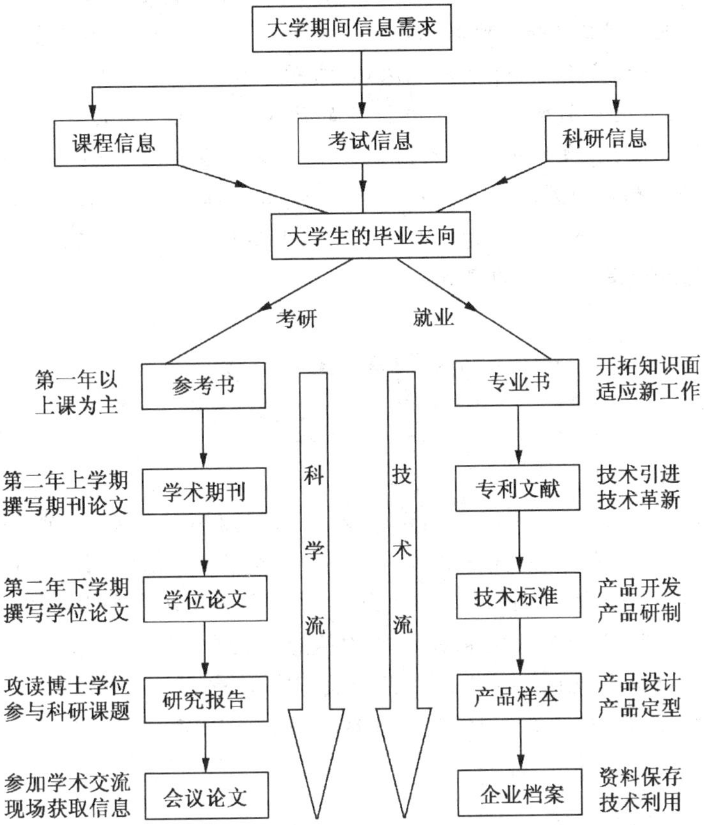

图 1-1　大学生的信息需求

（6）企业的信息需求

随着改革的深入，我国的企业的信息环境和信息需求也发生了很大的变化。我国企业用户的信息需求具有以下规律和特点：① 信息需求的多样性。企业是一个用户集体，由领导者、管理者、工程工作人员、采购和推销人员、工人等组成，因此，企业的信息需求是由不同层次的员工在总体目标的驱使下所表现出来的不同层次的需求总和。② 通过多种渠道获取信息。除了使用一些传统的正式通道外，还经常利用非正式通道获取信息，如用户反馈、产品展销订货会等。实物样品、产品资料等是其主要信息源。③ 需要多种形式的信息服务，如定题服务、资料通报、专题研究、联机检索、中介服务等。④ 需要技术成熟的、可直接利用的、见效快的技术信息和经济信息。

扩展阅读①　搜　商

在信息爆炸的21世纪,除了智商、情商,面对海量信息包围的困境,决定人生成败的关键因素还有什么?是"搜商",即一种通过工具获取新知识的能力——搜索能力。其实,搜商早已存在,只是未被人认识,未被人重视而已。从问路、查地图、翻阅图书资料,到使用搜索引擎,都是人类搜商的体现。搜商强调的是所获得的知识与所花费时间的比值,解决的是智商和情商悬而未决的遗留问题——效率问题。陈沛所撰写的《搜商:人类的第三种能力》(清华大学出版社)一书,深入浅出地阐析了人类第三种能力"搜商"的概念、功能及其在现代生活中的作用,阐明了掌握获取知识的能力比掌握知识更为重要的观点。

1.2 信息素质

信息素质作为"21世纪的能力素质"五个方面之一,无论对于个人成长还是国家发展都起着非常重要的作用。当今社会,信息与材料、能源一起被视为社会经济发展的三大支柱,要实现信息的快速获取、准确分析,充分利用好信息,更好地挖掘信息的价值,就需要具备良好的信息素质。我国国家统计局国际统计信息中心2000年对世界28个主要国家和地区的信息能力的调研显示,中国人的信息素质落后于许多国家和地区;①《中国信息年鉴2012》中《2011—2012年世界各经济体信息化程度排名》显示我国暂居于中上水平。所以,我国信息素质教育还需要进一步加强。

1.2.1 信息素质的概念

1. 信息素质的定义

信息素质(Information Literacy)又称信息素养,这一概念最早是由美国信息产业协会主席保罗·泽考斯基(Paul Zuikowsikl)在1974年给美国图书馆与信息科学国家委员会的报告中首次提出的。他认为信息素质是"人们利用多种信息工具使问题得到解答的技术和技能"。

信息素质概念自产生以来,在不同的发展阶段被不断赋予新的定义与内涵,国内外专家学者也分别从多个角度、多个层次、多个领域进行了探讨研究与描述,到目前为止,还没有完全统一的定义。纵观而言,就其时代特征性大致可概括成早、中、后三个阶段。

---

① 中国与世界主要国家信息能力比较[J].中国统计,2000,(8):43-44.

① 早期侧重实践性，强调利用信息解决问题的能力。

1976 年 Owens 认为信息素质是一种可以使工作更有效的技能，他还指出人虽然生来平等，但有信息素质的公民和不具有信息素质的公民相比，前者显然能做出更明智的决策。

1979 年美国信息工业协会把信息素质解释为“人们在解决问题时利用信息的技术和技能”。

② 中期随着计算机等技术的迅猛发展，强调利用计算机检索信息的技能，并关注人的属性，如对信息的意识、对信息的评估。

1982 年美国信息产业协会提出，新技术将成为信息素质的重要特征之一。佛罗斯·霍顿（Forest Horton）认为“相对于计算机素质而言，信息素质反映了整个社会对知识爆炸的认识水平，是计算机信息处理系统在问题处理和决策过程中，对所需信息进行标识、存取等提供支持的水平”。

1989 年美国图书馆协会下属的“信息素质总统委员会”把信息素质定义为“能清楚地意识到何时需要信息，并能确定、评价、查找、检索、有效利用信息以及利用各种形式交流信息的能力”。

1992 年美国学者道义尔（Doyle）指出，一个具有信息素质的人，能够认识到精确的和完整的信息是做出合理决策的基础，确定对信息的需求，形成基于信息需求的问题，确定潜在的信息源，制定成功的检索方式，从包括基于计算机的和其他的信息源获取信息、评价信息、组织信息用于实际的应用，将新信息与原有的知识体系进行融合以及在批判性思考和问题解决的过程中使用信息。

1996 年美国学院和学校协会南部学院委员会将信息素质定义为“具有确定、评价和利用信息能力，成为独立的终身学习者”。

③ 后期随着网络信息环境的变化，强调人的社会属性，如交流信息、传播信息。

1998 年美国制定了大学生学习的九大信息素质标准，包括：能够有效地和高效地获取信息；能够熟练地、批判地评价信息；能够精确地、创造性地使用信息；能够探求与个人兴趣有关的信息；能够欣赏作品和其他对信息进行创造性表达的内容；能够力争在信息查询和知识创新中做到最好；能够认识信息对民主化社会的重要性；能够履行与信息和信息技术相关的符合伦理道德的行为规范；能够积极参与活动来探求和创新信息。

2008 年英语教师国家委员会（NCTE）把构建与他人关系的能力也纳入信息素养范畴之中，要求在文化交汇的环境中有能力与他人合作，提出问题，并解决问题；强调具备在全球范围设计、提供信息的能力，并分享信息，以满足多种用途；具有精通技术工具的能力；在复杂的社会环境中有一定的道德责任感。

应该说，随着人们对信息素质认识与理解的不断深入，信息素质的含义也将不断丰富发展。综上所述，研究角度不同，观点的表述会有所不同，但对于信息素质的基本内涵还是具有一定的共识，即运用一定的信息工具和信息源获取、评估和有效利用信息的能力。

2. 信息素质的内涵

基于信息素质定义的多元化、多层次，其内涵十分丰富，概括起来主要包含信息意识、信息能力、信息道德三个方面。

（1）信息意识

信息意识被称为信息素质的灵魂。信息意识是指人对各种信息一种自觉的心理反应，主要表现为对信息具有高度的敏感性与积极主动性，对信息的捕捉、辨析和开发利用具有高度的自觉性和能动性。一个具有较强信息意识的人能敏锐地捕捉信息，能善于从他人看来是司空见惯的、微不足道的现象中发现有价值的信息。众所周知，水开了壶盖会不断被顶起，瓦特对这一平常生活现象仔细观察，发现是水蒸气推动壶盖跳动，受此启发后经多次研究，成功发明了完善的蒸汽发动机；鲁班的腿被带齿的丝茅草划破，受其启发发明了锯子。

案例 1-1

1969 年，瑞士研制出世界上第一只石英电子表，瑞士工业部错误地估计了石英电子表的使用价值和市场销售前景，认为其发展前途不大而被搁置。然而，对信息极敏感的日本人获得这一消息后，当机立断进行大规模生产，没过多久，大批石英电子表涌入国际市场，仅用 5 年时间就挤垮了瑞士 178 家表厂。日本人的成功就在于其对信息敏锐的感受力在关键时刻发挥了重要作用。

（2）信息能力

信息能力被认为是信息素质的核心，它是人们适应信息化社会发展所要具备的重要基本技能。信息能力具体包括信息技术应用能力，信息的查询、获取能力，信息的分析、评估能力，信息的利用、开发能力等。信息的查询、获取能力是指收集所有与个人所需内容有关的信息资源的能力；信息的分析、评估能力是指对获取的众多信息进行辨伪存真、取精去粕，筛选出具有权威性、先进性和价值的信息；信息的利用、开发能力是指运用科学的方法和手段，透过错综复杂的信息表象，挖掘信息的深层内涵，获取对信息的深刻认识并为实践所用。

案例 1-2

著名的“照片泄露案”就反映出日本人具有较强信息素质、较高信息能力。1964 年《中国画报》封面刊出的一张照片，大庆油田的“铁人”王进喜头戴大狗皮帽，身穿厚棉袄，顶着鹅毛大雪，握着钻机手柄眺望远方，在他身后散布着星星点点的高大井架。日本据此解开了大庆油田的秘密，他们根据照片上王进喜的衣着判断，只有在北纬 46°~48°的区域内，冬季才有可能穿这样的衣服，因此推断大庆油田位于齐齐哈尔与哈尔滨之间。再结合其他有关报道，如《人民日报》刊登文章中写道："王进喜同志到了马家窑，说了一声好大的油海呀！""大庆的设备不用马拉车推，完全是靠肩扛人抬。"日本公司分析：马家窑就是大庆的中心，油田不会远离火车站，远了人就拉不动设备。日本通过对大庆油田相关信息的持久关注、分析，推断出一系列准确情报，迅速设计出适合大庆油田开采用的石油设备。当我国政府向世界各国征求开采大庆油田的设计方案时，日本人一举中标，获得了可观的经济效益。

案例 1-3

新近走红网络的花费三万多元人民币游遍欧洲的福州大妈，被数万粉丝索求穷游攻略。58 岁的福州阿姨薛平在准备出游时提前 4 个月做足功课，对景点、交通、饮食、线路等各方面资讯进行充分收集、分析与规划，两个月游玩欧洲 15 国，仅花费三万多元，在希腊雅典，她还巧遇正在出访的国务院总理李克强，总理与她亲切握手合影。

（3）信息道德

信息道德是信息素质的准则，是指在社会整个信息活动过程中，无论是信息生产者、加工者、传递者还是使用者，都必须自觉遵守和维护的道德规范。其内容主要包括树立正确的信息价值观、抵制信息污染、确保信息安全、尊重知识产权和他人的隐私等。在当前网络开放的环境下，网络信息发布与传播至今没有形成完善的监管机制，导致很多垃圾信息乘虚而入，一些有害信息行为横行，对人们的生活观念、行为方式乃至社会整体文化都带来很大的影响。应对这一挑战需要人们积极提高个人的信息道德素养，以共同推进信息化社会健康有序发展。

案例 1-4

一款名为"MSN Chat Monitor & Sniffer"的软件制造的"MSN 偷窥门事件"，让众多 MSN 用户绷紧了神经。普通人使用该软件，不仅可以轻松看到局域网内部所有 MSN 用户的 MSN 地址，而且能够窥视其中的聊天内容，整个过程无须网管的协助。这就是一种侵犯别人隐私的不道德信息行为。

1.2.2 信息素质的评价标准

信息素质是个人综合素质的重要组成部分，加强大学生信息素质培养是大学生教育工作中不可或缺的重要环节。如何有效地开展实施信息素质教育和科学评估大学生的信息素质水平，信息素质评价标准可给予一定的参考和依据。

1. 国外信息素质的评价标准

国外关于信息素质评价标准的研究起步较早，美国、澳大利亚、英国等已经形成比较成熟、规范化和具有通用性或层面性的信息素养评价标准。目前，权威性与参考性较高的有2000年1月美国大学与研究图书馆协会制定的《高等教育信息素养能力标准》，其中包括5项标准和22项操作说明，具体为：

第一项，能确定所需要信息的性质和范围。评价内容要点包括：① 能定义和表述对信息的需求；② 能确认各种不同类型和格式的潜在的信息源；③ 能考虑获取所需要信息的成本和利益；④ 能重新评价所需要信息的性质和范围。

第二项，能有效而又高效地获取所需要的信息。评价内容要点包括：① 能选用最适当的调研方法或检索系统获取所需要的信息；② 能建构和运用有效的检索策略；③ 能运用各种方法联机检索，或通过人员咨询的方式获取信息；④ 能在必要时调整和优化检索策略；⑤ 能够抽取、记录和管理信息及其来源。

第三项，能评判性地评价信息及其来源，并能把所遴选出的信息与原有的知识背景和评价系统结合起来。评价要点包括：① 能从所收集的信息中概括出信息内容的主题；② 能结合并运用基本的标准来评价信息及其来源；③ 能综述信息内容的主题，并创建新的概念；④ 能对新旧知识进行对比，确认所增加的价值、矛盾性或其他独特的信息特点；⑤ 能判断新的知识对个人价值观念体系的影响，并使之逐步达到和谐统一；⑥ 能够通过与他人或者某一领域的专家、实践者对话，验证对信息的理解和解读；⑦ 能确定原始的咨询应该如何修改。

第四项，能有效地利用信息达到某一特定的目的。评价要点包括：① 能运用新的和原有的信息，计划和创造新的作品或表现形式；② 能根据作品或表现形式的需要，修改和调整信息的处理过程；③ 能就作品或表现形式与他人有效地交流。

第五项，懂得有关信息技术的使用所产生的经济、法律和社会问题，并能在获取和使用信息中遵守公德和法律。评价要点包括：① 懂得与信息和信息技术有关的道德、法律和社会经济问题；② 能遵守有关获取和使用信息资源的法律、规章、机构的制度和行业规范；③ 能在传送作品或表现形式时使用信息来源。

2. 我国信息素质的评价标准

我国至今未发布全国性的信息素质评价标准，目前认同性与影响力较高的是2005年北京高校信息素质教育研究会制定的《北京地区高校信息素质能力指标体系》、中国科学技术研究所制定的《我国高校学生信息素质综合水平评价体系指标》以及2008年4月高校图工委发表的《高校大学生信息素质指标体系及信息素质教育知识点（讨论稿）》，这些都为我国高校实施信息素质教育和评估提供了重要的指标和依据，但也有学者基于上述三个国内比较典型的指标体系的比对分析，同时结合国外评价标准内容的启示，认为高等院校学生应具有的信息素质主要包括以下5个方面的能力及其考核指标。

维度一:信息意识。

指标1:信息价值意识。

指标描述:认识到信息对个人在学习、工作和生活中的价值和重要作用;认识到信息对社会、国家发展的价值和重要作用;认识到信息是做出决策、解决问题的基础和依据。

指标2:信息反馈意识。

指标描述:能积极、主动地关注各类信息;能发现被他人忽略的有价值信息;能对挖掘出的有用信息具有信息存储意识;具有不断的信息更新意识。

维度二:信息知识。

指标1:信息基础知识。

指标描述:信息内容相关的知识;外语语言能力(能看懂外文文献);计算机及网络技术基础知识(了解计算机软、硬件知识,掌握基本的自动化办公操作,会使用搜索引擎浏览、上传、下载等);信息相关的政策、法律、道德规范等知识。

指标2:信息工具知识。

指标描述:了解各种信息源及信息服务机构,掌握获取信息的检索策略与方法。

维度三:信息能力。

指标1:信息定位能力。

指标描述:能确定所需信息的性质和范围;能清晰地表述信息需求。

指标2:信息获取能力。

指标描述:能辨别各种信息源;能选择适当的检索策略和方法。

指标3:信息评价能力。

指标描述:对获取的信息源、检索方式进行批判地评价。

指标4:信息处理能力。

指标描述:对获取的信息进行有效的分析、整合与存储。

指标5:信息创造能力。

指标描述:对获取的信息进行组织与创造,将其融入自身的知识体系中。

指标6:信息应用能力。

指标描述:能有效地进行信息的交流与传播,能将信息应用到实际中,解决某一问题或完成某一具体任务。

维度四:信息道德与法律。

指标1:信息的合法性。

指标描述:遵守与信息及信息活动相关的法律、法规、道德规范,尊重他人知识成果,引用信息时申明出处。

指标2:信息的安全性。

指标描述:了解信息安全问题,防止黑客、计算机病毒攻击,维护好信息安全。

指标3:信息的规范性。

指标描述:不传播有害信息,遵守信息礼节,自觉抵制违法、不健康的信息行为。

维度五:终身学习能力。

指标1:自主学习能力。

指标描述:信息化时代要求具备信息素质的人,依靠自主学习获取大量新知识。

指标2:自主创新能力。

指标描述:要求具备信息素养的人,不断提高自主创新能力,培养创新人才。

小贴士

信息素质标准既是一套评价指标,也是人们学习与提高的目标。对照上述标准,检查自己在哪些方面需要提高与加强。

1.2.3 信息素质与信息检索的关系

信息检索就是从信息集合中找出所需信息的活动与过程,也就是通常所提及的信息查寻(Information Retrieval 或 Information Search)。信息检索能力是信息素质的集中表现,信息检索教育是实施信息素质培养与促进信息素质提高的有效途径。

1. 信息检索能力是信息素质的集中表现

信息素质是适应信息化社会发展的一种重要基本技能,也是一种综合的能力素养,包含信息意识力、信息能力与信息道德素养等多方面。其中,信息能力作为信息素质的核心部分,涵盖信息查询获取能力、信息分析评估能力与信息利用开发能力等多层面的内容。信息检索是指从各种信息源中收集与所需内容有关信息资源的能力,若个人具有较强的信息检索能力,就能够根据信息需求分析,正确地选择信息获取来源,能够运用掌握的信息检索技能和方法快速地查询、搜集所需信息。应该说,信息检索在人们信息能力全过程中起着基础性、引领性的作用,正是依靠信息检索获取到全面性与准确性的所需信息,才能为进一步的信息开发、利用提供良好的分析评估资源,进而积极促进信息分析能力与信息利用能力的不断提升。信息能力的提升又会进一步促进人们信息知识的学习,加强人们对信息价值及信息技术作用的认识,从而进一步增强信息意识和信息道德。因此,信息检索能力是信息素质的集中表现、主要体现,是衡量信息素质水平的最基本要求。

2. 信息检索教育是提高信息素质的有效途径

早在20世纪80年代,我国就开始重视信息检索教育,普及信息检索知识。1984年,教育部下发《关于在全国高等学校开设文献检索与利用课的意见》的文件,引起全国各高校开设文献检索课的热潮。20世纪90年代以后各高校紧跟信息环境的变革发展,针对信息检索教育与信息素质教育的紧密性与融合性进行了信息检索教育的深化改革。信息检索教育是高校进行信息素质教育的主要形式,是有效提高大学生信息素质的重要途径。

开展信息检索教育、学习信息检索知识,可以培养学生自觉、敏感的信息意识,使学生在网络环境下快速、主动获得无论是专业学科、相关学科还是生活休闲等方面的所需信息;可以培养学生获取、分析和利用信息的能力,使学生可以灵活运用信息技术和检索技能方法及时、有效地获取所需信息,并对所获取的信息进行综合评价,从中提炼和加工有价值的信息,创造新的有用价值;可以培养学生独立学习和终身学习的能力,学生通过信息检索教育学会如何利用信息技术与工具查询、积累各种资源,如何评价、组织管理和利用丰富信息,增长个人自主学习的技能,有益于大学生走出校园、步入社会后的独立学习和终身学习,并促进其今后信息素质的不断提升。

案例1-5

如果自助去某地旅游,你能够检索到相关线路的交通信息吗?你能找到当时当地的天气情况吗?你知道该地最值得参观与体验的历史、地理、文化信息吗?你能找到该地的美食吗?能找到适合你的住宿地点吗?整个行程规划过程就是一个全面的信息检索过程,也是将各种信息结合自身情况进行加工、处理与分析的过程。如果你有较强的信息检索能力、较高的信息素质,就可以很快完成任务。

扩展阅读② 信息素质 Logo

信息素质是信息时代的人才特征,开展信息素质教育已经成为全球关注的重大课题。联合国教科文组织和国际图联联合举办的信息素质 Logo 设计竞赛于 2008 年 11 月 8 日揭晓了竞赛结果。Logo 设计中标者是古巴的年轻艺术家,名叫 Edgar Perez。此标志由三幅色彩不同的相同图形构成,如图 1-2 所示。

图 1-2 信息素质 Logo

该标志采用世界公认的图书和圆的形象,以一种通俗易懂的方式表示人类既可以通过传统方式(读书)也可以通过现代信息技术(网络)查找并获取信息,前者象征着学习,后者则代表当前因互联网而更易获取的知识、信息及其社会沟通的功能。该图标用一本翻开的图书和顶部的圆圈构成一个隐喻,即那些拥有认知技能的人能够快速检索并洞悉信息所隐含的知识。俯视该标志时,可见一个通常代表信息的小写英文"i"。用圆形和一本打开的书构成一个运动着的人的造型,寓意通过使用各种认知工具的人以快捷、智慧的方式获取信息,同时寓意与他人分享信息产生的成果。

Logo用简单的图形概括了信息素质的核心内容,即获取和利用信息,并终身学习,同时强调了交流与传播在信息素质中的重要地位。该Logo将作为信息素质的国际性标志在全球推广,任何图书馆及信息机构都可免费使用。此Logo的创立表明了国外信息素质教育发展的新阶段,今后世界各地的组织或机构将在统一的标志下开展信息素质教育,这将有利于信息素质在全社会的推广以及在全球的普及,提高信息素质的国际化程度,同时也说明信息素质教育正朝着更加规范、科学的方向迈进。

1.3 知识创新

知识创新是国家创新体系的重要组成部分,是一个国家和组织竞争力的重要体现和基本依托。创新活动是一个积累性的升华过程,有赖于大量先进信息资源的基础支撑,以及对前人智慧和创造力的传承与发扬。知识创新能力与信息素质水平是息息相关的,信息的检索、评价和利用能力是开展知识创新的重要基础与保障。

1.3.1 知识创新及其特点

1. 知识创新及类型

知识创新是指人类在认识和改造客观世界和主观世界的实践过程中获得新知识、新方法的过程与结果,主要包括科学发现和创造、技术发明和商业价值实现等一系列活动。从微观角度认识,知识创新是内隐认知和外显知识之间转化的过程,通过显性知识与隐性知识的相互作用,实现了人类知识的创造与发展。知识就是在这样螺旋式的转化过程中得以交流、融合和创新。从宏观角度理解,知识创新可以简单概括为通过科学研究获得新的基础科学和技术科学知识的过程,其目的是追求新发展、探索新规律、创立新学说、积累新知识并应用到产品和服务中去,以促使企业获得成功,国家经济活力得到增强,社会取得进步。

知识创新可分为以下四个类型:

① 组合创新。事物间的组合、搭配,即系统内部的关联和结构,其可能形式多种多样,能够产生的功能结构也是多种多样的。组合创新的关键是需要人们去实验、探索和发现。

② 进化和生长创新。知识创新可能产生于一个偶然得到的想法,但从新想法到创新之间需要一个形成发展的过程,即创新的进化与生长过程。

③ 嫁接创新。嫁接原则上也是一种新的组合方式,只不过这里强调与新环境的组合。任何一种有生命力的事物,在新的环境中为了自身的生存与发展都会产生一系列的适应行为,去探索与环境的最佳组合,以有效利用新的资源。即使一些老的事物处于新的环境下,为了保持生命力也会积极探索,焕发新的生命。这是知识创

新的一种重要形式。

④ 间断与逆向创新。创新往往不是在原有思路上简单延伸扩展的结果，也不是从既定的公式中演绎出来的，创新往往产生于原有思路的“中转”或“逆转”，因此具有相当大的突现性，是某种突变的结果。因此，知识创新产生于对原有状态和思路的“中断”和“背叛”，达到转折点的结果，转折点后面将会产生许多意想不到的新现象和新规律。

2. 知识创新的特点

知识创新作为一种认识和实践的特殊实现方式，有其自身的特性，概括起来至少包括以下四个基本特征：

① 创造性。知识创新的基本特征在于创造性。创造性是以实用性为指向的。面向现实世界，如果发现不尽如人意之处，人们一定会通过知识的创造性生产应用去寻求改进的途径。

② 整合性。整合性体现为不同学科知识的整合、不同形式的整合以及不同主体的整合。在创新的整合知识中，自然科学与社会科学合为一体，为区分研究对象而在抽象中隔离开的知识，在打破学科界限的具体实践需要中又重新走向统一。

③ 不确定性。知识创新是创造性的活动，无论是其活动的方式与过程，还是结果与效用，都是开拓性的、尝试性的。知识创新的不确定性是指在知识创新的各个层面和各个阶段都存在未知空间，都有主体难以预料和把握的因素，这就使创新的效果也不确定，并不以主体的意志为转移。

④ 争议性。知识创新的创造性实践是着眼于创新的效果与效益的，通过权衡投入与产出的价值比来进行项目的筛选与决策，因此创新活动总是包含着可选方案之间的竞争。

1.3.2 信息检索与创新的关系

1. 信息检索是知识创新的重要基础

知识创新既是人类的一种社会实践活动，又是人类的一种思维活动。所谓创新就是创新主体运用新思想、新方法进行开拓性劳动，并取得成果的过程。这是对前人的一种超越，是思想认识的升华。只有掌握了信息检索的技术与方法，才能高效获取、正确评价和善于利用信息。只有掌握了大量的信息资料，才能在前人不曾涉及的领域有所建树和突破，才能不断地创立新学说、创造新方法、积累新知识。所以，信息检索是知识创新的必要手段和工具，是知识创新的基础。同时，信息检索与知识创新也是相互促进的，信息检索打开了知识创新的通道；反过来，知识创新的成果又推动和发展了信息检索技术，丰富和完善了信息检索知识体系。

2. 信息检索是科学研究的重要环节

科学研究具有连续性和继承性，没有继承就没有创新。一个科技工作者创新成果的多少，一个科研项目科技水平的高低，都与其开发、占有和利用人类信息资源息息相关。信息检索是科学研究的重要环节，科技工作者在科学研究中，从选题、立项、试验、撰写研究报告、研究成果鉴定到申报奖项，每一环节都离不开信息检索。首先，通过信息检索，科研人员可以了解国内外科技发展水平与动向，利用已有的科研成果，使自己的研究工作建立在一个较高的起点上，避免重复劳动，少走弯路；其次，信息检索可以使科研人员开阔思路，启迪创造力，开拓更新的、更广阔的研究领域；再次，掌握信息检索技术与方法，可以大大提高信息检索效率，为科研工作赢得大量宝贵时间，缩短科研周期，加速科研进程，创造出更多的高附加值的技术成果。在知识经济时代，信息检索对科学研究工作的重要作用日趋明显。

案例 1-6

美国在实施“阿波罗登月计划”中，在对阿波罗飞船的燃料箱进行压力实验时，发现甲醇会引起钛应力腐蚀，为此投入了数百万美元来研究和解决这一问题。事后查明，早在十几年前，就有人研究出了解决方法，方法非常简单，只需在甲醇中加入2%的水即可，而检索这篇文献的时间最多十几分钟。由此可见，在科研开发领域里，重复劳动在世界各国都不同程度地存在，信息检索可以帮助避免相关的重复劳动。

3. 信息检索是创新培养的重要内容

21 世纪是知识经济和信息化的时代，素质教育和创新人才的培养是这一时代教育的根本宗旨。在创新人才的素质中，信息素质是一种综合的、在未来社会具有重要独特作用的基本素质。创新人才是创新活动的根本，具备创新能力的人才首先需要具备自学能力和独立研究能力，还需要具有自立和创新精神，最终才能成为创新人才。而自学能力和创新精神的培养，离不开对信息的搜集、整理、分析与利用，掌握了信息检索的方法便是找到一条吸收和利用大量新知识的捷径，使我们能够进入更广阔的知识领域，对未来和未知世界进行探索研究。学习信息检索课程，可以提高信息意识和获取信息的能力。

案例 1-7

1964 年，五角大楼秘密展开一项代号为“第 N 国计划”的绝密行动。这次绝密行动要解决的问题只有一个：几名头脑灵光且无法接触到科研保密资料的非专家人士能否破解“原子弹的秘密”？五角大楼想了解制造原子弹的方式方法和原理能否被永久保密？能否阻止原子弹的研发制造技术向第五个国家、第六个国家、第 N 个国家扩散？美军很快相中两个刚走出校门的大学生，因为他们完全符合“第 N 国计划”参与者的条件——掌握物理学知识，没有任何的核经验，更不可能接触到真正的秘密研究。让他们意想不到的是,这两人仅靠着一本笔记本和一张图书馆的借书卡,竟然在30个月内做出了一枚核弹设计方案。

扩展阅读③ 物联网

1999年麻省理工学院提出的物联网的定义很简单:把所有物品通过射频识别等信息传感设备与互联网连接起来,实现智能化识别和管理。这里包含两个重要的观点:一是物联网要以互联网为基础;二是RFID是实现物品与物品连接的主要手段(RFID是Radio Frequency Identification的缩写,即射频识别技术,俗称电子标签)。物联网能实现人与人、人与物、物与物之间任意的通信,使联网的每一个物件均可寻址,联网的每一个物件均可通信,联网的每一个物件均可控制网络。

练习与思考

1. 信息环境问题主要体现在哪些方面?解决问题有哪些好的举措?

2. 信息需求的类型有哪些?

3. 根据信息素质的评价标准评估下自己的信息素质水平,并思考作为一名大学生如何提高自身的信息素质。

4. 为什么说信息检索活动是科学研究工作的组成部分?

第2章 信息与信息源

学习目标

⊙理解信息、知识、情报、文献的基本概念以及这几个基本概念的联系与区别；

⊙掌握文献的类型，能够根据文献著录格式识别不同类型的文献；

⊙了解各类型文献的特点，在学习和研究中学会有针对性地选择不同类型的文献。

开篇案例

《大英百科全书》纸质版退役，将只发行电子版①②

《大英百科全书》（又称《大不列颠百科全书》，Encyclopedia Britannica）最终向数字时代屈服。2012年3月14日，总部位于芝加哥的不列颠百科全书公司宣布停止印刷，今后只提供电子版。

《大英百科全书》是举世公认的最古老、最知名、最专业和最具权威性的百科全书，它在1768年至1771年间在英国爱丁堡首次面世，平均13年左右出一个新版。1875年至1889年间出版的第九版被称为学者版，收纳了众多知名学者编写的专业学术文章，奠定了《大英百科全书》世界著名工具书地位的基础。1910年至1911年

① 文化传通网.《大英百科全书》纸质版退役，电子版直指维基百科[EB/OL]. http://www.culturalink.gov.cn/portal/pubinfo/103/20120427/5e586953b904453c9eaf7095ad17a4d6.html. 2012-04-27/2015-01-20.

② 腾讯科技.《不列颠百科全书》停印，只提供电子版[EB/OL]. http://tech.qq.com/a/20120316/000346.htm. 2012-03-16/2015-01-20.

出版的第十一版大胆尝试、锐意改革、删繁就简、提取精髓，兼顾学术性与可读性，堪称《大英百科全书》的经典版。编纂者有赫赫有名的英国生物学家汤玛斯·亨利·赫胥黎、英国哲学家阿尔弗雷德·诺思·怀特黑德、英国诗人阿尔加侬·查尔斯·斯温伯恩等，并一改单卷出版做法，第一次成套出版。1929 年出版的第十四版在第十三版的基础上再做革新，精简词条、简少卷数，成为名副其实的工具书。1980 年起，不列颠百科全书出版社与中国大百科全书出版社合作出版了《大不列颠百科全书》中文版。1990 年，该书总销售额达 6.5 亿美元，成为出版界难以逾越的记录。

1980 年，《大英百科全书》曾因拒绝微软的合作建议而痛失网络版先机，致使维基百科、Google 等网站大展鸿图，成为人们获取资讯的强大来源。1994 年《大英线上百科全书》(Encyclopedia Britannica Online) 发布，网络版除印本内容外，还包括最新的修改和大量印本中没有的文章，检索词条达 98 000 个。收录了 322 幅手绘线条图、9 811 幅照片、193 幅国旗、337 幅地图、204 段动画影像、714 张表格等丰富内容。

互联网的诞生，特别是维基百科的成功，不仅改变了人们的生活，也触动了编撰者的出版理念。在数字化、信息化的今天，《大英百科全书》顺势而为，选择以更强大、更全面、更权威、更有活力的网络形式，继续为大众提供丰富的知识宝库。

2.1 信息及其相关概念

2.1.1 信息

1. 信息的含义

在我国，“信息”一词最初来源于南唐诗人李中《暮春怀故人》中“梦断美人沈信息，目穿长路倚楼台”，那时的信息主要指消息和音讯，与现代信息的内涵还有很大差异。现代信息的定义具有多样性，以不同的学科、不同的角度对信息的定义都有所不同。

美国数学家、信息论创始人 C · E · 香农在其发表的论著《通信的数学理论》中把信息定义为“用来清除随机事件的形式的不定性的东西”，即信息就是不定性减少的量，是两次不定性之差。信息的量值与信息的随机性有关，如在接收端无法预估消息或信号中所蕴含的内容或意义，即预估的可能性越小，信息量就越大。

控制论创始人美国数学家 N · 维纳在《信息控制论》一书中认为信息“不是物质，也不是能量”，是人们在适应外部世界并使这种适应反作用于外部世界过程中，同外部世界进行交换的内容的总称。

心理学家认为，信息不是知识。信息是存在于人们意识之外的东西，它存在于自然界、印刷品、硬盘以及空气之中；知识则是存在于人们的大脑之中，它是与不确定性相伴而生的,人们一般用知识而不是信息来减少不确定性。

信息和计算机专家认为,信息是数据处理的最终产品,是经过收集、记录、处理,以能检索的形式存储的事实或数据。原始数据中产生信息,信息中产生知识。信息管理专家F·W·霍顿给信息下的定义是:信息是按照最终用户决策的需要,经过处理和格式化的数据;处理可以是自动化的或手工的,由数据转化为信息是由信息处理者自己完成的。

我国图书馆学界有一种观点认为:信息本身不是事物的本身,而是由事物发出的消息、情报、指令、数据、信号中所包含的内容。

信息的概念是人类社会实践的深刻概括,并随着科学技术的发展而不断发展。综上所述,若从信息检索与利用的角度出发归纳概括,可给信息下一个比较广泛的、容易接受和理解的定义:信息是一切事物存在方式和运动状态的客观反映。

2. 信息的特征

要把握和理解信息的概念,应该了解信息的几个共同特征。

(1)客观性

信息是客观存在的东西,是客观事物运动时所表现出来的特征和信号。如刮风、打雷,预示着可能要下雨;母鸡打鸣,可能它要下蛋;学校的钟声鸣响,表示上课或下课等。这些都表明信息是客观存在的,只不过有的已被人们所认识和接收,有的没有或暂时还没有被人们所认识和接收,但它毕竟是客观存在的。

(2)依附性

信息本身是看不见摸不着的,必须依附于一定的载体形式来实现传递,才能被人类认知。物质载体的形式是多种多样的,例如纸张、磁带、胶片、软盘、光盘等。就如2010年好莱坞的鸿篇巨制电影《阿凡达》一样,它席卷全球,带来近20亿美元票房的成功,这一方面依赖于导演和编剧的聪明才智,另一方面靠的是22米宽、16米高的IMAX 3D影院,这个影片内容的传播媒介给电影本身带来了更好的视觉冲击,并且正是这样的一种传播媒介引发了影迷们的无限好奇与热情。

(3)传播性

信息可以通过各种载体或媒介进行传播。社会信息的传播可以采用人际间的直接传播方式,如口耳相传;也可以采用有组织的间接传播方式,如广播、电报、电视、电影、手机、网络贴吧、博客、微博等。正是由于信息的可传播性,人类才可以相互联系和沟通,社会才能不断向前发展。

(4)可转换性

信息的可转换性可以从两个方面体现出来。一是信息的表达形式和记存形式具有可转换性。例如,用口头语言表达的信息,可以用文字记录下来转换成书面表达形式,这是表达形式之间的转换。就形式而言,同一信息内容可以记存在人的大脑中,可以记录于纸上,也可以拍成胶卷或者记录于计算机磁盘上。二是信息可以转化为物质财富和精神财富。例如,在社会各个领域的活动中充分利用信息,可以减少盲目性,实现人、财、物的合理配置,提高劳动生产率。

(5) 时效性

信息是活跃的、不断变化的。现代社会中,信息的使用周期迅速缩短,信息的价值实现取决于及时把握和运用信息的能力。如考试过程中有人随口把思考过程说了出来,那这条信息的时效性至少能够帮你多拿到几分,但是在考试结束后,即便有人把整套试卷的答案给你也无济于事了。

(6) 共享性

信息的共享性主要表现在同一内容的信息可以在同一时间由两个或两个以上的使用者使用,而信息的提供者并不失去所提供的信息内容和信息量,它是信息资源能够得到广泛利用的基础。

2.1.2 知识

1. 知识的概念

在生活中,我们经常会听到很多有关知识的名言,例如培根的"知识就是力量",高尔基的"爱护书籍吧,它是知识的源泉",爱因斯坦的"学习知识要善于思考、思考、再思考"。那什么是知识?它与信息又有什么关系呢?

知识是人类在改造客观世界的实践过程中的科学总结,是人们对客观事物的理性认识。人脑通过对客观事物发出的信息的接受、选择和处理,得到对事物一般特征的认识,形成概念。在反复的实践和认识过程中,人脑通过对相关概念的判断、推理和综合,加深了对事物本质的认识,构成人们头脑中的知识。也就是说,信息被人脑感受经理性加工后,成为系统化的信息,这种信息就是知识。知识是人类的认识成果,来自社会实践,其初级形态是经验知识,高级形态是系统科学理论。由上述可见,知识在形成过程中涉及许多信息的采集、处理、交流方面的问题,同样的信息对于不同的人能够加工成什么知识可能是不同的,这与各人的实践经验和所掌握知识的深广度有关。譬如,同样一个沙尘暴消息,环境生态学家的认识和一个休闲旅游的人所形成的认识就不一样;对于一件交通事故,交通民警和路上行人所得的知识也不同。

小贴士

信息和知识的关系是什么呢?信息是知识的原料,知识是信息的一部分,是被人们理解、认识并从头脑重新组织和系列化了的那部分信息。

2. 知识的属性和类型

知识在产生和发展过程中,表现出了一些属性。

① 意识性:知识是一种观念形态的东西,只有通过人类的大脑才能认识它、产生

它、利用它。

② 信息性:信息是生产知识的原料,知识是经人类认识、理解并经思维重新整合后的系统化信息,知识是信息中的一部分。

③ 实践性:实践是产生知识的基础,也是检验知识的标准,知识又对实践具有重大的指导作用。

④ 规律性:人们在实践中对事物的认识是一个无限的过程,人们在这种无限过程中所获得的知识从一定的层面上揭示了事物及其运动过程的规律性。

⑤ 继承性:每一次新知识的产生,既是原有知识的继承、利用、深化与发展,又是下一次知识更新的基础和前提。

⑥ 渗透性:随着人类认识世界的不断深化,各种门类的知识可以相互渗透,构成知识的网状结构。

随着对知识内涵的认识与加深,人类也从不同角度对知识进行了分类。关于知识的分类有以下几种类型:

① 德国哲学家马克斯·舍勒(Max Scheler)将知识划分为应用知识、学术知识和精神知识三大类。

② 奥地利裔美籍著名经济学家弗里兹·马克卢普(Fritz Machlup),于20世纪中叶提出了"知识产业"理论。他按照认识者的主观解释来分析知识的种类,认为知识包括5个方面的内容:实用知识、学术知识、闲谈和消遣知识、精神知识、不需要的知识(多余的知识)。

③ 我国《辞海》将知识的分类解释为:"知识随社会实践、科学技术的发展而发展。一般可以分成三大类:自然科学知识、社会科学知识和思维科学知识。哲学知识则是关于自然、社会和思维知识的概括和总结。"

④ 随着知识经济理论的逐渐发展,世界经合组织(Organization of Economic Cooperation and Development,简称 OECD)对知识的分类成为目前最具权威性和流行性的一种。根据该组织《以知识为基础的经济》(*Knowledge-based Economy*)一书的划分,"知识"可归纳为4种类型:

a. Know what(知道是什么)——关于事实方面的知识;

b. Know why(知道为什么)——关于自然原理和规律方面的知识;

c. Know how(知道怎么做)——关于技能或能力方面的知识;

d. Know who(知道谁有知识)——关于到哪里寻求知识的知识。

2.1.3 情报

情报的概念在不同历史时期有着不同含义:人们最早认为情报是战时关于敌情的报告;20世纪70年代人们认为情报是意志、决策、部署、规划、行动所需要的能指引方向的知识和智慧;到了20世纪80年代,情报又被认为是获得的他方有关情况以及对其分析研究的结果。著名科学家钱学森教授曾经说过:"情报是激活了、活化了的知识"。情报是人类社会传递中的可以发挥效益的关于特定事实的信息和知识，可分为专业情报、管理情报、重要情报、普通情报等，其主要作用是为正确决策提供信息，催化新知识，节约时间，提高工作效率等。

无论情报的内容与形式如何变化，其共同不变之处就是情报都是由以下 3 个基本要素构成：

① 知识或信息。情报都包含有知识或信息，所以知识和信息是构成情报的原料，但并非所有知识和信息都能构成情报，只有经过筛选、加工，为用户所需的新知识或新信息才能成为情报。

② 要经过传递。知识或信息转化为情报必须经过交流传递，有情不报，何以成为情报？口传、手传、邮传、电话和电报传递、网络传递等，都是情报传递交流的不同手段。

③ 要有价值性。情报以实现其使用价值为目的，人们创造情报、传递情报的目的在于利用，在于提高其效用性，效益是情报的结果。同时，它又是一种相对的概念，一种信息或知识对需要的人来说是情报，对不需要的人来说不是情报。

2.1.4 文献

文献是以文字、图像、公式、声频、视频、代码等手段将信息、知识记录或描绘在一定的物质载体上，并能起到存储和传播信息情报和知识作用的一切载体（如纸张、胶片、磁带、磁盘、光盘等）。不仅古代的甲骨文、碑刻、竹简、帛书是文献，图书、报纸、期刊是文献，现今的机读资料、缩微制品、电子出版物等也是文献。可见，凡是记录知识信息的一切载体均为文献，它是知识信息存在的基本形式。

1. 文献的构成要素

从文献定义，可以看出构成文献的 4 个最基本要素。

① 构成文献内核的知识信息。

② 负载知识信息的物质载体。随着生产力的发展，存贮和表达人们思想的物质载体改变了，从金石、竹简、羊皮、丝帛、纸张发展到用感光介质和磁性介质，从非人工材质的泥板、岩石、石板、兽骨、木板、竹片、兽皮、树叶、桦树皮等到各种人工材质，如无机材质（陶、砖瓦、瓷、玻璃等）、金属材质（青铜、铁、铝、金银等）、高分子材质（帛、纸、胶片、醋酸纤维等）、复合材质（磁带、光盘等）。

③ 记录知识信息的符号。文字已不再是表达思想的唯一手段，图形、声频、视频等同样成为表达思想、传递感情的重要手段。总的说来，文献中的符号系统指图画、文字、公式、图表、编码、声频、视频等。

④ 记录知识信息的方式，是指将文献的符号写入载体的方法和过程，按记录方法可分为手工记录、机械记录、光记录、电记录、声记录和磁记录。随着科技的发展，文字记录可以转变为数据记录，并用电子方法存贮到磁介质上。此外，还有光学字符识别（Optical Character Recognition，简称 OCR）技术，它通过光学方法对字符、标记

表示的书面数据进行自动识别，转换成机器可以处理的信息，这样就实现了纸质文献信息向电子信息的转换，而且可以通过不同接口装置向不同设备输入数据，这些设备进而与通信网络相连，实现远距离数据传送。

由此可知，文献必须要有一定的知识或信息内容，没有记录任何知识或信息内容的纸张、录音带等不能称为文献。另外，文献要有用以记录知识或信息的物质载体。从这个意义上讲，存在于人们头脑中的知识或信息不能称为文献，只有将知识或信息用文字、图像、数码等各种符号，采用书写、印刷或其他诸如光学、电磁学等方法记录在一定物质载体上，才称为文献。

2. 文献的功能

（1）存储知识的功能

自古以来，人类认识世界、改造世界所取得的各种知识，主要是靠文献来存储的。虽然文献不能把人类知识的全部都存储起来，但是却能记录与保存人类知识的精华。因此，文献是人类了解过去、认识现在和预测未来的重要工具。正因为如此，文献早已成为存储人类知识的最重要的形式。

（2）传递交流的功能

文献是记录和存储人类知识信息的重要工具，是知识信息存在的主要表现形式。有了文献，人类的知识信息才能打破时间和空间的限制得以广泛地传递和交流，人类才能从中学习和汲取前人遗留下的知识财富，从而促进人类文明的继承和发展。

（3）验证参考的功能

马克思认为“研究必须大量地占有材料”，也就是要大量地参考利用文献资料。他写《资本论》时，在英国博物院图书馆参考阅读了各学科著述 1500 余种，做了厚厚的 24 册笔记。在社会科学领域，每一项科学研究都以获取和利用文献为前提，以再生文献为研究结果。因此，文献是确认科研成果的基本手段，是科学工作者的劳动结晶，也是一名科研人员、一个国家科学研究水平和进步程度的重要标志。

小贴士

文献和知识的关系是什么呢？文献一定要有知识内容，但不是所有的知识都是文献，只有记录在载体上的知识才能成为文献。

2.1.5 文献、知识、情报与信息之间的关系

文献、知识、情报和信息之间存在着一种内在的必然联系，是同一系统的不同层次。信息是物质的属性，是物质的一种存在形式，它以物质的属性或运动状态为内容，并且总是借助于一定的物质载体来传递或存储。人类在接受了来自人类社会及自然界的大量信息后，通过实践活动和大脑的思维活动，去粗取精、去伪存真，经过

加工、孕育后就形成了各种不同的知识。或者说，知识是同类信息的深化、积累，是优化了的信息的结晶。因此，知识的产生离不开信息和信息的传递，从外延上看，知识包含在信息之中。在自然界变化和人类漫长的生产实践、科学实验和社会实践的过程中，观察到的各种现象及经验等相关的知识信息不断经过口授、传抄或通信联系不断积累。随着知识的丰富和增加，为了便于记忆、交流和流传，人们采用各种方法和手段将某些知识信息记录在一定载体中即形成文献。情报是特殊的信息，是在一定时间内为达到一定目的传递给一定对象的有用的新知识或新信息。

信息、知识、文献、情报之间的关系如图 2-1 所示。

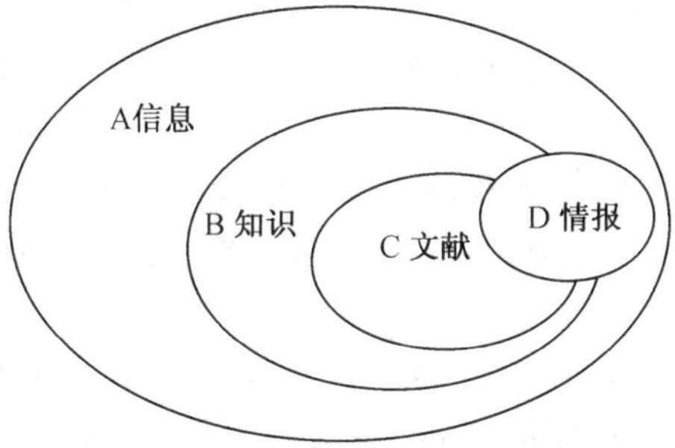

图 2-1　信息、知识、文献、情报之间的关系

如果用 A 表示信息圈，则信息中的一部分被人们所感知、认识，并在反复的认识—实践—再认识—再实践的过程中，由感性认识上升到理性认识，形成知识，用 B 表示知识圈；知识被载体所记录便形成文献，用 C 表示文献圈；为一定目的而搜集的有使用价值的文献、信息与知识就是情报，用 D 表示情报圈。

案例 2-1

国家统计局每个月都要公布国民经济运行数据（信息），如果经济数据持续下滑，国家就可能采取经济刺激措施（知识），形成即将正式出台的经济措施相关政策文件（文献），通过研究几个月经济数据的趋势，以及国家即将出台的政策可能导向（情报），有关企业将提前调整经营与投资策略。

扩展阅读① 云计算

云计算是一种 IT 世界基础设施的变迁，但是如何准确地定义它呢？事实上，很难用一句话说清楚到底什么才是真正的云计算。2009 年 1 月 24 日，Jeremy Geelan 在《云计算》杂志上发表了一篇题为《21 位专家定义云计算》的文章，由 21 位专家给出了 21 种定义。到底什么是云计算？

维基百科对云计算的解释是：云计算是一种互联网上的资源利用新方式，可为大众用户依托互联网上异构、自治的服务进行按需即取的计算。由于资源是在互联网上,而在计算机流程图中,互联网常以一个云状图案来表示,因此形象地类比为云计算,“云”同时也是底层基础设施的一种抽象概念。

伯克利大学的学者将云计算定义为:云计算包含互联网上的应用服务及在数据中心提供这些服务的软、硬件设施。互联网上的应用服务一直被称作软件即服务(Software as a Service,简称 SaaS),所以我们使用这个术语进行描述。而数据中心的软、硬件设施就是所谓的“云”。

其实云计算到底是什么,还取决于人们所关注的兴趣点。

如果从云计算服务的使用者角度来看,云非常简单,一切的一切都在云里边,它可以为使用者提供云计算、云存储以及各类应用服务。作为云计算的使用者,不需要关心云里面到底是什么、云里的 CPU 是什么型号的、硬盘的容量是多少、服务器在哪里、计算机是怎么连接的、应用软件是谁开发的等问题,而需要了解的是随时随地可以接入、有无限的存储可供使用、有无限的计算能力为其提供安全可靠的服务和按实际使用情况计量付费。

云计算最典型的应用就是基于 Internet 的各类业务。云计算的成功案例包括:Google 的搜索、在线文档 Google Docs、基于 Web 的电子邮件系统 G-mail、微软的 MSN、Hotmail 和必应(Bing)搜索、亚马逊(Amazon)的弹性计算云(EC2)和简单存储服务(S3)业务等。

扩展阅读② 大数据

20 年前,“数据”对于普通人来说还是一个相当专业的词汇。时至今日,“数据”已经无孔不入地渗透进人们的生活。美国互联网数据中心指出,互联网上的数据每年将增长 50%,每两年便将翻一番,而目前世界上 90% 以上的数据是最近几年才产生的。此外,数据又并非单纯指人们在互联网上发布的信息,全世界的工业设备、汽车、电表上有着无数的数码传感器,随时测量和传递着有关位置、运动、振动、温度、湿度乃至空气中化学物质的变化的数据,这也产生了海量的数据信息。

什么是大数据?“大数据”一词由英文“Big Data”翻译而来。麦肯锡全球研究所的报告《大数据:创新、竞争和生产力的下一个前沿》对“大数据”定义如下:大数据是指大小超出了传统数据库软件工具的抓取、存储、管理和分析能力的数据群。

IBM 公司把大数据特点概括成 3 个 V,即大量化(Volume)、多样化(Variety)和快速化(Velocity)。IBM 公司所概括的这 3 个大数据的特点也反映了大数据所潜藏的价值(Value),所以一般认为这 4 个 V 就是大数据的基本特征。(1)“大数据”的首要特征是数据量大,当前数据容量增长的速度已大大超过了硬件技术的发展速度,以至于引发了数据存储和处理的危机。大量的数据会被处理掉,比如美国医疗卫生提供商会处理掉他们所产生的 90% 的数据(手术过程中产生的几乎所有实时视频图像)。(2) 大数据不只是大,海量数据引发的危机并不单纯是数据量的爆炸性增长,还牵涉到数据类型的改变,也即多样化(Variety)。原来的数据都可以用二维表结构存储在数据库中,如常用的 Excel 软件所处理的数据,我们称之为结构化数据。但是现在,更多互联网多媒体应用的出现,使诸如图片、声音和视频等非结构化数据占到了很大比重:有统计显示,全世界结构化数据增长率大概是 32%,而非结构化数据增长率则是 63%,用于产生智慧的大数据往往是这些非结构化数据。(3) 大数据通常与 Hadoop、NoSQL、数据分析与挖掘、数据仓库、商业智能以及开源云计算架构等诸多热点技术联系在一起,大数据技术的战略意义不在于掌握庞大的数据信息,而在于如何对这些含有意义的数据进行专业化处理,通过"加工"实现数据的"增值"。

对于大数据的价值,麦肯锡全球研究所报告《大数据:创新、竞争和生产力的下一个前沿》指出,(1) 对企业而言,大数据的价值体现在两个方面:分析使用和二次开发。大数据的分析使用可以揭示之前因分析成本太高而忽略的信息,如消费者的同伴影响、购物交易信息分析、社交网络信息和地理数据等。过去的 10 年中,大数据分析方面已经积累了一些开发新产品和新数据的成功经验,比如数据推送改变了 Facebook 一类社交网站的商业化模式,其 8 亿用户潜在的个人信息和商业价值都能被转换成各类广告用途,与广告主对接,哪怕用户的一句"最近胃疼"的状态更新,也会吸引胃药广告和保险广告的"轮番轰炸"。(2) 对个人而言,智能手机的普及为开发大数据应用搭载了最好的平台。苹果公司 2011 年秋天发布了 iPhone 手机上的问答软件 Siri,如今,使用苹果手机的人们提出了数以百万计的问题,Siri 正在成长为一个越来越熟练称职的个人助理,提供事件提醒、天气预报、就餐建议等服务。

大数据有着非常广泛的应用领域。如在医疗健康领域,大数据的应用能够改善公共健康监视和反馈,通过使用全国范围的患者和治疗数据库,负责公共健康的政府部门能够快速发现传染性疾病,全面监视疾病暴发,制订完整的疾病监测和反应计划。在城市规划领域,对个人定位数据的分析能够极大地帮助城市规划师的工作,如通过分析高峰期和非高峰期交通拥挤地段的车流量、购物趋势等海量信息,为大容量公交运输建设、交通拥堵缓解方案的制订等提供判断与决策的有力依据。此外在社会管理领域,大数据的应用实践案例也非常多,洛杉矶警察局和加利福尼亚大学合作利用大数据预测犯罪的发生,统计学家内特·西尔弗(Nate Silver)利用大数据预测 2012 美国选举结果等。

2.2 信息源

信息源,顾名思义就是信息的来源。从全局和总体来说,某个信息的信息源只有一个,但从局部的时间、空间来看,由于信息不断流动和传递,任何信息提供者对于信息接受者来说又都是信息源。

2.2.1 信息源及其类型

1. 信息源的概念

信息源是产生信息的源泉，也是人们获得信息的地方。从直观上看，人们从乌云密布的自然现象，获得了大雨将至的信息；从广播、电视、报纸中，了解了国内外大事；科研人员从科技文献中获得了科学研究所需要的素材和数据；企业家从用户的购买行为中得到了有关市场需求的信息；地质勘探人员从一块矿石中预测到地下蕴藏着丰富的矿藏资源……这些能给人们提供信息的环境、人和事物等，都被看作信息源。也就是说，一切产生、记载、持有或传递信息的媒介、个人和机构等都是信息源，这就是广义上的信息源。为了更方便地开展科学研究，人们需要从更专业化的角度来看待“信息”，图书情报界认为，人们在科研活动、生产经营活动和其他一切活动中所产生的成果和各种原始记录，以及对这些成果和原始记录加工整理得到的产品都可称为信息源，这就是狭义上的信息源。

小贴士

信息源与信息资源不能等同。一般认为，附加了人类劳动的信息是信息资源，信息和信息源是普遍存在的，但并非都是信息资源。信息源中的信息要成为资源的条件分为必要条件和充分条件。必要条件是：首先，信息可以为人类创造财富和提供福利。其次，通过人类活动，信息可以被识别或检测到。充分条件是：首先，经过有序化处理，是真实、准确的信息；其次，从资源开发利用的角度讲，信息需要具备一定的富集度。

2. 信息源的类型

由于信息源形式多样，内容丰富，因此按照不同的角度可以将信息源划分为许多不同的类型。

按照信息源产生的时间顺序可分为以下几种。

① 先导信息源。这是指产生于社会活动之前的信息源，如天气预报就是典型的先导信息源。

② 即时信息源。这是指在社会活动中产生的信息源，如工作记录、实验报告等。

③ 滞后信息源。这是指在社会活动完成之后产生的信息源，如报刊、会议论文等。

依据信息源的保存性，可以将信息源分为以下几种。

① 可保存信息源。这是指所承载的信息经记录可以保存下来的信息源，如各种印刷品、缩微品、音像品、光磁制品等。

③ 不可保存信息源。这是指未被正式记录、无法保存下来的信息源，如谈话、讨论、授课等口头交流信息。

按照信息源的开发程度,可以将信息源分为潜在信息源和现实信息源。现实信息源又可以根据存在形式的不同,分为口语信息源、体语信息源、实物信息源、文献信息源、数字信息源等。

① 口语信息源。利用交谈、聊天、授课、讨论等人际交流方式来传递信息。这种信息源通常虽然包含着许多重要信息,仍有些信息并不十分准确可靠。

② 体语信息源。这是利用表情、手势、动作等方式来传递信息。这类信息源一般容量不大。

③ 实物信息源。这类信息源一般比较直观,信息量大,但其所含信息的传递性一般较差,其价值信息的获取和利用通常需要借助一定的开发与挖掘工作。例如考古发现的古生物化石就蕴涵了大量的关于古代气候、生物进化等方面的信息,但是这些信息的取得通常需要考古学家付出巨大的努力。

④ 文献信息源。这是最主要和最常用的信息源。凡是用文字、图形、符号、音频、视频记录下来,具有存储和传递知识功能的一切载体都称为文献信息源。

⑤ 数字信息源。这是借助先进的通信技术、计算机技术、多媒体技术,把信息收集、整理并加工成为电子化、数字化的一种新型信息载体。

在以上诸多信息源中,文献信息源和数字信息源是最重要的两种信息源,也是信息资源管理的主体。以文字、图形、符号、声频、视频等方式记录在各种载体上的知识和信息就是文献信息源,这类信息经过加工、整理后较为系统、准确、可靠,便于保存与利用,从整体上说,这类信息是当前数量最大、利用率最高的信息源。数字信息源是在20世纪以网络为中心的计算机技术、通信技术、多媒体技术迅猛发展的带动下而产生的一种崭新的信息源。数字信息源在电子媒介中产生,又通过数字媒介来传播和使用。数字信息源因为具有信息容量大、存储空间小、能够方便快捷地检索等优点,越来越受到人们的青睐。本书后面章节将重点讨论此信息源,下面简单介绍数字信息源中的数据库和网络信息两种资源类型。

2.2.2 数据库与网络资源的比较与选择

近年来,随着计算机与通信技术的高速发展,数字信息源层出不穷,其产生和发展使整个社会发生着深刻变革。了解、熟悉数字信息源,能够使它更好地为个人学习、社会科研和生产服务。用于信息检索的机读数据库和网络信息源是目前两类最主要的数字信息源。

数据库是计算机技术与信息检索技术相结合的产物,是计算机检索的基础。要建立计算机检索系统,首先必须对所收集到的大量文献资料按一定的体系和规则加以处理,使之成为机读形式的数据。这种在计算机存储设备上按一定方式存储的相互关联的数据集合,就是数据库。图书馆的馆藏包含纸质馆藏和数字馆藏,如高校图书馆都拥有服务该校学科、教学科研的大量专业、学术数据库电子资源。

网络信息源是指以电子数据的形式将文本、图像、声音、动画等多种形式的信息存放在光磁等非印刷型载体的介质中，并通过网络通信、计算机或终端等方式再现出来的电子信息源。网络信息源正以其跨时间、跨地域、跨行业、多语种、动态性等特点，成为无所不在、不可或缺的信息源。利用网络是当今获取信息的最主要途径。从时间和空间上讲，网络对用户没有任何限制，覆盖面遍及全球，24 小时不间断；就服务类型而言，网络提供的信息服务包括数据库、全文文本、电子函件、文件传输、电子布告、电子论坛等；就检索技术而言，网络采用人工智能、专家系统、超文本、友好界面等让用户访问网上的各种信息资源。

网络资源的内容比较简单，但涉及面较广，有时内容杂乱，很难得到系统而专业的内容。数据库资源具有极强的专业性，而且阅读需要一定的检索能力、专业知识，所以有一定的用户群限制。一般来说，想获取非专业的内容，应该首选网络资源，因为这样快且易懂；而想获得专业的内容，则可以充分利用图书馆购买的数据库资源。数据库资源与网络资源的具体比较见表 2-1。

表 2-1　数据库资源与网络资源比较

	数据库	网络资源
使用方便性	检索相对比较复杂，用户需要掌握一定的文献信息检索方面的知识	简单实用，不需要用户具有专门的检索技巧
可靠性	是经过加工整合的资源，可靠性高，众多的专业数据库，检索方法多样，因此也能更全更准地查找到所需信息	一般未经过专业或同行的评审，可靠性低，由于信息的来源渠道、开放程度等不可控因素的限制，搜索引擎的准确率还不够
可获得性	一般不能免费获取数据库资源，但是对于已经购买相应数据库的机构，可以免费获取该资源，如高校图书馆的师生就可以免费获取图书馆具有的数据库资源	受知识产权条例的限制，提供的仅是“发现信息资源”层次的服务，少量已经进入公用领域的信息，以及少量可以免费获取的相关全文信息
信息主要类型	专有性、学术性	大众化、一般信息
检索结果	获得少量但是更精准的信息	检索结果海量、繁杂
适用情形	了解某学科领域或某一问题的研究水平、发展趋势时；论文写作与科学研究时，了解与自己的课题相关的研究状况，查找必要的参考文献	了解时事新闻；获得企事业单位或政府信息；获取免费的学术资源；生活、学习、工作中的一般查询

网络信息源与数据库资源互有优势。对普通用户群体而言，利用搜索引擎查找一般信息比较方便实用；对学习、科研用户群体来说，通过图书馆或相关单位提供的数据库资源服务获得学术信息资源的可靠性更强。

2.3 文献的类型

文献的类型非常繁多,文献的分类依据多种多样。将文献划分为不同的文献类型,可以方便人们有效地认识、管理、开发、利用宝贵的文献信息资源。文献的分类依据有载体形式、出版类型、加工深度、公开程度等,如图 2-2 所示。

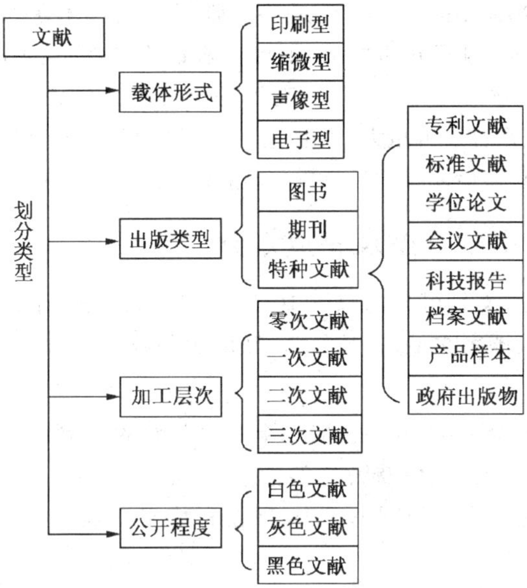

图 2-2 文献的类型

2.3.1 根据载体形态划分

按文献载体的物理类型,文献可分为印刷型(Printed Form)、缩微型(Micro Form)、声像-视听型(Audio-Visual Form)、电子型(Electronic Form)。

1. 印刷型文献

它也称纸质文献,是一种以纸介质为载体,以手写或印刷方式为记录手段,将文字、图像、数字、符号等固化在纸张上所形成的文献类型,如纸质的图书、期刊、报纸等。印刷型文献的优点是可以直接阅读,携带方便;缺点是与现代信息载体相比,其存储信息密度小,占用收藏空间大,难以长期保存。

2. 缩微型文献

它是指以光学材料和技术生成的文献形式。常见的有两种胶片产品:缩微胶卷和缩微卡片。缩微型文献的优点是便于保存、转移和传递,体积小;缺点是该类型文献必须借助专用的设备才能使用。

3. 声像-视听型文献

它是使用电、磁、声、光等原理、技术将知识、信息表现为声音、图像、动画、视频等信号，给人以直观、形象的感受，如唱片、录音带、录像带、CD光盘、VCD光盘、DVD光盘等。这种类型的文献也要借用专门设备阅读，但这类文献的专门设备比缩微型文献的专用设备普及度高。

4. 电子型文献

它也称数字型文献、机读型文献，是将文献通过高技术手段形成二进制的数字编码形式存储在磁、光、电等介质之上，由计算机识别和阅读的文献。电子型文献不仅改变了传统文献的物理形态，而且提高了信息传递速度，是信息化时代的重要标志。这类文献的优点是存贮容量大、读取速度快、成本低、不易磨损、保存时间长和易远距离传输；缺点则是必须借助专门的软件，通过显示器或打印在纸上方可阅读使用。

2.3.2 根据出版类型及特点划分

按出版类型划分，文献可分为以下10种类型：图书、期刊、专利文献、标准文献、学位论文、会议文献、档案文献、科技报告、政府出版物、产品样本。

1. 图书

图书是指一般不少于49页并构成一个书目单元的文献。①

图书是最古老、最主要的文献，它的信息承载量大，便于存放、携带，不受空间、时间和设备限制。这些优点使图书过去、现在和将来都是人类社会最主要的信息交流媒介之一。

图书往往是作者长期研究的成果和学识的积累，是传播知识、培养人才的主要读物。其特点是内容比较成熟，所提供的知识系统全面，出版形式也较固定；但图书的缺陷是出版周期长、更新慢。图书主要用于系统学习各学科的知识，了解关于某领域知识的概要。

图书一般分为两类：阅读型和工具型。阅读型图书有教科书、专著等；工具型图书有字典、百科全书、年鉴、手册等。

图书的识别主要依据著录项中的国际标准书号ISBN(International Standard Book Number)、出版社名称、地址、出版年、页数等。

当人们在进行论文写作时，需要指明引用资料的出处，即将所引用的文献标注出来，这就是论文文后列出的参考文献。对于参考文献的著录格式，现行的国家标准为2005年10月1日实施的GB/T 7714—2005《文后参考文献著录规则》(见附录1)。

① 国家标准《情报与文献工作词汇·传统文献》(GB/T 13143—1991).

图书的著录格式为:作者. 书名[文献类型标识]. 出版地:出版社,出版年. 。

案例 2-2

杨永厚. 实用信息检索方法[M]. 南京:河海大学出版社,2002.

2. 期刊

期刊又称连续出版物,指具有统一名称、固定版式、统一开本、连续编号、汇集多位著者的多篇著述、定期或不定期编辑发行的出版物,也称为杂志。与图书相比,期刊的特点是内容新颖、信息量大、出版周期短、传递信息快、传播面广、时效性强,但不如图书内容成熟与系统。期刊主要用于了解国内外各学科领域的研究前沿和发展动态。目前,全世界每年出版各类期刊达 15 万种以上,科技期刊约占 10 万种。据统计,科研人员从期刊中得到的信息达 70% 以上,是十分重要的文献信息源。

期刊的识别主要依据国际标准连续出版物编号 ISSN(International Standard Serial Number),ISSN 由 8 位数字分两段组成,如 1000-0135,前 7 位是期刊代号,末位是校验号。另外,我国正式出版的期刊都有国内统一刊号(CN),它由地区号、报刊登记号和"中图法"分类号组成,如 CN11-2257/G3。地区号依《中华人民共和国行政区划编码表 GB 2260—82》取前两位,如北京为 11、天津为 12、上海为 31、辽宁为 21、吉林为 22 等。

期刊的刊名一般都采用缩写形式并以斜体字印刷,刊名后著录有卷号、期号、出版年月及起止页码。

期刊的著录格式为:作者. 期刊论文篇名[文献类型标识]. 刊名,出版年,卷(期)号:起止页码. 。

案例 2-3

李晓东,张庆红. 气候学研究的若干理论问题[J]. 北京大学学报:自然科学版,1999,35(1):101 -106.

小贴士

图书的识别主要依据著录项中的 ISBN 号(国际标准书号),期刊的识别主要依据著录项中的 ISSN(国际标准连续出版物编号)。若要对某些问题获得较全面、系统的了解,或对不熟悉的领域有个初步、基本的了解,阅读有关图书是个较好的办法。若要了解相关科研领域发展前沿或热点,学术期刊是获取信息的重要来源。

3. 专利文献

专利文献是记录有关发明创造信息的文献,蕴含着技术信息、法律信息和经济信息。广义的专利文献包括专利申请书、专利说明书、专利公报和专利检索工具，以及与专利有关的一切资料；狭义的专利文献仅指各国专利局出版的专利说明书。

专利的特点是新颖性、创新性和实用性，这也是构成专利的3个基本条件，因此，专利文献在技术上有独到之处，对实际应用有很大价值。

专利文献在传递经济信息和科技信息方面发挥着极为重要的作用，全世界90%～95%的新技术是通过专利文献公之于世的。另据统计表明，只要系统地搜集美、日、英、法、德五国专利，就可以了解西方科技发展情况的60%～90%。因此，专利文献成为制订科研规划、产品组合战略，确定工艺路线，实施技术改造的一个主要技术信息源。

日本的市场战略同专利战略密切相关，不少企业每实施一项专利技术可连锁产生多项革新，他们在1956—1976年只花20年时间和60亿美元引进国外13955项专利，掌握了发达国家用50年时间和200亿美元的代价所研究发明的新技术。日本实施的专利战略已使在1989年全世界40%的专利属于日本。

专利文献的识别特征为专利号，专利号由两个字母的国别代码（如US为美国、GB为英国、CN为中国等，见表2-2）、流水号和公布阶段代码组成。

表2-2　专利号的常用国家、地区及组织代码

代码	国家/地区/组织名称	代码	国家/地区/组织名称	代码	国家/地区/组织名称	代码	国家/地区/组织名称	代码	国家/地区/组织名称	代码	国家/地区/组织名称
CN	中国	US	美国	JP	日本	KR	韩国	RU	俄罗斯联邦	EP	欧洲专利局
WO	世界知识产权组织	AT	奥地利	AU	澳大利亚	AF	阿富汗	BE	比利时	CA	加拿大
DE	德国	ES	西班牙	FR	法国	GB	英国	HK	中国香港	IB	世界知识产权国际局（WIPO）

专利文献著录格式为：专利申请者或所有者. 专利题名：专利国别，专利号[文献类型标志]. 公告日期或公开日期. 。

案例2-4

江苏大学，江苏大学机电总厂有限公司. 一种柴油机飞锤配对电子称重装置：中国，CN200810234309.1[P]. 2009－04－15.

4. 标准文献

标准是对产品、工程和管理的质量、规格、程序、方法等所做的规定。它由有关主管部门批准颁布，是从事生产、管理的一种共同依据和准则，其中主要为有关工业产品和工程建设的质量、规格和检验方法的技术规定文件。标准文献作为一种规章性的技术文件，具有计划性、协调性、法律约束性等特点，是从事生产和建设的一个共同技术依据和准则，可以促使产品规格化、系列化、标准化，对提高生产水平、产品质量、合理利用资源、节约原材料、推广应用研究成果、促进科技发展等有着非常重要的意义。

标准按使用范围可分为国际性标准、区域性标准、国家标准、部颁标准或行业标准、企业标准。按其内容分为基础标准、产品标准、方法标准、安全与环境保护标准等。按其成熟程度分为正式标准、试行标准、指导性技术文件、标准化规定等。按其约束性程度分为强制性标准和推荐性标准。

标准文献的识别特征为标准号，标准号通常由标准代号、顺序号、颁布年份构成，如 ISO 8068—2006，GB 19272—2011、GB/T 9813—2000。标准代号如国家军用标准（GJB）、国家标准信息（GB）、国家建筑标准（GBJ）、国际标准化组织标准（ISO）等。国外主要标准代码见表 2-3。

表 2-3　国外主要标准代码

标准代码	国家、地区或组织名称	标准代码	国家、地区或组织名称	标准代码	国家、地区或组织名称
AECMA	欧洲航空工业协会	CENELEC	欧洲电工标准化委员会	ETSI	欧洲电信标准协会
INCITS	国际信息技术标准委员会	ISO	国际标准化组织	ITU	国际电信联盟
ANSI	美国国家标准学会	AS	澳大利亚标准协会	BS	英国标准学会
DIN	德国标准化学会	JIS	日本工业标准调查会	NF	法国标准化协会

标准文献著录格式为：标准代号标准名称[文献类型标志]. 出版地：出版者，出版年. 。

案例 2-5

GB/T 7714—2005 文后参考文献著录规则[S]. 北京：中国标准出版社，2005.

5. 学位论文

学位论文是高等院校或研究机构的学生为取得学位，在导师指导下完成的科学研究、科学试验的书面报告。学位论文所探讨的问题比较专门和系统，具有一定的独创性、新颖性、科学性和较强的专业性，其质量要经过学位或学术委员会的考核。学位论文可用于科学研究开题前的文献调研，追踪学科发展的研究过程。

根据学位的不同，学位论文分为学士、硕士、博士3种，其中硕、博士学位论文具有较高的学术价值。此外，学位论文一般不公开发行，仅由学位授予单位和国家指定单位收藏，需要通过专门的渠道才能获取原文。一般来说，收藏与检索的学位论文不包括学士论文。

学位论文参考文献著录格式为：论文作者. 题名[文献类型标识]. 学位授予地址：学位授予单位，年份. 。

案例 2-6

沈锋. 复合空间视野下当代学术型图书馆的行为模式与空间定位[D]. 北京：清华大学，2013.

6. 会议文献

会议文献是指在学术会议上宣读和交流的论文、报告及其他有关资料。会议文献多数以会议录的形式出现，一般是经过挑选的，质量较高，能及时反映科学技术中的新发现、新成果、新成就，往往反映科学技术的发展趋势。会议文献的特点是专业性强、内容新、针对性强、学术水平高、出版发行较快、传递信息及时，一部分科研成果就是通过学术会议首次发表的。会议文献可用于了解相关学科领域内的新成果、新理论、新方法。

会议文献可分为会前、会中和会后3种。会前文献包括会议日程预告、会议论文预印本和会议论文摘要；会中文献包括会议期间的开幕词、讲演词、闭幕词、讨论记录、会议决议等，大多数为行政事务性材料，学术价值不大；会后文献是指会议结束后出版的会议文献，包括会议录、专题论文集、会议论文汇编、会议论文集、会议出版物以及会议纪要。

会议文献参考文献的著录格式为：主要责任者. 文献题名[文献类型标识]. 论文集名. 出版地：出版者，出版年：起止页码. 。

案例 2-7

毛峡. 绘画的音乐表现[C]. 中国人工智能学会2001年全国学术年会论文集. 北京：北京邮电大学出版社，2001：739－740.

7. 档案文献

档案文献指各级政府机构、企事业单位和某些个人在实践工作中形成立卷归档、集中保管、有历史价值的文字、图表、声像等形态的原始文献资料，是科技、政治、经济、历史的真实记录,是科技工作者进行科研的重要参考资料。

从档案形成领域的公、私属性角度,档案文献可分为公务档案和私人档案;从档案形成时间的早晚以及档案作用角度,可分为历史档案和现行档案;从档案内容属性角度,可分为文书档案、科技档案、人事档案、专门档案等。

档案的信息价值体现为凭证作用。档案是实践活动留下的记录,保存着真实的原始标志,具有无可争辩的客观性和可靠性,是查考和处理事务的真凭实据。另外,档案还可以提供大量情报和知识。例如,学术部门利用历史档案研究历史发展中的问题;经济学专业人员利用会计档案了解产品生产成本、原材料价格的变化,并通过归纳、分析,预测企业活动的发展趋势和市场对企业的影响。

档案文献主要依据档案号查询。

8. 科技报告

科技报告是科学研究工作中阶段性或最终研究成果的总结。科技报告的内容比较新颖、详尽、专深。其中包括各种研究方案的选择与比较,成功与失败的体会,有些内容涉及军事、国防、尖端技术、重要工程、新材料、新工艺等方面,大部分属于保密或控制发行之列,等到内容已无保密必要时才可转为公开。

国际上较著名的科技报告是美国的四大报告,分别是:美国国家技术信息服务处(NTIS)出版的 PB 报告,包括民用工程、土木建筑、城市规划、环境保护等;美国国家航空宇航局出版的 NASA 报告,包括航空航天技术;美国能源部出版的 DOE 报告,包括能源方面的报告;美国国防技术信息中心(DTIC)出版的 AD 报,包括军事方面的报告。

科技报告参考文献的著录格式为:主要责任者. 文献题名[文献类型标识]. 报告地:报告会主办单位,年份. 。

案例 2-8

冯西桥. 核反应堆压力容器的 LBB 分析[R]. 北京:清华大学核能技术设计研究院,1997.

9. 政府出版物

政府出版物是指各国政府部门及其所属机构出版的文献,又称官方出版物,可分为行政性和科技性两类。行政性文献(包括立法、司法文献),主要有政府法令、方针政策、规章制度、决议、指示、统计资料等,主要涉及政治、法律、经济等方面;科技性文献主要是政府部门的研究报告、标准、专利文献、科技政策文件、已公开的科技档案等。有些研究报告在未列入政府出版物之前已经出版过,故与其他类型的文献有重复。政府出版物对于人们了解各国的方针政策、经济状况及科技水平有较高的参考价值,一般不公开。西方国家多设有政府出版物的专门出版机构,如英国皇家出版局（HMSO）、美国政府出版局（GPO）等。

10. 产品样本

产品样本是指产品目录、产品说明书和产品手册一类的厂商产品宣传和使用资料。产品样本通常对定型产品的性能、构造、用途、用法和操作规程等作具体说明，内容成熟，数据可靠，图文并茂，形象直观，有助于了解有关领域的生产动态和发展趋势，是进行技术革新、新产品开发设计、产品订货等方面不可缺少的信息源。

2.3.3 按生产加工层次划分

按文献生产加工层次，文献可以分成零次文献、一次文献、二次文献和三次文献。

1. 零次文献

零次文献是指未经出版发行的或未进入社会交流的最原始的文献，如传统的私人笔记、底稿、手稿、个人通信、新闻稿、工程图纸、考察记录、实验记录、调查稿、技术档案等，以及现代的 E-mail 通信、论坛文章、博客和讨论文章等。其特点是内容新颖，但不成熟，权威性不高，绝大部分不公开交流，获取相对比较困难。

2. 一次文献

一次文献也称一级文献或原始文献，是人们对自然和社会信息进行首次加工（固化）而成的文字记载，如专著、报纸、期刊、标准文献、会议文献、科技报告、样本等成品文献都属于一次文献。对科技文献而言，一次文献有详尽具体的学术内容与研究数据，参考和使用价值较高，是科研人员追踪的主要目标。一次文献是文献信息源的主要部分，数量极为庞大，但由于在内容上是分散的、无系统的，因此不便于管理和传播。

3. 二次文献

二次文献又叫检索性文献，是指文献工作者通过对大量分散的、无序的一次文献加以筛选，再对选择的文献源进行外部特征（如题名、作者、文献物理特征）和内容特征的分析、提取、整理而形成的新的工具文献形式。二次文献一般包括目录、题录、索引、文摘、搜索引擎等，具有汇集性、工具性、综合性的特点，其不仅能报道一次文献，还为查找一次文献提供线索，是检索一次信息的主要工具。

4. 三次文献

三次文献也称参考性文献，是选择、利用有关的一次文献，再加以分析、综合而编写出来的第三个层次的文献形式，如专题报告、综述、进展以及手册、百科全书、年鉴等工具书。三次文献具有系统性、综合性、知识性和概括性的特点，它从一次文献中汲取重要内容提供给人们，便于人们高效率地了解某一领域的状况、动态、发展趋势和有关情况。因此，要在浩瀚的一次文献中查找所需资料，往往离不开二次和三次文献。

零次文献是最原始的信息资源;一次文献是最主要的信息资源,是人们检索和利用的主要对象;二次文献是对一次文献信息的集中提炼和有序化,是检索一次文献信息的工具,故又称检索工具;三次文献是按知识门类或专题将一次文献信息重新组织、高度浓缩而成的,是查考数据信息和事实信息的主要信息源。

小贴士

文献按照公开程度可划分为白色文献、黑色文献与灰色文献。

白色文献是指正式出版并在社会成员中公开流通的文献,如图书、报纸、期刊等。

黑色文献是指非公开出版发行,或者发行范围狭窄、内容保密的文献,如军事情报资料、技术机密资料、个人隐私材料等。

灰色文献是指半公开状态的非正式出版物,如学位论文等。

2.3.4 各种不同类型文献的关系及对比

了解文献的各种分类,利于人们认识与使用丰富的文献资源。下面对前述不同类型文献的相互联系、转换与区别作进一步介绍。

1. 出版类型划分的各种文献的对比分析(见表2-4)

表2-4 出版类型划分的几种主要文献的识别要素与特点

类型	文献类型标识	识别(检索)要素	特点
图书	[M]	书名、作者、出版社名称、ISBN、出版年等	知识内容系统全面,论点成熟、稳定、可靠,但出版周期长
期刊	[J]	期刊名称、卷号、期号、出版年、ISSN等	内容新颖,能迅速反映科研发展的最新动向和科研成果,出版周期短,报道速度快
专利	[P]	专利号、专利名称、发明人、申请人等	学科领域广阔、报道快、内容新颖,具有实用性与创造性
会议论文	[C]	会议名称、会址、主办单位、会议录的出版单位等	针对性强、发表快,不少论文在正式发表前先提交学术会议交流,观点可能不成熟,但内容新
学位论文	[D]	学位名称、导师姓名、作者姓名、学位授予机构等	具有独创性、新颖性、科学性的特色,参考文献丰富,可以看出有关专题的发展过程和方向
标准	[S]	标准名称、标准号、颁布时间等	较全面地反映标准制定国家的经济和技术政策、技术、生产和工艺水平
科技报告	[R]	报告名称、报告号、研究机构等	内容新颖、详尽,专业性强,发行范围控制严格,具有保密性

2. 文献出版类型与加工层次的关系(见图2-3)

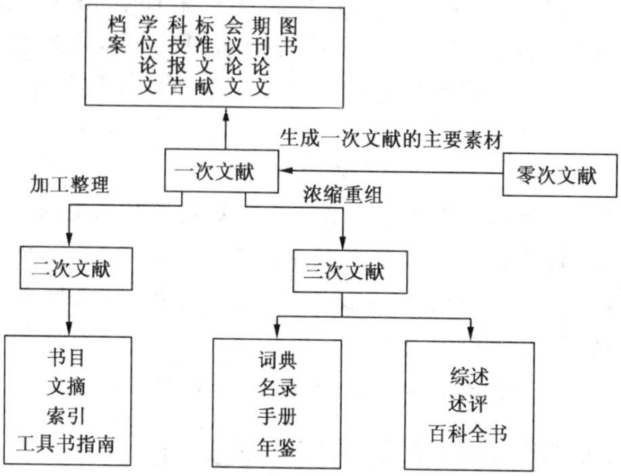

图2-3 文献出版类型与加工层次的关系

扩展阅读③ ISBN

ISBN是英文International Standard Book Number的简称,中文意思是“国际标准书号”。它是国际标准化组织(ISO)于1971年公布的一项国际通用的出版物统一编号方法。最初ISBN由10位数字分4段组成,各段依次是:地区或语种号－出版商代号－书名号－校验码。如:7-311-03544-9,表示中国代号为311的出版社(兰州大学)出版的一种图书,其书号为03544,该书的校验码为9。我国于1982年加入ISBN系统,并成立中国ISBN中心(设在国家新闻出版署)。

新的ISBN由13位数字组成,可分为5部分,2007年1月1日起实施。此编号将与书籍封底上印制的图书商品条码(EAN,13位)完全相同。

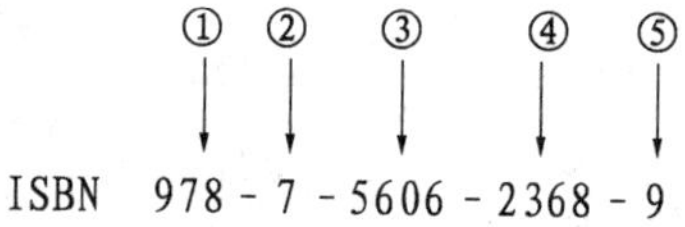

第一部分:前缀号,由国际物品编码协会(EAN)提供3位数字。EAN已经为图书提供的前缀号为978和979,目前使用的是978。

第二部分:组号,用以区别出版者国家、地区或者语种区。其中:英、美、加、南非等英语区为0,其他英语区为1,法语区为2,德语区为3,日语区为4,俄语区为5,中国为7,印度等为8,东南亚地区为9。组号的长度不同,但最长的由5位数字组成。组号由总部在柏林的国际ISBN中心分配。

第三部分:出版商代号,为各出版机构(者)的代码。出版商代号的长度与出版者计划出书量直接相关,出版量最大的出版者得到的出版商代号长度最短。

第四部分：书名号，代表一个具体出版者的某出版物的特定版次。书名号的长度与出版者计划出书量直接相关。最大预期出版量的出版者得到的书名号长度最长，反之亦然。为了确保维持 ISBN 号的正确长度，一般采用零来代替前面的空格。

第五部分：校验码，它采用模数 10 加权的算法计算得出。具体算法是：用 1 分别乘以 ISBN 的前 12 位中的奇数位，用 3 乘以偶数位，所得结果之和除以 10 即可推得校验位的值，值的范围为 0 ~ 9。如"ISBN 978 - 7 - 5606 - 2368 - ×"。验证码算法为：$9\times1+7\times3+8\times1+7\times3+5\times1+6\times3+0\times1+6\times3+2\times1+3\times3+6\times1+8\times3=141$，$141\div10$ 的余数 $=1$，该书号的验证码为 $10-1=9$，完整编码为"ISBN 978 - 7 - 5606 - 2368 - 9"。

练习与思考

1. 简述信息、知识、情报与文献之间的相互关系。
2. 信息源包含哪几个层次？数据库资源与网络资源有哪些区别？如何有效选择与利用这两种类型的资源？
3. 文献的类型有哪些？
4. 文献按照出版类型划分为哪几种？每种文献的具体特点是什么？
5. 谈谈你对各种不同类型文献间相互关系的认识与理解。

第3章

检索系统与检索策略

学习目标

⊙ 了解文献的内部特征与外部特征；

⊙ 理解分类检索语言与主题检索语言；

⊙ 掌握信息检索技术；

⊙ 掌握信息检索的步骤、检索策略的调整方法。

开篇案例

导师布置的检索任务

2014年小王刚考上硕士研究生，他的导师赵海涛就给他安排了第一项任务——检索EI中收录的赵老师的所有期刊论文。小王心想，EI不是外文数据库嘛，那人名自然是按照外国人的人名书写方式来写喽。于是，小王在作者字段用了检索词haitao zhao，同时结合作者单位字段，并将文献类型限定在Journal Article，然后进行检索，结果却一篇文献也没有检索到。这下小王着急了，找了位学姐帮忙指点一二。学姐告诉小王，在EI中检索中文人名，需要把人名的各种表达方式都作为检索词才能查全，应该在作者字段中输入："zhao hai tao or zhao haitao or zhao h. t or haitao zhao or h. t zhao or hai tao zhao"。小王得了真经，用这法子果然检索到不少赵老师的论文，他顺利地交了差，还得到了赵老师的表扬。不过，赵老师立马给了他第二项任务，要求他检索SCI中收录的赵老师的论文。小王如法炮制，在Web of Science平台中选中SCI数据库后，在作者字段中输入zhao hai tao or zhao haitao or zhao h. t or haitao zhao or h. t zhao or hai tao zhao，并且结合地址字段进行了检索。然而，这回学姐却告诉他："你画蛇添足了。"小王丈二和尚摸不着头脑："咋又出错了呢？"学姐告诉他：

“在 Web of Science 检索中文人名时,姓用全拼,名只用首字母,名与名的首字母紧挨着写,而姓与名空一格,就这一种写法就够啦,它能检索到各种不同的人名写法。你要查赵老师的论文,只用 zhao ht 就行。”小王恍然大悟:“文献检索原来有这么多道道,看样子,查资料之前,我得补补课呀。”

3.1 检索原理及检索语言

信息检索有广义与狭义之分。狭义的信息检索是指查找并索取所需信息的过程。广义的信息检索包括信息存储与信息检索两个过程。信息存储是指将大量分散无序的信息加以收集、分析、组织与整理,使之形成有序的信息集合的过程。存储是检索的前提与基础,检索是存储的目的。

信息检索按检索方式主要可分为手工检索和计算机检索。按检索目标主要可分为数据检索、事实检索和文献检索,以下对此作一简介。

1. 数据检索

数据检索是以科学实验、检验或统计等方式获得的数据为检索目标的信息检索,这些数据可能是数值型数据,也可能是非数值型数据。数据检索一般要查找的是科学技术常数、公式、产品规格和价格、统计数字、物质特性参数、化学分子式等。这类检索通常要借助百科全书、统计年鉴、手册、专科性词典等参考工具。例如,检索《建筑材料实用手册》可以查找到各种建筑材料的性能、规格、使用操作要点和参考价格等;检索《中国环境统计年鉴 2012》可以查找到“十二五”时期我国环境保护主要指标以及 2011 年我国各地主要能源、矿产基础储量等数据。

2. 事实检索

事实检索是以特定的客观事实为检索目标的信息检索。这类检索一般要查找的是有关人物、事物、机构、事件、地点等的基本情况。例如,著名人物的生平、成就与生卒年月;机构的概况、职能、联系方式、法人代表与所在地址;事件发生的时间、地点、过程、影响及意义;某字、词、句子、专业术语的写法、含义及出处;物名或地名的由来及沿革;产品的名称、型号、规格、技术指标、制造商与价格。事实检索通常要借助字典、词典、百科全书、类书、政书、年鉴、手册、名录、指南、年表、大事记、图录、方志等参考工具。

3. 文献检索

文献检索是指以文献原文或关于文献的线索为检索目标的信息检索。这类检索一般要查找的是图书、报纸、期刊论文、学位论文、会议论文、专利说明书、科技报告、标准、政府出版物、档案、产品说明书等具体的某篇文献的全文信息或部分内容或其馆藏地。文献检索是最常见和最典型的信息检索。文献检索通常要借助全文型数据库，或者目录、文摘、索引、题录等提供文献出处或检索线索的检索工具。

3.1.1 信息特征

信息特征是指能够将某一文献从其他文献中识别并区分出来的那些信息。这些特征信息中，有些是文献本身所固有的，有些是人为赋予的。信息特征可分为反映文献主题内容的内部特征和反映文献外在形态的外部特征。内部特征主要有分类号、主题词和关键词等，内部特征也可称为内容特征。外部特征主要有文献的题名、责任者、号码和出版发行项等，外部特征也可称为外表特征。

1. 内部特征

(1) 分类号

分类号是按照分类检索语言揭示文献的主题内容，并赋予文献分类检索标识的代号。

(2) 主题词

主题词是揭示文献主题内容并作为文献特征标识和检索标识的规范化语词。在主题词表中一个主题词只能表示一个概念，即具有词的单义性，决不允许一词多义或一义多词。为一份文献标引主题词时，首先需要对文献的主题内容进行分析，然后提炼出能够反映文献主题内容的词或词组，最后对照主题词表，选取那些与这些词或词组相对应的正式主题词作为文献的主题检索标识。所以，主题词不是直接从文献的内容中摘取的，而是选自正规的主题词表。

案例 3-1

在《汉语主题词表》中，对于“自行车”“单车”“脚踏车”这 3 个词，该词表规定只用“自行车”作为主题词。而“单车”和“脚踏车”只用作指引查找主题词“自行车”的引导词，不能用于标引和检索。由此，对于任意以“单车”“脚踏车”“自行车”作主要内容的文献，都只用“自行车”标引。而当用户在具有主题词检索功能的数据库中检索时，只需采用“自行车”这一个规范化的主题词，不但能检索到含有“自行车”的文献，而且能检索到所有任意含有“单车”或“脚踏车”的文献。

案例 3-2

对于《国务院关于做好玉树地震灾后恢复重建工作的指导意见》(国发〔2010〕14 号)这份公文，按照《国务院公文主题词表》的标引规则，其主题词标引为：“经济管理”“地震”“建设”和“意见”。

(3) 关键词

关键词是直接从文献内容中选出，用以揭示文献主题内容的语词。这些语词没有经过规范化的处理，一般直接从文献的标题、摘要或正文中选取具有实际意义的实词来充当。一篇文献的关键词一般三至五个，多则七八个。

案例 3-3

期刊论文《ZnO 添加量对 Pd/$Zr_{0.5}Al_{0.5}O_{1.75}$ 催化剂净化稀燃天然气汽车尾气性能的影响》的作者提取的关键词有："锆""铝""锌""钯""复合氧化物""稀燃""天然气汽车"和"水抑制"。

2. 外部特征

(1) 题名

题名就是文献的名称。书名、刊名、报纸名、专利名称、科技报告名称、标准名称、会议录名称、学位论文的题目、期刊论文的篇名、会议论文的篇名、公文的文件名等都是题名。学术性、科普类和公务性文献的题名一般能反映文献的主题内容，但有些图书、报纸、杂志上的散文、诗歌、小说等的题名不见得能反映文献的主题内容。题名是任何一种文献都固有的一种信息特征，不是人为标引的结果，反映的是文献本身外在的形态。因此，一般将题名归类为外部特征。

(2) 责任者

责任者是指对文献的知识内容或艺术内容负主要责任的个人或团体。著者、编者、翻译者、专利权的申请者或所有者、标准的发布者等都是责任者。在著录文献的责任者时，著作方式相同的责任者不超过 3 个时，全部照录；超过 3 个时，只著录前 3 个责任者，其后加"，等"或与之相应的词。

案例 3-4

[1] 郭亚丽，魏兰，沈胜强，等. 双液滴撞击平面液膜的流动与传热特性[J]. 物理学报，2014(9)：243－249.

[2] 潘龙，刘一涛，谢续明. 高性能石墨烯/聚合物纳米复合材料的研究进展——界面作用力的设计及其影响[J]. 高分子学报，2014(6)：724－736.

(3) 号码

不同类型的文献有不同的文献号码。这些号码往往具有唯一性，是识别文献的有力依据。这些号码主要有国际标准书号(ISBN)、国际标准连续出版物号(ISSN)、国内统一连续出版物号(CN)、专利编号、标准号等。

(4) 出版发行项

出版发行项对文献而言是一项重要的外部特征。对图书而言，出版发行项主要包括出版发行地、出版社、出版日期、版本等信息；对期刊而言，出版发行项主要包括期刊的邮发代号、出版周期、出版的年份、卷次、期次等信息。通过掌握这些信息，可以了解一份文献是否是法定的公开出版物以及它们产生的时代背景、出版周期、修订完善程度等。这对于准确地选择特定的文献具有重要的意义。

不同类型的文献，诸如图书、档案、期刊论文、学位论文、会议论文、标准文献、专利文献、政府出版物等，彼此之间的信息特征有很大不同。以上所述并未穷尽各种类型文献所具有的全部内部特征和外部特征。例如，期刊论文、学位论文和会议论文的内部特征除分类号、关键词之外，还有摘要。档案的外部特征除题名（案卷名称）、责任者、归档日期等之外，还有档案号。

3.1.2 信息检索的一般原理

信息检索是由信息存储和信息检索两个过程组成的。信息存储时，由信息标引人员分析每份原始文献的信息特征，提炼出文献的内部特征和外部特征，然后借助一定的检索语言，标引①出文献的内部特征标识和外部特征标识，并将这些特征标识存储在检索工具或检索系统中。检索前，由检索人员分析检索课题，制定检索策略，然后提炼检索词，并借助一定的检索语言，将检索词转化成检索标识。检索时，检索系统会将检索标识与检索系统中的文献特征标识进行比对，当检索标识与某份文献的特征标识相一致时，该份文献即为匹配的记录，也就是符合信息需求的检索结果。当该系统有全文链接时，检索人员通过链接就可查阅到原始文献的全文。而当该系统只是一个二次文献检索工具时，检索人员可根据该系统提供的文献线索进一步索取原文。信息检索的一般原理如图3-1所示。

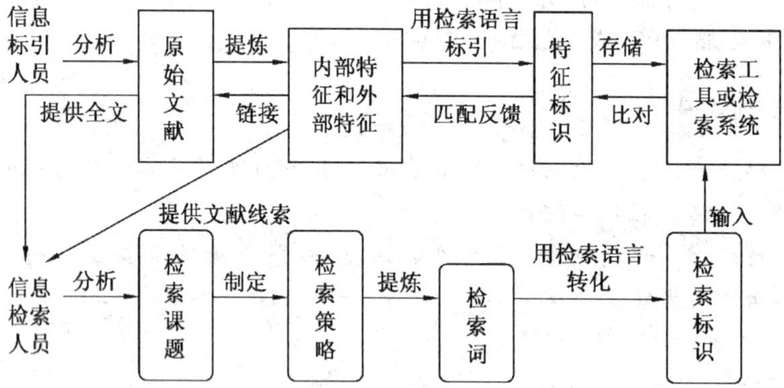

图3-1 信息检索原理

① 标引是指分析文献的内、外部信息特征，并给文献赋予信息特征标识或检索标识的过程。

3.1.3 检索语言

信息检索原理揭示出信息标引人员按检索语言存储信息的特征标识，而检索人员按照检索语言形成检索标识，通过检索语言这座桥梁，使得检索标识与特征标识具有可匹配性，当二者一致时，即实现检索目标。为此，检索语言是信息标引人员与信息检索人员共同理解的概念标识系统。无论信息标引人员，还是信息检索人员，都需要掌握一定的检索语言。检索语言是文献检索中用来描述文献的信息特征和表达信息提问内容的信息标识语言，是沟通信息标引人员与信息检索人员的纽带。

检索语言的主要功能：一是保证不同标引人员表征文献信息的一致性；二是使内容相同或相关的文献集中和有序化；三是保证检索提问与文献信息标引的一致性；四是保证检索人员按不同需求检索文献信息时，都能获得理想的查全率和查准率。

检索语言按构成原理主要可划分为代码检索语言、分类检索语言、主题检索语言和引文检索语言。

1. 代码检索语言

代码检索语言一般用专业领域的特定符号来描述物质的结构或属性，并用这一特定的符号作为相关文献的特征，由此形成相应的符号代码系统。例如，化合物的分子式索引系统，环状化合物的环系索引系统，有机化合物的威斯韦塞尔线型标注法代码系统等。与文献号码不同，这些代码揭示的是文献的内容，而不是作为文献本身的代号。对于描述物质结构或属性的代码，例如化学分子式，一个代码可以对应多份文献，而文献代码只与某份文献相对应。

2. 分类检索语言

分类检索语言又称分类法，它是按事物的某种共同属性或某一显著特征对文献进行分类，并将分类号作为文献特征标识和检索标识的一种信息标识语言。所谓“类”是指具有某种（或某些）共同属性的事物的集合，这一集合称为一类事物，而用于表示一类事物的名称概念被称为“类名”，在学科分类上称为“类目”。分类检索语言对每一个类目分配唯一的类号，即分类号，以固定并表示各级类目在分类体系中的位置和先后次序。

对不同类型的文献进行分类时，需要选择对应的分类法。例如，标准文献的分类法有《国际标准文献分类法》《中国标准文献分类法》；专利文献的分类法有适用于发明专利和实用新型专利的《国际专利分类法》（简称 IPC），和适用于外观设计专利的《洛迦诺分类法》；档案文献的分类法有《中国档案分类法》（简称《中档法》）；图书、期刊、资料等的分类法有国内的《中国图书馆分类法》（简称《中图法》）《中国科学院图书分类法》（简称《科图法》）《中国人民大学图书馆图书分类法》（简称《人大法》）；国外的《国际十进分类法》（Universal Decimal Classification，简称 UDC）《杜威十进分类法》(Dewey Decimal Classification,简称 DDC)、《美国国会图书馆图书分类法》(Library of Congress Classification,简称 LCC)。

《中国图书馆分类法》(Chinese Library Classification,英文简称为 CLC,以下简称《中图法》)是新中国成立以后,由全国各图书情报机构共同编制的一部大型综合性文献分类法。《中图法》原名《中国图书馆图书分类法》,自 1999 年第 4 版开始变更为《中国图书馆分类法》。它的第 5 版由国家图书馆出版社于 2010 年 9 月出版。目前,它是我国使用最广泛的分类法。据统计,全国 90% 以上的图书情报单位现均使用《中图法》分类。它按学科等级体系分类,共分成 5 大部类、22 个基本大类。中图分类号采用字母与数字相结合的混合号码。一个字母代表一个基本大类,字母顺序反映基本大类的次序。对工业技术二级类目,则采用双字母,例如,“自动化技术、计算机技术”这一类目的分类号是“TP”。22 个基本大类下细分的学科门类用阿拉伯数字组成,每隔三位数字加一个“.”。在数字的设置上,尽可能使号码的级数代表类目的级数,基本上遵循层累制的编制原则。

案例 3-5

食品科学下的“化学加工机械”类目的分类号为“TS223.8”。

间隔符号小圆点只是为了使分类号码更加清楚醒目、易认和易读。

《中图法》的每个类目都遵循科学的分类原则,按照学科之间的相互关系,从总到分,从一般到具体,层层划分,由此各个类目之间存在着从属关系、相关关系或并列关系。

(1) 从属关系

从属关系即指属种关系、整体与部分的关系或全面与某侧面的关系。《中图法》中每一类目与其直接细分出来的小类目之间是从属关系,主要通过上位类与下位类的等级排列反映出来。

案例 3-6

TS223	机械与设备	TS223.2	初加工机械
TS223.3	榨油机械	TS223.4	萃取机械
TS223.6	精炼机械	TS223.8	化学加工机械

“TS223 机械与设备”被称为上位类,“TS223.2 初加工机械”“TS223.3 榨油机械”“TS223.4 萃取机械”“TS223.6 精炼机械”和“TS223.8 化学加工机械”均被称为“TS223 机械与设备”的下位类。

(2) 并列关系

在分类表中具有相同派生级别的类目之间为并列关系。并列关系主要有两类:

一类是同位类，同位类是由同一个上位类细分出来的一组下位类，这一组下位类之间互称为“同位类”，一组同位类总称为一个类列；另一类是指同级类，同级类只是指等级位置相同的类目，它们不一定属于同一个上位类。

案例 3-7

① “TS223.2 初加工机械”“TS223.3 榨油机械”“TS223.4 萃取机械”“TS223.6 精炼机械”和“TS223.8 化学加工机械”之间互称为同位类，同时也是同级类。

② “TS223 机械与设备”与“TS244 制糖工艺”属于同级类目，但不属于同位类。

（3）相关关系

学科之间相互渗透、交叉是科学发展的必然趋势，因此，许多类目可能同时隶属于不同学科，或与其他学科关系密切。《中图法》通过设置交替类目、参见注释等方式揭示类目间的相关性。例如，环境生物学属于环境学和生物学的交叉学科，《中图法》将其编列到环境科学类下，而在生物科学大类下设置交替类目。

分类检索语言的优点有：① 强调知识的系统性，能够全面地、系统地按类集中文献，方便人们按照某一学科、某一专业或其他某个类别检索文献，能够满足族性检索的要求，可以获得较高的查全率；② 分类体系明确，通过对上位类或下位类等类目的浏览和选择，非常容易实现扩检和缩检。

分类检索语言也有缺陷，主要表现在：① 分类语言按学科、专业或其他某种类别集中文献，这会使同一事物或同一主题的文献分散在不同学科、不同专业或不同类别中。对于以某一事物或某一主题作为检索对象的检索课题，用分类法检索容易产生漏检，影响查全率。② 分类法按类列举，受分类表篇幅的约束，它不能穷尽所有类目，专指度受到一定限制，查准率不高。③ 对于较为专深细小的类目，除非十分熟悉分类表，否则难以迅速地通过浏览方式找到分类体系中最末端或最下位类的类目。④ 大多数分类法都是等级体系分类法，等级体系分类法属于先组式检索语言，类目的含义及其上下位类之间的关系是固定的，不能随时修改。然而，为适应学科的发展与技术的进步，必然需要增加新的类目、修改或删除旧的类目，但这只能等到分类法的修订或改版时进行，所以，分类检索语言难以及时反映新学科、新概念和新技术。

3. 主题检索语言

主题检索语言又称主题法，是以反映文献主题内容的语词作为文献特征标识和检索标识的一种信息标识语言。主题检索语言的优点是可以直接从研究对象出发，用表达和描述文献主题内容的语词去检索，而不需要考虑检索对象所属学科的分类体系，具有很强的专指性，查准率相对较高，可以满足特性检索的要求。主题检索语言的缺陷是用有限的几个语词去标引或检索文献，不可能涵盖文献所有的主题内容，不具有分类标引的系统性和全面性，查全率不高。所以，检索时如果将分类检索与主题检索结合使用，则更有利于查全和查准。

主题检索语言可分为关键词语言、标题词语言、单元词语言和叙词语言。其中，叙词语言也称主题词语言，主题词语言只是主题语言的一个子类，二者不能混同。

（1）关键词语言

关键词语言是直接从文献中选取未经规范化处理的、能够揭示文献主题内容的语词作为文献特征标识和检索标识的一种信息标识语言。它是一种自然语言，也即非受控语言，优点主要有：① 检索时直接采用日常生活、学习和工作中经常使用的具有实际意义的实词作为关键词，符合人们的表达习惯；② 关键词语言直接从文献内容中抽词标引，而不是从词表中选词标引，简便易行，不需要使用专业的词表，不受各种复杂的标引规则的约束，不需要专门学习就能掌握，非常适合非专业人员使用；③ 抽词标引的方式非常适合计算机自动标引与检索，从而可以节省大量的人力与物力，同时也能节省时间，加快报道文献信息的速度；④ 抽词标引的方式使文献作者如何表词达意关键词就如何表词达意，尤其对于新兴语词，关键词语言由于不受词表更新的约束，可以自由标引，能反映最新的科技术语和新兴的网络语词，如“凤凰男”“7 时代”等；⑤ 关键词语言可从多个角度从文献内容中抽词标引，每个关键词都是一个检索入口，检索途径丰富；⑥ 以关键词作为标引词，在主题表达上比较直接，具有较高的专指度，查准率比较高。

当前，国内除极少数医学专业数据库采用了叙词语言外，如 CNKI 中国知网的《中国医院知识总库》（简称 CHKD），其他绝大多数的数据库和检索系统采用的都是关键词语言。例如，CNKI 中国知网的中国学术期刊网络出版总库、中国博士学位论文全文数据库、中国优秀硕士学位论文全文数据库、中国重要报纸全文数据库、中国重要会议论文数据库、维普期刊资源整合服务平台、万方数据知识服务平台、书生数字图书馆、方正 Apabi 数字图书馆、超星读秀学术搜索、百度、谷歌等，都采用关键词语言。这些数据库和检索系统采用的是关键词标引，而不是主题词（也称叙词）标引。因此，它们虽然都具备“主题”检索功能，但都不具备“主题词”检索功能。在这些数据库和系统中检索文献时，采用什么样的检索词，结果中就出现什么样的词，类似于“抠字眼”。之所以如此，是因为关键词语言保持用词的原状，对词形、词义、语义关系都不加控制。为此，在运用关键词语言的检索系统中，需要注意以下现象。

① 一词多形现象。

词形的变体主要有中文简体、繁体与异体字、英文单词的原形与过去式、过去分词、现在分词、单数与复数、英式写法与美式写法、比较级与最高级、英译中文人名的各种表达形式等。在运用关键词语言的检索系统中，除 Web of Science 检索平台外，大多数系统几乎都没有对词形变体做规范化处理，即没有人为指定一个词形作为所有变体的规范化形式。为此，在检索时需要将一个词的所有变体都作为检索词，以扩大检索范围，提高查全率。

案例3-8

如在EI中检索“范玉顺”发表的文献,检索式为:(fan yu shun or fan yushun or fan y. s or yu shun fan or y. s fan or yushun fan) wn AU。

在EI中同时检索treat、treating、treated、treatment等,可以用星号作后截词处理,即用“treat *”作为检索词,或者也可以采用EI系统中提供的词干检索功能,就可查全以上几种变体。

② 多词一义现象。

多词一义现象指的是同一个概念可以用多个语词来表达,即同义词现象。

案例3-9

俗称与学名——“西红柿”与“番茄”;

常用词与专业术语——“盐”与“氯化钠”;

旧词与新词——“工资”与“薪水”;

全称与简称——“人民代表大会”与“人代会”;

全称与代称——“江西”与“赣”;

口头语与书面语——“爸爸”与“父亲”;

化学元素与其符号——“铝”与“Al”;

外来词与本民族用语——“迷你裙”与“超短裙”;

意译与音译——“电动机”与“马达”;

产品型号与代号——“SS-1导弹”与“飞毛腿”;

姓名与其字、号——“苏轼”与“子瞻”“东坡居士”。

在运用关键词语言的检索系统中,系统未对同义词现象进行规范化处理。例如,有的文献用“西红柿”标引,有的文献用“番茄”标引。当检索人员只用“西红柿”作为检索词时,将只能检索到含有“西红柿”字眼的文献,而检索不到用“番茄”标引的文献,这将严重影响查全率。所以,在运用关键词语言的检索系统中,需要把一个词的所有同义词(有时也括近义词)都作为检索词,以扩大检索范围,提高查全率。

③ 一词多义现象。

多义现象指的是一个语词可以表达多个概念,具有多种语义。例如,“杜鹃繁育”,离开该语句的具体上下文语境,很难判断这是指杜鹃花的繁育,还是指杜鹃鸟的繁育。在运用关键词语言的检索系统中,由于系统未对一词多义现象进行规范化处理,与杜鹃花相关的文献和与杜鹃鸟相关的文献都只标引为“杜鹃”,而检索人员用“杜鹃”这个词去检索与杜鹃花相关的文献时，既会检索到与杜鹃花相关的文献，又会检索到与杜鹃鸟相关的文献，这将严重影响查准率。所以，在运用关键词语言的检索系统中，为保证查准率，检索时需要对多义词增加限定。

案例3-10

利用中国学术期刊网络出版总库检索杜鹃花相关的文献。检索词除了“杜鹃”外，还应增加“花”或花的具体品种名称（如“云锦”）作为检索词，检索式应为：“TI = 杜鹃 and TI = 花”或者“TI = 杜鹃 and TI = 云锦”。

或者结合分类检索，将检索类别限定在“园艺”“农艺学”“植物保护”“农作物”等中，再用“TI = 杜鹃”检索。

后一种方式查准率更高，前一种方式查全率更高。

④ 语义关系无显示现象。

作为自然语言的关键词语言，标引词全来自文献内容，且未作任何语义关系的处理，没有形成词表。语词间的语义关系，如属分关系、同位或同级关系、相关关系等都无法显示，这就给标引人员与检索人员正确选词以及扩大、缩小或改变检索范围带来了困难，从而影响检索效率。在运用关键词语言的检索系统中，当检索效果不理想时，检索人员就需要对检索词所在的专业领域作全面而深入地了解，尤其要掌握检索词的上位类、下位类或同级类词，以便扩检、缩检或改变检索范围。

关键词语言是非受控的主题语言。它对一词多形和同义词现象不加控制，检索时一旦检索词考虑不全，极易造成漏检；对多词一义现象不加控制，检索时若不加以限定，极易造成误检；对词间关系不加控制，这给修改和优化检索策略造成不便。为此，鉴于非受控主题语言的诸种缺陷，受控主题语言（如标题词语言、单元词语言和叙词语言）引起了人们的重视。

（2）标题词语言

标题指的是标识文献主题内容的意思，而不是指文献的题目。标题词语言是以标题词作为主题标识，以词表预先确定的组配方式标引和检索文献的一种主题语言。标题词语言是最早出现的主题检索语言。标题词是经规范化处理的词语。对标题词进行规范化处理主要是指对词义、词形及词组的组合方式进行处理，使之达到检索语言的要求。标题词都集中在一个词表中，一般分为一级标题词（主标题词）和二级标题词（副标题词）。副标题词对主标题词起限定和细分的作用。在标题词下有注释，标题词之间用参照符号来指引标题词之间的关系，指导检索者选择合适的标题词。

标题词的选词标准：① 具有实际检索意义，通常选择能够表达事物特征的名词作为标题词；② 具有适度的专指性，能够直接、准确地表达文献的主题，一个标题词只对应一个主题概念;③ 具有通用性,所选择的标题词应是人们熟知的。

标题词语言对词义进行规范化的处理主要表现在以下方面:① 对同义词的处理,即对多词一义的处理。对于多个同义词,只选择其中一个词作为标题词,防止相同主题的文献因标题词太多而被分散,而其他同义词作为非标题词。文献标引和检索时只采用标题词,以保证标题词主题概念的唯一性。另外,为指引人们进行标题词的选择,一般在词表上建立标题词与非标题词之间的相应参照关系。② 对近义词的处理。对于概念相近的词,可以优选其中一个词作为标题词,也可以作为概念的等同关系处理。例如"实验"与"试验",可合并为"实验和试验"。③ 对多义词的处理。对于多义词,可以通过词表中的主题注释对主题概念进行限定。④ 对语义模糊的词进行处理。一般可采用对标题词进行注释的方法来处理,例如,"三超"工程(超过审订的投资、规模和标准)。

标题词语言是一种先组式检索语言。标题词是在检索前事先组配好的。复杂的主题是由词组或多级标题构成的。例如,"电子计算机网络""直流电动机设计"为词组形式,"概率论—应用—风险决策"是多级标题形式。通过组配,可以扩大词表的表达范围,利于提供多途径检索,提高查全率;通过组配,可以表达一些新的概念,能比较及时地反映新学科、新事物;通过组配,还能将文献主题之间的因果关系、影响关系和应用关系揭示出来。

作为先组式检索语言的标题词语言,其优点是能直接而明确地表达文献主题内容,通用性和专指性强,适合从事物概念上进行特性检索。但是,标题词语言不能按事物具有的多种特征,通过任意组配来反映事物的复杂概念,检索途径单一,难以进行扩检和缩检;其次,标题词语言难以满足族性检索要求;再者,标题词表修订时间长,难以及时反映最新的概念。

(3) 单元词语言

单元词是能够表达文献主题内容的经规范化处理的最小单元的语词。单元词也称为元词,是最基本的、字面上不可再分的、具有独立概念的语词,如"电机"和"网络"。单元词语言是以单元词或其组配作为文献特征标识与检索标识的检索语言。任何一个具体的、复杂的概念都可分解成若干个用单元词表示的概念。单元词之间没有隶属关系和固定组配关系,检索时根据需要进行组配,但单元词的组配是字面组配,而不是概念组配。例如,对"熊猫蚊香"进行单元词拆分时,拆成"熊猫"和"蚊香"这两个单元词。字面组配强调用最小的词汇单位进行组配,符合构词规律,但不一定符合概念逻辑。而如果进行概念组配的话,应该拆分成"熊猫牌商标"和"蚊香"。概念组配实质是对词义的分析与综合,侧重的是拆义;而字面组配的实质是词的分析与组合,侧重的是拆词。

案例 3-11

熊猫蚊香

字面组配："熊猫" + "蚊香"

概念组配："熊猫牌商标" + "蚊香"

单元词语言是一种后组式检索语言，它不用考虑单元词的词序，单元词之间可以灵活组配，因此，能够提供更多的检索途径，扩检、缩检和改变检索范围时应用比较灵活。但单元词语言也有缺陷，单元词的组配是一种字面组配，严谨性和逻辑性不足。为此，以概念组配为主要特点的叙词语言在单元词语言的基础上吸收其他检索语言的原理和方法迅速发展起来。

（4）叙词语言

叙词语言是以叙词为基础，以概念组配为基本特征的一种检索语言。叙词(Thesaurus)又称主题词，是指以概念为基础经过规范化和优选处理的、具有组配功能的并能显示词间关系的动态性词或词组。《汉语主题词表》(简称《汉表》)是我国第一部大型综合性主题词表。此外，我国不少专业领域也产生了专业性的主题词表，例如《农业主题词表》《仪器仪表主题词表》《中国药学主题词表》《中国档案主题词表》《中国有色金属工业主题词表》和《国务院公文主题词表》等。CNKI 中国知网的《中国医院知识总库》(简称 CHKD)和 EI(Engineering Index，简称工程索引)都具有主题词检索功能。

叙词语言对自然语言进行控制并转成规范化语言，因而对词汇的规范较为完备、严密。叙词语言对词汇的控制主要表现在以下方面：

① 词汇的选择。主题词一般选择各个学科、专业领域内经常出现的，具有检索意义和组配意义并且能够汇集一定文献量的最基本的名词术语；选定的主题词一般概念明确，词语简练，具有单义性，严禁使用概念容易混淆或词义不清的词语；选定的语词一般符合人们的表达习惯，易于人们理解和使用；选定的语词一般以名词为主，对其他词类(如动词、形容词、数词、量词、方位词等)有所控制；非正式主题词在主题词表中一般与正式主题词同样编列出来，作为指引查找正式主题词的一种措施。

② 词形控制。它主要规定语词的形体、外来语和数字的用法、标点符号的用法、词序和词长。

③ 同义词控制。它主要针对可以相互代替的语词或含义相近的语词。一般选择其中的一个作为叙词，其余为非叙词，使同一含义只用一个词表达，以便用这一个叙词集中所有同一主题的全部文献。

④ 多义词和模糊语词的控制。它主要针对一词多义和含义模糊的语词，使语词具有明确性和单义性。一般采用在叙词后加限义词或加注释的方法予以解决。例

如，病毒（医学）、病毒（计算机）。限义标引是叙词标识的组成部分，可以和叙词一起直接用于标引。叙词注释只对叙词起补充说明作用，不用于标引。

⑤ 词间关系控制。为了在按主题字顺的方式组织语词的同时反映叙词之间的联系，叙词法采用了建立参照系统和编制索引的方法，通过确定一词与相关语词的联系或其所属学科范畴等来限定其含义。由此，在叙词之间建立起一种反映主题词之间关系的语义网络。叙词表中叙词之间主要有三种关系：等同关系、属分关系和相关关系。

等同关系指一个叙词与同义词、近义词及其可相互替代的语词之间的关系，亦称同一关系、用代关系。设立等同关系主要是为了将非正式叙词翻译成正式叙词，等同关系设置得越多，检索入口就越多，越有利于查全。对于等同关系，叙词表中一般会规定一种语义关系符号（或称参照符号、关系符号），诸如“用（Y）”或“代（D）”，把其他同义词联系在一起。所谓“代（D）”，就是从正式叙词指引到非正式叙词，指明该正式叙词所包含的同义语。所谓“用（Y）”，则是从非正式叙词指引到正式叙词。

案例 3-12

马铃薯（正式叙词）
　　D　土豆（非正式叙词）
土豆（非正式叙词）
　　Y　马铃薯（正式叙词）

等级关系指上位概念叙词和下位概念叙词之间的一种关系，亦称属分关系。属分关系的揭示只在正式叙词之间进行。它们之间用规定的属分语义符号，诸如“属（S）”和“分（F）”加以联系和反映。所谓“属（S）”，就是指明该词的上位概念是什么；所谓“分（F）”则是指明下位概念有哪些词。叙词的这种属分语义关系的建立和反映吸收了分类法的族系优点，加强了叙词的学科等级性和系统性。提示等级关系有助于扩大或缩小检索范围，提高族性检索能力。

案例 3-13

错觉 *（上位概念）
F　透视错觉　（下位概念）
　　形重错觉　（下位概念）
　　游动错觉　（下位概念）
透视错觉　（下位概念）
　　S　错觉 *　（上位概念）
形重错觉　（下位概念）

S　错觉 *　（上位概念）
游动错觉　（下位概念）
S　错觉 *　（上位概念）
（* 为族首词符号）

相关关系是叙词之间除了等同关系、属分关系之外语义相关的一种关系，亦称为类缘关系，例如事物之间的交叉关系、矛盾关系、对立统一关系、形式与内容关系、本质与现象关系、原因与结果关系等。揭示相关关系有助于扩大检索范围，进行相关文献的检索。相关关系的揭示只在正式叙词之间进行。相关关系的叙词一般通过相关关系的语义符号，诸如"参（C）"，加以联系和反映。

案例 3-14

资本聚集
C　资本垄断
资本垄断
C　资本聚集
每项参照的双方都应该是相互参照，而不是单方面的参照措施。

叙词语言具有直观性和专指性强、组配性高、结构严谨、标引能力强和检索效率高等优点，其主要特征有以下三点：① 概念性。叙词语言选用那些能有效表达各种科学概念的基本名词术语作为叙词，因此具有很强的概念性，能满足特性检索的要求。② 规范性。叙词语言对叙词采用了严格的规范化措施，例如，对同义词的优选、对多义词和含义模糊的语词进行限定和注释，由此实现了一个叙词与一个概念严格对应的关系，有利于提高查准率。③ 组配性。叙词的组配属于概念组配，是对概念的分析与综合，而不是简单的字面组配，逻辑严谨，专指性强，查准率有保障。

叙词语言的缺陷主要有以下几点：族性检索不如分类语言；叙词表的编制工作难度较大，费时费力，而且随着科学技术和社会经济文化的发展必须不断更新，因此词表的更新、修改和维护的工作量大，在文献报道的及时性和反映最新概念方面有所欠缺；叙词语言对标引人员素质要求较高，对检索人员也有一定的要求，易用性方面有所欠缺。

4. 引文检索语言

引文检索语言是利用文献之间的引用与被引用关系，来揭示文献主题之间相互关系的信息标识语言。引文即文后参考文献，指的是为撰写或编辑论著而引用的有关图书资料。如图 3-2 所示，文献[1]的文后参考文献中含有文献[2]、[3]、[4]和[5]，即文献[1]引用了文献[2]、[3]、[4]和[5]，那么，它们就是文献[1]的引文；而文献［1］是文献［2］、［3］、［4］和［5］的施引文献，也称引证文献。文献［2］、［3］、［4］和［5］同时被同份文献［1］引用，那么，它们互称为相关文献。2008 年发表的文献［1］又被 2012 年发表的文献［6］引用，那么，文献［1］就是文献［6］的引文，文献［6］就是文献［1］的施引文献或引证文献。同样，文献［6］又被 2014 年发展的文献［7］引用，那么文献［6］就是文献［7］的引文，文献［7］就是文献［6］的施引文献或引证文献。

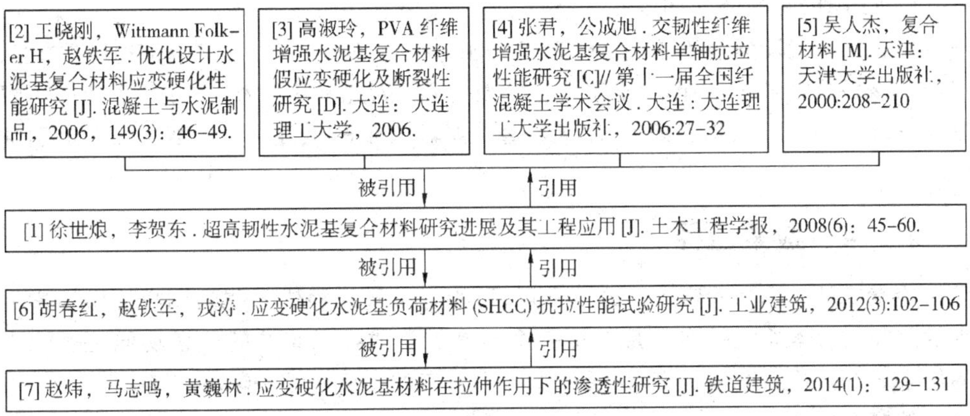

图 3-2　文献的引用与被引用

引文标识了文献的外部特征，如作者、题名（论文篇名、期刊名称、图书名称、会议名称）、出版地、出版年、出版的卷次、期次、页码、文献类型以及学位论文作者毕业的院校及学校所在地等信息。这些信息提供了文献出处的线索，方便索取原文。例如，通过查看文献［7］的原文，能够发现其文后参考文献［6］。通过查看文献［6］的原文，能够发现其文后参考文献［1］。同样顺藤摸瓜地可检索到文献［2］、［3］、［4］和［5］。这样检索到的文献从 2014 年直到 2006 年和 2000 年，可谓越检越旧。因此，通过引文检索，能够详细地了解某项研究的来龙去脉和发展趋势，如可以掌握某项实验方法是否得到改进，某一理论研究有没有得到进一步的证实，是否已经被应用到了新的领域等。另外，通过引文检索能够了解某篇文献被引用过多少次，该文献在某领域是否具有影响力，影响力大小如何等。也就是说，通过引文分析，可以相对客观地评价某一机构某一作者的某一著作的学科影响力。

引文检索将一篇文献（无论是论文、图书还是专利等）作为检索对象，直接检索引用该文献的文献，因此不受主题词、学科类别、文献类型的限制。引文检索语言不受主题检索语言的羁绊，如主题标引费时费力，主题词表更新缓慢，不能反映最新的术语，少数的主题词无法反映全文内容等。同样，引文检索语言不像分类检索语言那样，要求标引人员与检索人员都必须熟悉分类体系，了解分类标记规则，熟悉类名和类号。引文检索语言特别适用于检索一篇文献或一个课题的发展历程，并了解和掌握其研究脉络。

SCI(Science Citation Index,科学引文索引)是国际性自然科学领域期刊论文的引文检索工具。CPCI(Conference Proceedings Citation Index,会议录引文索引)原名科技会议录索引(ISTP),是国际性会议论文的引文检索工具。SCI、CPCI 和 EI 并称为国际三大检索工具,但 EI 不具备引文检索功能。而 CSCD(Chinese Science Citation Database,中国科学引文数据库)是国内自然科学领域的引文检索工具。CSSCI(Chinese Social Science Citation Index,中文社会科学引文)是国内社会科学领域的引文检索工具。CNKI 中国知网的期刊论文数据库、博硕士学位论文数据库和会议论文数据库都具有引文检索功能。维普期刊资源整合服务平台虽然具有"文献引证追踪"功能,但由于该平台收录的文献种类和数量非常有限,因此其引文检索功能受到很大限制,通过该平台的"文献引证追踪"无法查全某篇文献的全部被引次数和相关的引证文献。

3.1.4 检索途径

检索途径又称为检索入口或检索点,指检索工具或检索系统为用户提供检索文献的路径。检索途径的多少是衡量一个检索工具或检索系统的检索功能是否强大的标志之一。检索途径越多,说明可供用户检索的角度越多,检索功能越强,文献被检索的概率越大。

传统的纸质检索工具提供的检索途径非常有限,一般只局限于文献的内部特征途径和外部特征途径。内部特征途径主要有分类途径和主题途径。外部特征途径主要有题名途径、责任者途径、文献代码途径。此外,根据检索的需要还会有一些特殊的检索途径,例如,引文、地名、人名、机构名称、化学物质登记号、化学物质名称、化学分子式等。不同的检索途径,会形成不同的目录或索引等检索工具。

计算机检索系统能从不同角度著录文献。一般来说,对文献的著录项目有多少,检索途径至少就有多少。然而,不同类型的文献由于文献的结构和特点各不相同,会有不同的著录项目,由此会形成不同的检索途径。检索途径还受检索系统功能的影响,如检索系统功能完善,提供的检索途径会更多一些。例如,有的文献(如报纸上发表的文章)本身不具有"关键词""主题词"和"中图分类号",但检索系统分别对这类文献进行关键词标引、主题词标引和分类标引,就会分别形成关键词、主题词和分类号等检索途径。

1. 图书的检索途径

图书的检索途径一般有题名、责任者、主题、ISBN、出版社、丛书名、索书号和分类途径等,功能强大的检索系统甚至有目次和全文等检索途径。

2. 期刊的检索途径

期刊论文投稿及订阅期刊前,需要对期刊进行全面而详细地了解,例如,需要了解一种期刊的主办单位、主编、联系地址、联系电话、电子邮件、价格、期刊获奖情况及被国内外数据库收录的情况、是否核心期刊、期刊的影响因子等。期刊的检索途径一般有期刊名称、国际标准刊号（ISSN）、国内统一刊号（CN）和主办单位等。CNKI 中国知网的中国学术期刊网络出版总库的“期刊导航”提供期刊名称（曾用刊名）、ISSN 和 CN 三种检索途径。维普期刊资源整合服务平台的“期刊导航”提供刊名和 ISSN 两种检索途径。而万方数据知识服务平台通过主页的“检索刊名”功能可链接到期刊检索界面，它提供刊名、ISSN、CN 和主办单位四种检索途径。外文数据库一般提供期刊名称索引，按照期刊名称首字的第一个字母的顺序排列期刊。

3. 期刊论文的检索途径

与期刊的检索不同，期刊论文检索的是期刊上的论文信息，而不是关于期刊本身的信息。期刊论文的检索途径一般有：题名（或称“篇名”）、关键词、摘要（或称“文摘”）、主题、作者、第一作者、作者单位（或称“机构”）、刊名（或称“来源”）、国际标准刊号（ISSN）、国内统一刊号（CN）、期、基金（或称“基金资助”）、全文（或称“任意字段”或“全部”）、参考文献（或称“引文”）和分类途径。维普期刊资源整合服务平台还提供“作者简介”和“栏目信息”的检索。具备叙词检索功能的数据库（如 EI）还提供“主题词”和“受控词”等检索途径。

4. 报纸的检索途径

检索报纸上发表的文章一般通过以下途径：报纸名称（或称为“来源”）、题名、作者、关键词、主题、全文和中图分类号等。

5. 学位论文的检索途径

学位论文的检索途径一般有题名、作者、导师、学位授予单位、关键词、摘要、全文、学科专业名称、学位和分类途径。有的检索系统还提供目录和参考文献等检索途径。

6. 会议论文的检索途径

会议论文的检索途径一般有题名（篇名）、关键词、摘要、主题、作者、作者单位、会议名称和论文集名称（或称“母体文献”）。有的检索系统还提供会议主办单位、会议日期、会议地点、参考文献和中图分类号等检索途径。

7. 专利文献的检索途径

专利文献的检索途径一般有专利名称、摘要、申请号（专利号）、公开号、公告号、IPC 分类号、外观设计洛迦诺分类号、申请人（专利权人）、发明人、权利要求、优先权号、优先权日、申请人（或专利权人）所在国（省）代码、申请人地址、申请人邮编、申请日、外观设计简要说明、专利代理机构和代理人等。

8. 标准文献的检索途径

标准文献的检索途径一般有标准名称、标准号、国际标准分类号和中国标准分类号等。有的数据库还提供“代替标准”“被代替标准”和“标准种类”等检索途径。

3.2 检索工具、信息检索系统与数据库

3.2.1 检索工具

文献信息浩如烟海，且增长迅速，为从海量的文献信息中迅速而准确地查找到所需的文献信息，必然要借助检索工具。检索工具是用以存储、报道和查找文献信息的工具，主要具有以下特征：① 是一次文献内、外部特征的汇集；② 提供多种检索途径；③ 将文献条目按一定规则有规律地组织成有机整体；④ 有明确的文献收录范围。

检索工具的作用主要体现在以下方面：① 存储作用。检索工具按一定的范围，如学科类别、主题、语种、出版类型、出版时间和出版机构等，有选择性地将一次文献集中存储在一起。② 报道作用。检索工具通过对一次文献内部特征和外部特征的标引揭示，使用户未见到原始文献，就能了解其大概内容，从而利于用户比较和选择文献。③ 检索作用。这是检索工具最主要的作用。检索工具按一定规则有规律地组织文献条目，用户只要遵循相应规则，就能迅速地检索到自己所需的文献信息或者获得文献线索。

检索工具按检索手段可划分为手工检索工具和计算机检索工具。

小贴士

在检索实践中，习惯将手工检索工具称为检索工具，而将计算机检索工具称为检索系统或数据库。

检索工具按著录方式可划分为目录、题录、文摘和索引等类型。

1. 目录型检索工具

目录是著录一批相关文献，并按一定顺序编排而成的一种揭示与报道文献的工具。目录通常以一个完整的出版单位或收藏单位为基本的著录对象，以揭示文献的外部特征为主，少量揭示文献的内部特征，并提供文献的出版信息或收藏信息。目录是报道文献、反映馆藏、指导阅读和检索文献的有力工具。《全国总书目》《全国新书目》《中国国家书目》都是非常著名的目录。目录的种类繁多，根据收录范围的不同，可分为国家目录、馆藏目录、联合目录、专题目录和出版社与书商目录等。

计算机普及以后，各种目录多以机读目录的形式出现。机读目录是机器可读目录的简称，来自英文 Machine-Readable Cataloging (MARC)。它是文献编目内容数据经过计算机处理，以编码形式和特定结构记录在计算机存储载体上而形成的一种目

录。一条机读目录不仅可以从题名、著者、分类、主题等途径标引与检索文献，而且还可以从文献编号（如 ISBN、ISSN 和 CN 等）、出版社、出版年、语种、文献类型和丛编项等多种途径标引与检索文献。机读目录不仅可以提供单一途径的检索，而且可以提供多途径组合检索；不仅提高了检索速度，而且提高了查全率和查准率。

2. 题录型检索工具

题录是将文献篇目按照一定的排检法编排，报道文献主要外部特征并提供篇目出处的一种检索工具。《东南亚金融危机爆发以来有关东南亚论著题录》《中国水产题录》《药品不良反应题录集》等都是题录。题录只著录外部特征，一个内容独立的文献的基本著录主要包括文献篇名、著者、著者单位、出版社、出版年、卷、期、页码、文献编号和语种等，无内容摘要，如表 3-1 所示。题录的著录款目简单，信息报道速度快，是查找最新文献线索的重要工具。但是题录型检索工具无统一的名称，有的叫作“题录”，有的叫作“目次”，有的叫作“索引”，还有的叫作“目录”。例如，《中文科技资料目录》就是报道国内所有科技文献的题录型检索工具。

表 3-1　东南大学 2008 年著作题录示例①

著作	作者所在单位
[1] 王建国. 后工业时代产业建筑遗产保护更新[M]. 北京：中国建筑工业出版社，2008.	建筑学院
[2] 杨琳，张锟生，杨怀祥. 彩色电视原理（第 5 版）[M]. 南京：东南大学出版社，2008.	信息科学与工程学院
[3] 王建国，张愚，沈瑾. 唐山焦化厂产业地段及建筑的改造再利用[J]. 城市规划，2008(2)：88－92.	建筑学院
[4] 徐卫荣，杜垲. 风冷冷热水机组性能测试系统节能运行分析及改进[J]. 东南大学学报（自然科学版），2008(6)：1067－1071.	能源与环境学院

3. 文摘型检索工具

文摘是在题录的基础上发展起来的。它是通过描述文献的外部特征并简明扼要地摘录文献内容要点来报道文献的一种检索工具。它的特点是以精练的语言把文献的重要内容、学术观点、数据及结构准确地摘录下来，并按一定著录规则与排列方式编排起来，供读者查阅。读者不需要阅读全文，只需要查阅文摘，即可掌握文献的主要内容，为读者比较和选择文献提供了便利，节省了读者的时间与精力；当读者需要获取原文时，文摘提供了获取文献的线索。文摘一般以期刊的形式出版，出版周期较短，报道速度快。因此，文摘能通报最新的科学文献，读者通过阅读文摘，能了解本领域的科技发展水平和最新成就。以数据库形式出现的工程索引（EI）为例，虽然其名称上叫索引，但实质上是文摘型检索工具，表 3-2 为工程索

① 东南大学科学技术处. 东南大学科学研究论文与著作题录 2008[M]. 2009：1－3.

引(EI)文摘示例。

表 3-2 工程索引(EI)文摘示例

论文题名	Collaborative network security in multi-tenant data center for cloud computing
作者	Chen, Zhen[1]; Dong, Wenyu[2]; Li, Hang[3]; Zhang, Peng[4]; Chen, Xinming[5]; Cao, Junwei[1]
作者单位联系地址	[1]Research Institute of Information Technology, Tsinghua National Lab for Information Science and Technology, Tsinghua University, Beijing 100084, China; [2]Department of Computer Science and Technology, Tsinghua University, Beijing 100084, China; [3]Department of Computer Science and Technology, PLA Univ. of Info. and Eng., Zhengzhou 450001, China; …
来源	Tsinghua Science and Technology, v19, n1, p82 – 94, February 2014;
ISSN	10070214
出版社	Tsinghua University Press
摘要	A data center is an infrastructure that supports Internet service. Cloud computing is rapidly changing the face of the Internet service infrastructure, enabling even small organizations to quickly build Web and mobile applications for millions of users by taking advantage of the scale and flexibility of shared physical infrastructures provided by cloud computing. In this scenario, multiple tenants save their data and applications in shared data centers, blurring the network boundaries between each tenant in the cloud. In addition, different tenants have different security requirements, while different security policies are necessary for different tenants. Network virtualization is used to meet a diverse set of tenant-specific requirements with the underlying physical network, enabling multi-tenant data centers to automatically address a large and diverse set of tenants requirements. …
主题词	Network security
受控词	Cloud computing—Internet—Open systems—Virtual reality
非受控词	Collaborative network—Data center networks—Flow processing—Multi tenants—Network virtualization—Software-defined networks
分类号	722.4 Digital Computers and Systems—723 Computer Software, Data Handling and Applications
数据库	Compendex

4. 索引型检索工具

索引是根据一定的需要，将特定范围内的某些文献中的有关知识单元或款目，如书报刊中的篇名、著者、地名、人名、字词句、参考文献等，按照一定的方法编排并指明出处，为用户提供文献线索的一种检索工具，如表 3-3 所示《侵华日军江苏罪证索引——苏州张家港市档案》。索引不仅是一种独立的检索工具，还可作为其他检索工具的辅助部分，附在其他检索工具的后面，以提供多种检索途径，增强其检索功能。

表 3-3 《侵华日军江苏罪证索引——苏州张家港市档案》①

序号	标题	页数	档案出处	本地卷宗	全省卷宗	页码	类别
1	港口狙击日军之战	7	张家港市档案馆 106-2-28	档案资料第1卷	430	001-007	人口伤亡
2	日军进攻恬庄	55	张家港市档案馆 106-2-28	档案资料第1卷	430	008-062	人口伤亡
3	日军烧毁西徐市中街唐夏氏家	3	常熟市档案馆 K4-3-546	档案资料第1卷	430	063-065	财产损失
4	日军枪杀鹿苑难民	7	江阴市档案馆 SZD3-83	档案资料第1卷	430	066-072	人口伤亡

索引与目录不同，目录是以完整的出版物为著录对象，而索引所著录的是某一文献中的知识单元，如篇名、人名、地名、字词句、事件名及其他事物名称等，揭示的内容更为深入、具体。与题录相比，索引在揭示信息的广度和深度上要比题录专、深、细。索引的功能主要是用来检索，所以，它常常从属于某种出版物或文档，独立性差。而题录则以报道为主，检索为辅，独立性强。

索引的类型多种多样，有篇名索引、著者索引、号码索引、分类索引、主题索引、关键词索引和引文索引等。美国的科学引文索引（SCI）和会议录引文索引（CPCI）就是国际知名的引文索引检索工具。中国科学引文数据库（CSCD）是国内自然科学领域的引文索引检索工具。但实际上，这些检索工具不仅提供引文索引的功能，而且还提供文摘，所以它们既是索引型又是文摘型检索工具。

小贴士

当今，计算机检索工具普及甚广。计算机检索工具著录全面，检索途径齐全，存储、报道与检索功能都很强大，往往融目录、题录、文摘、索引等功能于一体。

3.2.2 信息检索系统

信息检索系统是根据特定的信息需求而建立起来的一种有关信息搜集、加工、存储和检索的程序化系统，目的是对数据系统进行有效管理和利用，并提供信息服务。具体而言，信息检索系统就是为满足信息用户的信息需求而建立的、存储经过加工的信息集合，拥有特定的存储、检索与传送信息的技术装备，提供一定的存储与检索方法及检索服务功能的一种相对独立的服务实体。信息检索系统广义上既包括手工信息检索系统又包括计算机信息检索系统，狭义上仅指计算机信息检索系统。

---

① 中共江苏省委党史工作办公室. 侵华日军江苏罪证索引（中卷）[M]. 北京：中共党史出版社，2010：1.

1. 计算机信息检索系统的特点

相对于手工信息检索系统而言，计算机信息检索系统的特点主要有以下5点。

(1) 检索范围广

计算机信息检索系统可以同时对多个不同类型的数据库进行跨库检索，一次性可检索不同学科、不同类型的文献。

(2) 检索速度快

计算机信息检索系统通过自动比对与匹配而检索出文献，与传统手工检索“手翻、眼看、脑袋判断”的方式相比，检索速度实现了质的飞跃。

(3) 检索效率高

计算机信息检索系统可提供多字段组合检索，检索途径多，查全率与查准率都有一定保障。

(4) 可满足不同层次用户的检索需求

计算机信息检索系统提供多种检索方式，诸如分类浏览、简单检索、高级检索、专业检索等，无论是普通用户，还是专业的图情人员，都能找到适合自己的检索方式。

(5) 服务功能强大

除信息的存储、报道与检索功能外，计算机信息检索系统的服务功能日益完善，能提供高质量的信息服务。例如，检索结果的多种格式显示与处理、检索结果的多种排序、检索结果的自动统计与分析、相关文献的聚类、文献的评价、原文传递、在线咨询和检索帮助等。

2. 计算机信息检索系统的类型

按照计算机检索发展的阶段，计算机信息检索系统可划分为单机信息检索系统、光盘信息检索系统、联机信息检索系统与网络信息检索系统等4种类型。

(1) 计算机单机信息检索系统

它是计算机信息检索系统的早期形式。它是将信息检索数据库系统建立在独立的计算机硬盘上，直接在一台计算机上进行存储和检索信息。其特点是设备简单，费用低廉，存储数据量少，信息不能共享。

(2) 计算机光盘信息检索系统

它是以大容量的光盘为存储介质，利用光盘驱动器和计算机实现对光盘数据库的读取和检索的系统。计算机光盘信息检索系统可以提供3种方式的服务：CD-ROM单机服务、CD-ROM网络服务和CD-ROM联机服务。相对单机检索系统而言，光盘检索系统数据量更大，而使用成本和费用比联机检索系统要低得多。

(3) 计算机联机信息检索系统

它是20世纪60年代中期发展起来的一种先进的信息检索方式，这种信息检索的基础是联机检索系统。数据库管理技术、磁盘技术、数据库通信技术和分时系统技术的进步使联机检索系统得以出现并发展，用户能够直接与系统会话，即采用联机方式进行信息检索。联机检索系统的产生标志着信息检索系统进入一个新的历史发展时期。联机检索系统存储的数据量大，可共享，但要求运行该系统的设备复杂，成本高，对用户的检索技术要求也高，收费贵。

（4）计算机网络信息检索系统

它是通过现代通信网络，利用网络信息检索工具浏览和检索网上信息的系统。随着现代信息技术的发展，网络信息检索尤其是因特网信息检索成为人们获取信息的常用方式之一。因特网环境下的信息资源检索工具逐渐取代传统的联机检索工具，成为检索工具的主流。虽然联机检索也是一种网络信息检索系统，但其基本上都是收费的商业系统，而因特网上存在大量信息，其中许多还是免费信息，庞大的数据量、简单的检索方式以及低廉的费用，使网络信息检索系统成为使用人数最多一种检索系统。

3.2.3 数据库

计算机检索主要利用一定的计算机软件技术和硬件设备，检索特定的数据库中的数据。因此，数据是计算机检索的内容和对象，而数据库是数据的集合，自然成为检索的关键部分。数据库是至少由一种文档组成，并能满足某一特定目的或某一特定数据处理系统需要的一种数据集合。也有人认为，数据库是计算机存储设备上按一定方式合理组织并存储的相互有关联的数据的集合。数据库不仅储存数据也储存数据之间的关联。

1. 数据库的结构

数据库是由一个或多个文档构成的集合，每个文档由若干记录组成，每条记录由若干字段构成。

（1）字段

字段是记录的基本单元。一项字段用来描述文献的一项属性。这些属性主要指文献的某项内部特征属性或某项外部特征属性。字段的多少决定了著录的详细程度以及检索途径的多寡。字段越多，对文献特征属性揭示得越全面，著录越详细，检索途径就越多。不同的数据库提供的字段种类不同，采用的字段代码也不相同。例如，大多数期刊论文数据库提供的字段有题名、摘要、关键词、主题、作者、作者单位、期刊名称、发表年代、ISSN 等。

（2）记录

记录由若干字段组成，是组成文档的基本单元。一条记录描述的是某一文献的全部属性，既包括文献的内部特征属性，也包括文献的外部特征属性。对于图书数据库而言，一条记录就是一种图书；对于期刊论文数据库而言，一条记录就是一篇期刊论文；对于标准文献数据库而言，一条记录就是一项标准。显然，对于文献类型不同的数据库，其组成记录的字段是不同的。而同种类型的文献数据库也会由于数据库设计的不同而产生不同的记录。数据库中记录越多,说明库藏文献量越大,资源越丰富。

（3）文档

① 顺排文档。文档是文献记录的集合。一个数据库至少包括顺排文档和倒排文档这两种文档。

顺排文档也称主文档,是按记录存取号的大小顺序排列而成的文档。每一篇文献为一条记录,一个存取号对应一条记录。顺排文档存入了数据库的全部记录,存储了记录的完整信息。如果在顺排文档中进行检索,计算机要逐一扫描数据库中的每条记录,存储的记录越多,扫描时间就越长,这样检索效率就会很低。

② 倒排文档。倒排文档也称索引文档,是将全部记录中的某一文献特征标识(不包括存取号),即把主文档中的可检字段(如题名、著者、分类号、关键词等)抽出,按一定顺序(字母或数字顺序)排列而成的特征标识文档。不同的字段组织成不同的倒排文档,如题名倒排文档、著者倒排文档、分类号倒排文档、关键词倒排文档等。倒排文档类似检索工具中的辅助索引,大大加快了数据库的检索速度。建立倒排文档的字段越多,相应的检索途径越丰富,检索效率越高。倒排文档只抽取字段的文献特征标识、文献篇数和文献存取号。从倒排文档中检索到文献记录后,再根据文献记录的存取号从顺排文档中调出完整的文献记录,即可完成检索过程。

2. 数据库的类型

用户对文献信息的需求各种各样,为满足不同用户的不同需求,各种各样的数据库应运而生。

数据库按文献加工深度可分为零次文献数据库、一次文献数据库、二次文献数据库和三次文献数据库;

按文献的出版类型可划分为图书数据库、期刊论文数据库、报纸文献数据库、标准文献数据库、专利文献数据库、学位论文数据库、会议论文数据库、科技报告数据库、产品说明书数据库和档案文献数据库等;

按学科类别可分为综合性数据库和专业数据库;

按语种可分为中文数据库和外文数据库;

按文献的载体形态还可分为文本型数据库、图形图像型数据库、音频型数据库、视频型数据库和多媒体数据库等。

常见数据数据库及其类型见本书附录3。

扩展阅读① 知识发现系统

（1）知识发现的概念

KDD(Knowledge Discovery in Database)一词是在1989年于美国底特律市召开的KDD专题讨论会上正式提出的,词义是基于数据库的知识发现,指的是从大型数据库或数据仓库中提取的人们感兴趣的知识，这些知识是隐含的、事先未知的、潜在有用的和易被理解的。

KDD利用统计学、证据理论、归纳学习、近似推理、人工神经网络、遗传算法、概念树提升算法、Rough集理论、模糊集、概念格、现代数学分析及其集成方法，发现诸如关联规则、分类规则、聚类规则、序贯模式、相似模式和混沌模式等知识类型。

（2）知识发现系统的研发

IBM公司Almaden研究中心开发的QUEST系统是一个多任务数据挖掘系统，目的是为新一代决策支持系统的应用开发提供高效的数据开采基本构件。SGI公司和美国Standford大学联合开发的MineSet系统是多任务数据挖掘系统，它集成多种数据挖掘算法和可视化工具，帮助用户直观地、实时地发掘和理解大量数据背后的知识。加拿大Simon Fraser大学开发的DBMiner系统也是一个多任务数据挖掘系统，其前身是DBLearn。ANGOSS公司的软件KnowledgeSTUDIO在可视化界面中采用多个数据挖掘模型，将先进的数据挖掘技术集成到共同的环境中去，以便企业能够从他们在数据的投资中获得最大的利益。

除了数据挖掘产品之外，近年来国外已经有了文本挖掘工具。例如，Semio公司的SemioMap，其概念映射技术能够提供自动的文本处理(包括词典提取)，适用于任何以分析和处理大量文本信息为特点的最终用户；Brightware公司的Brightware是一个自动的电子邮件阅读和解释系统，能够阅读和解释电子邮件，并且对所阅读的电子邮件作出相应地回复，其中包括产生一个标准的电子邮件回复函、循线递送电子邮件给合适的用户等；Aptex公司的Convectis具有实时文档分类功能和循线递送服务，能够处理来自网页、电子邮件、电信服务等多处来源的信息，并且带有智能型的网络搜索引擎Infoseek。

（3）知识发现系统的应用

Kansas大学开发的基于Rough集理论的学习系统LERS，被美国NASA的Johnson空间中心作为专家系统开发工具用于医学及全球气候变化分析；美国加州理工学院喷气推进实验室与天文科学家合作，成功开发了自适应识别工具系统SKICAT系统，用来识别火星上的小火山，其数据来自围绕火星飞行的Magellon号航空器等；Regian大学的KDD-R已被用于医学数据分析和电信工业的市场分析；IBM公司的AdvancedScout系统针对NBA的数据，帮助教练优化战术组合；Lock HeadMartin公司的AI中心开发的Recon系统，用来辅助预测某种股票的趋势或推断是否可能出现异常变化等；澳大利亚将大型地理调查数据库进行归纳学习等。

知识发现系统已融入农业、天文、医学、军事、金融、零售、环保、Internet等领域，并在其中发挥了较大的作用。随着信息技术的不断发展，知识发现系统必将产生越来越大的影响。

3.3 检索技术

计算机检索原理表明检索过程的实质是将用户的检索提问变成计算机能识别的检索表达式,计算机按照检索表达式的指令自动对数据库中的各个文档进行扫描、比对与匹配,由此找出用户所需的检索结果。

检索表达式简称检索式,即检索提问式,是利用各种运算符将不同字段的检索词连接起来用于检索的运算式。这些运算符主要有布尔逻辑运算符、截词算符、精确检索算符、位置算符及其他算符。检索式是检索策略的直观表现形式,既能反映检索课题的内容,又能为计算机所识别,是进行计算机检索的依据。

计算机检索技术主要指的是检索词的组配技术与检索式的构成规则。

3.3.1 布尔逻辑检索

规定检索词之间逻辑关系的运算,称为布尔逻辑运算。布尔逻辑检索指的是借助布尔逻辑运算符将不同字段的检索词连接起来构成计算机检索系统能够识别的检索式,从而实现检索目标的运算。

1. 布尔逻辑关系

布尔逻辑主要包括逻辑“与”、逻辑“或”、逻辑“非”这3种逻辑关系。

(1) 逻辑“与”

表达交叉概念或限定关系的组配时用逻辑“与”。它可以用来缩小检索范围,提高查准率。当用逻辑“与”算符连接两个检索条件时,表示其前后连接的检索条件必须同时满足的文献才为命中的结果。

案例3-15

CNKI中国知网中,检索式“TI=收割机 and TI=水稻”所表示的含义如下:文献题名中既要出现“收割机”,同时又要出现“水稻”,只有“收割机”和“水稻”同时出现在题名中的文献才符合检索要求。

不同的检索系统或数据库采用的逻辑“与”算符不同,通常表示逻辑“与”的算符有:and 或 AND、星号“*”、空格、same。

专业检索中逻辑与算符的运用如表3-4所示。

表 3-4　专业检索中逻辑“与”算符的运用

逻辑“与”算符	适用数据库或检索系统	检索示例	注释
AND/and	外文数据库	(solar) wn ti and (water heater) wn ti	此为EI示例,“ti”为题名字段代码,wn为字段代码与检索词之间的连接符
	万方数据知识服务平台	标题:收割机 and 标题:水稻	“标题”为题名字段代码,冒号为连接符
	CNKI中国知网(字段之间的逻辑与检索)	TI = 收割机 and TI = 水稻	“TI”为题名字段代码,等号为连接符
星号“*”	超星读秀中文学术搜索	T = 收割机 * T = 水稻	“T”为书名字段代码,等号为连接符。该库中要求每个检索词都必须连接字段代码
	CNKI中国知网(当检索词出现在同一字段中时,可用星号作逻辑与算符)	TI = 收割机 * 水稻	当检索词出现在不同字段中时,不能使用星号作为逻辑“与”算符,例如,“TI = 收割机 * AB = 水稻”就是错误的,“TI = 收割机 and AB = 水稻”才正确
空格	万方知识服务平台	标题:收割机 标题:水稻	也可用 and
	百度	收割机 水稻	百度中不能用 and

小贴士

Web of Science 中除 and 逻辑“与”算符外,还有一个特殊的逻辑与算符——same。same 只用于地址字段的逻辑与检索。在检索实践中,我们经常会碰到需要检索某某大学某某学院的论文,而论文往往同时有多个作者,这多个作者又分属于不同的大学和学院。例如,要检索单位为清华大学机械工程学院的作者发表的论文。通常检索式:AD = (Tsinghua University and Mechanical Engineering)。然而,检索结果却可能出现这样的论文:第一作者单位为清华大学建筑学院,第二作者单位为东南大学机械工程学院。显然,这不是我们想要的检索结果。而如果将检索式中的 and 换成 same,即采用检索式:AD = (Tsinghua University same Mechanical Engineering)去检索,就能避免类似的误检。same 独特的作用就是将连接的检索词与同一个作者的单位地址去匹配,而不会横跨多个作者的地址去检索。

(2) 逻辑“或”

表达并列关系的组配时用逻辑“或”,例如组配同义词、近义词、词形变体(尤其是中文人名的各种英译变体)以及表示同位关系或同级关系的词等。它可以用来扩大检索范围,提高查全率。当用逻辑“或”算符连接两个检索条件时,表示其前后连接的检索条件至少要满足其中一个,这样的文献为命中结果。

案例 3-16

CNKI 中国知网中,检索式“TI = 收割机 or TI = 收获机”所表示的含义如下:文献题名中要么只出现“收割机”,要么只出现“收获机”,要么题名中既有“收割机”又有“收获机”,这 3 种情况的文献都符合检索要求。

不同的检索系统或数据库采用的逻辑“或”算符不同。通常表示逻辑“或”的算符有:or/OR、加号“ + ”、竖线“|”。当逻辑“或”与其他逻辑关系并用时,应用小括号将逻辑“或”括起来,小括号多为英文半角状态。专业检索中逻辑“或”算符的运用见表 3-5。

表 3-5 专业检索中逻辑“或”算符的运用

逻辑“或”算符	适用数据库或检索系统	检索示例	注释
OR/or	外文数据库	(solar or electric) wn ti and (water heater) wn ti	此为 EI 示例,“ti”为题名字段代码,wn 为字段代码与检索词之间的连接符
	万方数据知识服务平台	(标题:收割机 OR 标题:收获机) AND (标题:水稻 OR 标题:稻子 OR 标题:稻谷 OR 标题:谷物 OR 标题:谷子)	“标题”为题名字段代码,冒号为连接符;此库中,每个检索词必须连接一个字段代码;“标题:收割机 OR 标题:收获机”是正确的,但“标题:(收割机 OR 收获机)”是错误的
	CNKI 中国知网(字段之间的逻辑或检索用 or)	(TI = 收割机 or TI = 收获机) and (TI = 水稻 or TI = 稻子 or TI = 稻谷 or TI = 谷物 or TI = 谷子)	“TI”为题名字段代码,等号为连接符。“TI = (收割机 + 收获机)”是正确的,但“TI = (水稻 or 稻子)”不正确。用 or 作为逻辑或运算时,每个检索词必须连接一个字段代码。“TI = 水稻 or TI = 稻子”是正确的
		TI = (收割机 + 收获机) and (TI = 水稻 or TI = 稻子 or TI = 稻谷 or TI = 谷物 or TI = 谷子)	
or(小写)	百度	(收割机 or 收获机) (水稻 or 稻谷 or 稻子 or 谷物 or 谷子)	也可用加号作为逻辑“或”算符

续表

逻辑“或”算符	适用数据库或检索系统	检索示例	注释
加号 +	万方知识服务平台	（标题:收割机 + 标题:收获机）（标题:水稻 + 标题:稻子 + 标题:稻谷 + 标题:谷物 + 标题:谷子）	“标题”为题名字段代码，冒号为连接符
	CNKI 中国知网（当检索词出现在同一字段中时，用加号作逻辑“或”算符）	TI =（收割机 + 收获机）*（水稻 + 稻谷 + 稻子 + 谷物 + 谷子）	当检索词出现在不同字段中时，不能使用加号作为逻辑或算符，例如，“TI = 收割机 + AB = 收获机”就是错误的，“TI = 收割机 or AB = 收获机”才正确
		TI =（收割机 + 收获机）and TI =（水稻 + 稻谷 + 稻子 + 谷物 + 谷子）	
	百度	（收割机 + 收获机）（水稻 + 稻谷 + 稻子 + 谷物 + 谷子）	也可用小写的 or 作逻辑“或”算符
竖线 ǀ	超星读秀中文学术搜索	（T = 收割机 ǀ T = 收获机）*（T = 水稻 ǀ T = 稻子 ǀ T = 稻谷 ǀ T = 谷物 ǀ T = 谷子）	“T”为书名字段代码，等号为连接符。该库中要求每个检索词都必须连接一个字段代码

（3）逻辑“非”

表达不包含或排除关系的组配时用逻辑“非”。它可以缩小检索范围，提高查准率。当用逻辑“非”连接两个检索条件时，表示逻辑“非”算符前面的检索条件必须满足，而逻辑“非”算符后面的检索条件不能满足，这样的文献才为命中文献。

案例 3-17

CNKI 中国知网中，检索式“TI = 收割机 not TI = 水稻”所表示的含义如下：文献题名中必须出现“收割机”，但是文献题名中不能出现“水稻”，即题名中只出现“收割机”但不出现“水稻”的文献才符合检索要求。

不同的检索系统或数据库采用的逻辑“非”算符不同。通常表示逻辑“非”的算符有 not 或 NOT、andnot 或 ANDNOT（中间不空格）、and not 或 AND NOT（中间空格）、减号“-”。当使用减号作为逻辑“非”算符时，减号后面必须直接紧跟检索词，中间不能空格。对于检索式中的逻辑“非”运算，系统一般要求将其列在检索式的最后面。专业检索中逻辑“非”算符的运用如表 3-6 所示。

表 3-6　专业检索中逻辑"非"算符的运用

<table>
<tr><th>逻辑"非"算符</th><th>适用数据库或检索系统</th><th>检索示例</th><th>注　释</th></tr>
<tr><td rowspan="3">NOT/not</td><td>大多数外文数据库</td><td>(solar or electric) wn ti and (water heater) wn ti not (constant temperature) wn ti</td><td>此为 EI 示例,"ti"为题名字段代码,wn 为字段代码与检索词之间的连接符</td></tr>
<tr><td>万方知识服务平台</td><td>(标题:水稻 or 标题:谷物 or 标题:稻谷 or 标题:稻子 or 标题:谷子) and (标题:收获机 or 标题:收割机) not 标题:联合</td><td>"标题"为题名字段代码,冒号为连接符。万方的逻辑"非"只能用 not,不能用减号"-"</td></tr>
<tr><td>CNKI 中国知网(字段之间的逻辑非检索用 not)</td><td>(TI = 收割机 or TI = 收获机) and (TI = 水稻 or TI = 稻子 or TI = 稻谷 or TI = 谷物 or TI = 谷子) not TI = 联合</td><td>"TI"为题名字段代码,等号为连接符</td></tr>
<tr><td rowspan="2">ANDNOT/andnot(中间不空格)</td><td rowspan="2">美国专利文献数据库(USPTO)</td><td>TTL/"solar water heater" ANDNOT TTL/"constant temperature"</td><td rowspan="2">"TTL"为专利名称字段代码,斜杠为字段代码与检索词之间的连接符。当检索词为词组时,必须用英文半角的双引号括起来</td></tr>
<tr><td>TTL/("solar water heater" ANDNOT "constant temperature")</td></tr>
<tr><td rowspan="2">AND NOT/and not(中间空格)</td><td rowspan="2">ScienceDirect</td><td>title(solar water heater) and not title(constant temperature)</td><td rowspan="2">"title"为题名字段代码,小括号为字段代码与检索词之间的连接符</td></tr>
<tr><td>title(solar water heater and not constant temperature)</td></tr>
<tr><td rowspan="3">减号"-"</td><td>CNKI 中国知网(当检索词出现在同一字段中时,用减号作逻辑"非"算符)</td><td>TI = (收割机 + 收获机) * (水稻 + 稻谷 + 稻子 + 谷物 + 谷子) - 联合</td><td>当检索词出现在不同字段中时,不能使用减号作为逻辑非算符,例如,"TI = 收割机 - AB = 联合"就是错误的;"TI = 收割机 not AB = 联合"才正确</td></tr>
<tr><td>超星读秀中文学术搜索</td><td>(T = 收割机 | T = 收获机) * (T = 水稻 | T = 稻子 | T = 稻谷 | T = 谷物 | T = 谷子) - T = 联合</td><td>"T"为书名字段代码,等号为连接符;该库中要求每个检索词都必须连接字段代码</td></tr>
<tr><td>百度</td><td>(收割机 + 收获机) (水稻 + 稻谷 + 稻子 + 谷物 + 谷子) - 联合</td><td>不用 not,减号一般能排除网页名称中含有需要排除的检索词的网页;但对于网页内容中含有需要排除的检索词的那类网页,减号不一定能排除掉</td></tr>
</table>

2. 布尔逻辑运算顺序

不同的检索系统或数据库对布尔逻辑运算的顺序有不同的规定，但多数情况下的逻辑运算优先级是：( ) > NOT > AND > OR。即对于一个同时具有多种逻辑关系的检索式，检索系统将优先执行小括号中的逻辑运算；当有多层小括号时，系统将从最里面的小括号开始，依次从内向外进行逻辑运算。

3.3.2 截词检索

截词检索一般用于英文检索系统或数据库中。截词检索是指利用某个单词的词干部分或局部进行的检索。当用截断的词的一个局部进行检索时，认为凡满足这个词局部中的所有字符(串)的文献都为命中文献。截词检索相当于把局部具有相同字符的单词都做了逻辑"或"运算，使这些词都有可能出现在检索结果中。因此，截词检索能够精减检索式，扩大检索范围从而提高查全率。不同的检索系统或数据库采用的截词算符不同，常用的截词算符有：问号"?"、美元符号"$"、星号"*"、井号"#"、感叹号"!"等。在大部分外文检索系统或数据库中，星号"*"作为截词符运用得最广泛，它一般代表零至任意多个字符。

1. 需要使用截词检索的情况

为保证查全率，遇到以下情况时需要使用截词检索。

(1) 名词的单数形式与复数形式

为使名词的单数形式与复数形式都作为检索结果出现，可以使用截词检索。例如 frog 和 frogs，它们前面部分都是一样的，可以使用截词运算 frog*。又如 tooth 和 teeth 前后都一样，只是中间不同，也可使用截词运算 t*th。现在大多数检索系统或数据库已经不区分规则变化的单复数形式。也就是说，对于在单数词尾加 s 或 es 而形成的规则复数形式的单词，无论检索词是单数还是复数，检索结果中都同时出现单数形式和复数形式。

(2) 词性和时态不同的单词

英文单词有各种词性，诸如动词、名词和动名词等，同时也有各种时态，如动词原形、过去式、过去分词等。这些词虽然词形不同，但词义并无不同。为使这些同义而异形的词都作为检索结果出现，可以使用截词检索。例如：treat、treated、treatment 和 treating，可以将各词中的相同部分写下来，不同部分用截词符表示，即 treat*，treat* 近乎相当于检索式：treat or treated or treatment or treating。

(3) 英式写法与美式写法的词

英式英语和美式英语中有许多单词的词义完全相同，但是在写法上略有不同。为使这些词义相同但词形略有不同的词都作为检索结果出现，可以使用截词检索。例如：colour和 color、behaviour 和 behavior、sulphur 和 sulfur，可分别使用截词：colo*r、behavio*r、sul*ur。即将两个词相同的部分写下来，而将不同的部分用截词符表示。

2. 截词的类型

按截断的位置划分，截词检索通常有前截断、后截断、中间截断 3 种检索类型。

（1）前截断

截词符放在单词的前部位置，称为前截断。前截断的检索结果中出现的词都是后面部分相同，前面部分不同。因此，前截断也称为后方一致。

案例 3-18

*computer，其检索结果可能出现单词：computer、microcomputer、minicomputer、supercomputer。

（2）后截断

截词符放在单词的后部位置，称为后截断。后截断的检索结果中出现的词都是前面部分相同，后面部分不同。因此，后截断也称为前方一致。

案例 3-19

produc*，其检索结果可能出现单词：produce、product、production、productivity、producing。

（3）中间截断

截词符放在单词的中间位置，称为中间截断。中间截断的检索结果中出现的词都是前后部分相同，中间部分不同。因此，中间截断也称为前后一致。

案例 3-20

sul*ur，其检索结果可能出现单词：sulfur、sulphur。

按截断字符的数量划分，截词检索可分为无限截断和有限截断。

① 无限截断是指截词符代表零到多个字符，即代表任意多个字符。

例如，在 Web of Science 或 EI 中，computer* 中的“ * ”表示零到多个字符，即无限截断。因此，computer* 的检索结果可能有：computer（这时星号表示零个字符）、computers（这时星号表示一个字符）、computerise、computerize、computerate、computerized、computerised、computerizing、computerization 等。

② 有限截断是指截词符代表明确的一定数量的字符。

例如，在 Web of Science 检索系统中，截词符问号“?”明确表示一个字符。用“Barthold?”可以检索到 Bartholdi 和 Bartholdy，但检索不到 Barthold。因为在 Web of Science 中，问号不能代表零个字符，必须代表任意的一个字符。在 Web of Science 中，美元符号“ $ ”明确表示零个字符或一个字符。例如，用“Barthold$ ”可以检索到

Barthold、Bartholdi 和 Bartholdy。

在检索实践中，通常将无限截断算符称为截词符，常用的截词符有星号“ * ”；而将有限截断算符称为通配符，常用的通配符有问号“?”和感叹号“!”。

小贴士

任何一种截词检索，都隐含着布尔逻辑或的运算。采用截词检索时，既要考虑查全，又要考虑查准，为此，截词的部分要适当。如果截得太短，虽然能够扩大检索范围，获得较多的检索结果，但误检率也会因此变高，结果中会出现许多不相关的文献。

3.3.3 位置检索

位置检索又称邻近检索或邻接运算。检索词在文献中相隔距离的远近及其出现的前后顺序与它们之间表达的语义关系是有一定关联的，因此，对检索词进行位置检索具有积极意义。位置检索实际上是更严格的逻辑与检索。它不但要求位置算符前后连接的检索词必须同时出现在命中文献中，而且对两个检索词在文献原文中的相隔距离或其出现的前后顺序进行了指定。为此，位置检索增加了限定条件，缩小了检索范围，有助于提高查准率。

不同的检索系统或数据库采用的位置算符不同，有的检索系统或数据库甚至不具有位置检索的功能。常用的位置算符有：near、onear、n、w、pre 等。位置检索算符的运用如表 3-7 所示。

表 3-7 位置算符的运用

位置算符	适用数据库或检索系统	检索规则	检索示例及注释
near/n （n 为正整数）	EI	near 前后连接的检索词必须同时出现在同一文献中，前后相隔不超过 n 个单词，且不指定检索词在原文中出现的前后顺序；检索词若是词组，需要用英文半角的双引号括起	(“air pollution” near/3 “climate change”) wn ab “ab”为摘要字段代码，“wn”为连接符；air pollution 与 climate change 必须同时出现在摘要中，且前后相隔不超过三个单词，即二者可以只隔一个、两个或三个单词，但摘要中二者相隔四个及其以上单词的文献则不作为检索结果；air pollution 与 climate change 出现的前后位置对结果无影响

续表

位置算符	适用数据库或检索系统	检索规则	检索示例及注释
onear/n （n 为正整数）	EI	onear 前后连接的检索词必须同时出现在同一文献中，前后相隔不超过 n 个单词，并且 onear 前面的检索词必须出现在 onear 后面的检索词之前；检索词若是词组，需要用英文半角的双引号括起	（“air pollution” onear/3 “climate change”） wn ab air pollution 与 climate change 必须同时出现在摘要中，前后相隔不超过三个单词，并且 air pollution 必须出现在 climate change 的前面
near/n （n <=15 且 n 为正整数）	Web of Science	near 前后连接的检索词必须同时出现在同一文献中，前后相隔不超过 n 个单词，且不指定检索词在原文中出现的前后顺序；检索词若是词组，需要用英文半角的双引号括起；如果只使用 near 而不使用“/n”，则系统将查找彼此相隔不超过 15 个单词的记录	“air pollution” near/4 “climate change” air pollution 和 climate change 同时出现在文献中，且相隔不超过四个单词，air pollution 与 climate change 出现的前后位置对结果无影响
nn （n 为正整数）	EBSCO	n 前后连接的检索词必须同时出现在同一文献中，前后相隔不超过 n 个单词，且不指定检索词在原文中出现的前后顺序；检索词若是词组，需要用英文半角的双引号括起	AB（“air pollution” n2 “climate change”） “AB”为摘要字段代码，小括号为连接符。air pollution 和 climate change 必须同时出现在摘要中，且前后相隔不超过两个单词；air pollution 与 climate change 出现的前后位置对结果无影响
wn （n 为正整数）	EBSCO	w 前后连接的检索词必须同时出现在同一文献中，前后相隔不超过 n 个单词，并且，w 前面的检索词必须出现在 w 后面的检索词之前；检索词若是词组，需要用英文半角的双引号括起	AB（“air pollution” w2 “climate change”） air pollution 和 climate change 必须同时出现在摘要中，且前后相隔不超过两个单词，air pollution 必须出现在 climate change 的前面
w/n （n 为正整数）	ScienceDirect	w 前后连接的检索词必须同时出现在同一文献中，前后相隔不超过 n 个单词，且不指定检索词在原文中出现的前后顺序；检索词若是词组，需要用英文半角的双引号括起	abstract（“air pollution” w/3 “climate change”） “abstract”为摘要字段代码，小括号为连接符；air pollution 和 climate change 必须同时出现在摘要中，且前后相隔不超过三个单词；air pollution 与 climate change 出现的前后位置对结果无影响

续表

位置算符	适用数据库或检索系统	检索规则	检索示例及注释
pre/n (n 为正整数)	ScienceDirect	pre 前后连接的检索词必须同时出现在同一文献中，前后相隔不超过 n 个单词，并且 pre 前面的检索词必须出现在 pre 后面的检索词之前；检索词若是词组，需要用英文半角的双引号括起	abstract(“air pollution” pre/3 “climate change”) air pollution 和 climate change 必须同时出现在摘要中，且前后相隔不超三个单词，air pollution 必须出现在 climate change 的前面

3.3.4 精确检索

当检索词与文献中的语词完全一致时，才将相关文献作为命中记录的检索技术称为精确检索。精确检索能有效地缩小检索范围，提高查准率。不同的数据库或检索系统采用的精确算符不同，常用的精确算符是英文半角的双引号，有的也使用大括号。不同的数据库使用的精确算符相同时，其检索规则不一定相同，检索结果也有很大的不同，例如 EI 中的双引号与 ScienceDirect 中的双引号。大多数外文数据库中的精确算符会将名词的单复数、英式与美式写法的变化排除在检索结果之外，因此，只有在非常明确自己的检索要求的情况下，才使用精确检索，否则会漏检文献，影响查全率。精确算符的应用如表 3-8 所示。

表 3-8 精确算符的应用

精确算符	适用数据库或检索系统	检索规则	检索示例及注释
“ ”	EI Web of Science EBSCO 百度	检索结果中只允许出现大写或小写的检索词，不允许出现单复数、英式与美式写法或时态等变化，也不允许检索词中间插入其他字词	“information search behavior” 结果中只有：information search behavior 或 INFORMATION SEARCH BEHAVIOR。结果中没有：information search behaviour、information search behaviors、information searching behavior、search behavior of design information 等
“ ”	ScienceDirect	检索结果中允许出现大写与小写、单数与复数、英式与美式写法，但不允许出现时态变化，也不允许在检索词中间插入其他字词	“information search behavior” 结果中有：information search behavior 或 INFORMATION SEARCH BEHAVIOR、information search behaviour、information search behaviors。结果中没有：information searching behavior、search behavior of design information 等

续表

精确算符	适用数据库或检索系统	检索规则	检索示例及注释
{ }	EI	检索结果中只允许出现大写或小写的检索词,不允许出现单复数、英式与美式写法或时态等变化,也不允许检索词中间插入其他字词	{information search behavior}
	ScienceDirect		结果中只有:information search behavior 或 INFORMATION SEARCH BEHAVIOR。结果中没有:information search behaviour、information search behaviors、information searching behavior、search behavior of design information 等

与精确检索密切相关的一个概念是模糊检索,模糊检索对检索结果的精度要求不如精确检索。模糊检索一般只要求检索结果中包含检索词即可,而且检索结果中出现的检索词未必一定要与检索式中的检索词完全相同。在检索中,只要不对检索词采用精确算符,系统一般都默认为模糊检索。模糊检索一般在扩大检索范围、提高查全率时使用。

3.3.5 字段检索

任何一项检索都有各种各样的检索要求,而这些检索要求反映在检索过程中就集中体现为,综合利用不同的检索途径和限制条件实现检索目标。

检索途径主要指检索字段,即检索项或检索点。它主要描述文献的内部特征与外部特征,同时也描述与文献相关的其他重要特征,例如:是否第一作者、作者的国别与单位、文献被引频次、是否为核心期刊、是否为 SCI 收录期刊、是否为 EI 收录期刊、基金的项目名称与项目编号、文献语种等。

数据库或检索系统对每个字段都会规定一个规范的字段名称及其字段代码。检索时将每一个检索词限定在特定的字段中,并综合运用各种检索技术,就能实现复杂的检索要求。

不同的数据库或检索系统因其收录的文献种类不同以及功能设计不同,会形成不同的字段。对于相同的字段,不同的数据库或检索系统对字段代码以及对字段与检索词之间的连接符号的规定都会不同。因此,同样一个检索课题在不同的数据库或检索系统中,其检索式的写法各不相同。检索前,仔细查阅数据库或检索系统的帮助文件是很有必要的,这些文件会提供字段代码及检索规则。

字段代码及其连接符的应用如表 3-9 所示。

表 3-9 字段代码及其连接符的应用

数据库或检索系统	字段与检索词的连接符	专业检索中字段检索示例	注释
CNKI 中国知网	精确检索时用等于号"="	AF=东南大学 AND TI=计算机+电脑+笔记本+微机+台式机	"AF"是作者单位字段代码。"TI"为题名字段代码。作者单位只有"东南大学",而不会出现诸如"东南大学计算机学院""东南大学系统工程研究所"等诸多关于某学院、研究中心、研究所、实验室的结果
	模糊检索时用百分号"%"	AF% 东南大学 AND TI=计算机+电脑+笔记本+微机+台式机	作者单位中包含"东南大学",结果中会出现诸如"东南大学计算机学院""东南大学系统工程研究所"等类似关于某学院、研究中心、研究所、实验室的结果
万方数据知识服务平台	冒号":"	题名:(计算机+电脑+笔记本+微机+台式机) 作者单位:东南大学	"题名"即为文献题名字段代码;作者单位中不仅有"东南大学",也会出现"东南大学电气工程系""东南大学仪器科学与工程系"等关于某学院、研究中心、研究所、实验室的结果
超星读秀中文学术搜索	等于号"="	(T=计算机|T=电脑|T=笔记本|T=微机|T=台式机)*P=高等教育出版社	"T"为书名字段代码,"P"为出版社字段代码。一个字段代码只能连接一个检索词,不能连接多个检索词
EI	wn	(*computer or electronic brain or electron brain or laptop or desktop pc) wn ti and (Computers & Education) wn so	"ti"为题名字段代码,"so"为刊名字段代码。星号*为截词符。"Computers & Education"是期刊名称
Web of Science	等于号"="	AD=(jiangsu university or 212013) and AU=zhang yk	"AD"为地址字段代码,地址字段中检索词可以是国别、单位名称、通讯地址和邮编等;"AU"为作者字段代码;此库中,中文人名的姓用全拼,名只取首字母,姓与名之间用空格分开,名与名之间的首字母紧挨着,不空格
Science Direct	小括号"( )"	title(*computer or electronic brain or electron brain or laptop or desktop pc) and srctitle (Computers & Education)	"title"为题名字段代码,"srctitle"为刊名字段代码;星号*为截词符;"Computers & Education"是期刊名称
EBSCO	小括号"( )"	TI(*computer or electronic brain or electron brain or laptop or desktop pc) and SO (Computers & Education)	"TI"为题名字段代码,"SO"为刊名字段代码;星号*为截词符。该系统中字段代码必须大写

续表

数据库或检索系统	字段与检索词的连接符	专业检索中字段检索示例	注 释
美国专利文献数据库(USPTO)	反斜杠"/"	TTL/($computer or "electronic brain" or "electron brain" or laptop or "desktop pc") and ICN/cn	"TTL"是专利名称字段代码,"ICN"是发明人所在国家字段代码;"cn"是中国的国别代码;"$"是截词符;检索词是词组时,必须用英文半角的双引号括起,如"desktop pc"
百度	冒号":"	filetype:ppt CAD and (制图 or 画图 or 绘图)	"filetype"是文件类型字段代码,"ppt"是 PowerPoint 课件类文件的扩展名
		site:http://www. putclub. com 新概念 and (第三册 or 第四册)	"site"是网址字段代码,"http://www. putclub. com"是普特英语听力网站的网址

3.4 检索步骤

检索是一个复杂的过程,对于一个检索课题需要分析它的检索目的、所涉及的学科领域,确定需要查阅的文献类型和时间跨度,锁定检索工具,制定检索策略,选择恰当的检索方式实施检索,在分析检索结果的基础上优化检索策略并反复检索,最后获取原始文献等。这些过程中既要考虑检全,又要考虑检准,还要考虑省时、省力和省钱。虽然检索过程如此复杂,但遵循相应的检索步骤,把每一步都落到实处,那么达到理想的检索效果也不是难事。

3.4.1 信息需求分析

明确检索目的、检索内容和检索要求是检索的前提。为此,检索前必须对信息需求进行分析,这是检索步骤的第一步,也是最关键的一环,它引领着整个检索方向,是开展其他检索工作的基础。信息需求分析的主要内容有以下 3 点。

1. 分析检索目的

不同的检索课题有着不同的检索目的,一般来说主要有以下 3 种。

(1) 求新

这类检索目的是为了解前沿动态,要求及时获取与本课题相关的最新文献、最新成果。这类信息需求的特点是不需要很高的查全率,但对文献的新颖性和查准率有较高的要求。为此,需要针对课题所属的学科领域,选择资源更新速度较快的数据库和报道速度较快的文献类型作为检索对象。

（2）求全

这类检索目的是为了系统地了解课题的全面信息，例如，为申请科研项目或者博士学位论文开题而撰写文献综述。这类信息需求的特点是需要全面检索国内与国外、现在与过去的所有文献，对查全率要求较高。因此，这类检索需要选择能够一次性跨库检索多种文献类型的综合性大型数据库，数据库的时间跨度要长、学科范围要广且兼具国内外文献。另外，需要综合利用多个检索系统，弥补个别检索系统收录不全的缺憾。

（3）求准

这类检索目的是为了解决某一问题而有针对性地检索某方面的文献，有时甚至已知自己需要的知识点在哪篇文献中，只需要检索出具体的文献而已。这类信息需求的特点是检索目标明确，检索范围小，对查全率没有要求，但对查准率要求很高。针对这类检索，应首先判断是数据检索，还是事实检索，抑或是文献检索，据此准确地锁定参考工具或检索工具，然后综合利用已知的限定条件准确地检索出结果。

2. 分析检索主题

对检索课题涉及的主题进行分析时，需要将课题解析成几个能够表达主题内容的概念，理清主要概念的上位类概念、下位类概念、同位类概念，据此进一步扩大或缩小检索课题所属的学科类别和主题范围，再根据新确定的主题范围进一步提炼新的主题概念。

3. 分析检索范围

检索目的和检索主题明确之后，就可以进一步分析并确定检索范围。例如，应该在什么学科类别中检索，检索什么类型的文献，检索年限从哪年到哪年，是否需要检索外文文献，是否需要原始文献，利用什么样的检索工具、数据库或检索系统等。

3.4.2 选择检索工具

根据检索目的、检索主题和检索范围的要求，选择检索工具应该考虑以下4项因素。

1. 检索工具或检索系统的类型

检索工具或检索系统是事实型，还是数据型，抑或是文献型；检索工具或检索系统是手工的，还是计算机化的；检索工具或检索系统对文献的加工深度如何，是零次文献、一次文献、二次文献还是三次文献数据库。

2. 检索工具或检索系统的收录范围

检索工具或检索系统收录了哪些类型的文献，是期刊论文、学位论文、会议论文、报纸、图书、专利、标准、科技报告、档案，还是产品样本；检索工具或检索系统收录的学科类别是否齐全，是综合性学科门类的，还是专门性学科门类的；检索工具或检索系统收录了哪些国家或地区的文献，文献以哪个语种为主；检索工具或检索系统收录文献的年代跨度，最早的文献回溯至哪年，最新的文献更新至何时，文献更新频率如何；检索工具或检索系统收录的文献是否是核心文献，被国际知名检索工具收录的文献量占总文献量的比重如何。

3. 检索工具或检索系统的检索功能

检索工具或检索系统采用了哪些检索语言，是分类语言、叙词语言还是关键词语言；检索途径有多少，有无文献题名、责任者、第一责任者、责任者单位、分类号、主题词、摘要、关键词、基金、参考文献、出版年、出版者、文献编号（专利号、标准号）、国内刊号、国际刊号、国际标准书号等检索途径；检索方式有多少，有无分类浏览检索、简单检索、高级检索、专业检索等多种检索方式；采用了哪些检索技术，有无逻辑“与”、逻辑“或”、逻辑“非”、截词检索、位置检索、精确检索等多种检索技术；检索规则是否简单易学，容易掌握；检索响应速度如何，网页反应是否迅速。

4. 检索工具或检索系统的其他性能

检索工具或检索系统的信息服务能力如何，有无在线咨询、邮件咨询、表单咨询等服务措施；对检索工具或检索系统的使用说明有无专门的帮助文件或学习视频，以帮助用户迅速熟悉数据库资源并掌握检索技巧；对检索结果的分析与处理能力如何，对检索结果有无多种排序、分类和筛选功能，对检索结果的输出有无多种支持格式，是否支持多种文献管理工具（如 NoteExpress、EndNote 等）的使用；对检索结果有无简单的分析与评价功能，以帮助用户鉴别与选择文献；检索工具与检索系统是否收费，收费是否合理；检索工具或检索系统的网站是否支持多语种界面，有无用户的母语界面，网站的页面设计怎样，对用户有无亲和力。

3.4.3 确定检索策略

广义的检索策略是指根据检索需求，对整个检索过程进行科学而合理的安排，制定出一个能达到理想检索结果的全盘计划和方案。它包括从分析信息需求开始到选择检索工具和检索途径，确定检索词，编制检索式，实施检索，根据初次的检索结果修正检索策略，反复多次检索直到获得满意的检索结果，最后获得原始文献为止的整个过程。狭义的检索策略是指在分析信息需求的基础上，确定检索途径与检索用词，明确各词之间的逻辑关系并制定检索式的整个过程，即主要包括选择检索词和编制检索式这两部分内容。

1. 检索词的选取

检索词是表达文献信息需求的基本元素，也是计算机检索系统中文献数据库与检索提问进行匹配的基本单元。检索词选择的是否准确、齐全，将影响查准率与查全率。检索词选取的方法与步骤如下文所述。

(1) 切词

在信息需求分析的基础上明确检索主题，然后在检索主题的基础上，对表达检索主题的句子进行切词。切词指的是从句子中划分出一个个的词语。需要注意的是，为提高查全率，检索词一般要切分成最小概念的单元词。例如：对于“石榴皮多酚”，应当切分成两个词：“石榴皮”和“多酚”，否则以“TI = 石榴皮多酚”去检索，题名中有“石榴皮总多酚”和“石榴皮中的多酚”的文献就会漏检。而将“石榴皮”和“多酚”分别作为检索词，以“TI = 石榴皮 and TI = 多酚”去检索，则文献题名中不但有“石榴皮多酚”，还有“石榴皮总多酚”和“石榴皮中的多酚”等。

将检索词切分成最小概念的单元词时，需要注意例外情况。例如，当检索词被切分后会产生歧义时，就不能进行切分。例如，对于“江苏大学”这个词，虽然“江苏”和“大学”分别是最小概念的单元词，但将它切分后会让人误以为是江苏省的各个大学，所以“江苏大学”这个词就不能再切分。

小贴士

为保证查全，将检索词切分成最小概念的单元词这一取词原则并不完全适用于关键词字段。例如，在CNKI中国知网中，检索“KY = 石榴皮 and KY = 多酚”，那么文献的关键词中只会分别出现“石榴皮”和“多酚”，而不会出现“石榴皮多酚”。关键词字段的检索词应该选取那些常用词汇、专业词汇或具有代表性的词汇。当然，为提高查全率，用关键词字段检索时可将最小概念的单元词与常用词汇、专业词汇和代表性词汇作逻辑“或”的运算，如“KY = 石榴皮 and KY = 多酚 or KY = 石榴皮多酚”。

（2）取词

对于从主题语句中切分出来的语词，需要进一步提炼，取出能够表达主题概念的检索词，这时需要注意以下几点：

① 不具实质意义的词一般不作为检索词。

实质意义的词是指对表达检索主题概念具有关键性作用的词，一般是名词性术语，也包括少量动词、形容词等实词。而对于不能表达主题概念的虚词（如副词、介词、连词、助词、拟声词和叹词等）都不能作为检索词。

② 表示宽泛概念的词一般不作为检索词。

有些词语虽然是名词，但本身不表达专指的概念，必须与其他词语搭配才行，这样的词一般不作为检索词，如“方法”“研究”“方案”“措施”“应用”“发展”“动态”“进展”和“技术”等。对于宽泛概念的词，也不是任何情况下都不能作为检索词，具体情况要具体分析。例如，当检索综述性论文时，“研究”“应用”“发展”“展望”“动态”和“进展”这样具有宽泛概念的词一般是综述性论文标题中经常出现的，此时这些词都可以作为检索词。

③ 有些检索词由检索系统或数据库指定。

有些检索系统或数据库对一些特定字段中的检索词进行了指定，检索时必须用指定的词，否则系统提示出错。例如，美国专利数据库（USPTO）对发明人所在国家这一字段，统一规定了国别代码，如以“CN”表示中国。该库中就不能用“ICN/China”，而必须用“ICN/CN”。再如 CNKI 中国学术期刊网络出版总库规定“Y”表示核心期刊，“N”表示非核心期刊。因此，检索前必须查看检索系统或数据库的检索规则说明，防止自由取词造成的错误。

④ 优先选择主题词作为检索词。

主题词是能够反映文献主题概念的经过规范化处理的词语。主题词专指度高，概念具有单义性，不容易产生歧义。当检索系统或数据库应用了叙词语言时，就应该通过系统提供的叙词表将检索词替换为规范化的主题词。

（3）扩词

初步选取检索词后，如果检索系统或数据库没有应用叙词检索语言，而只应用了关键词检索语言，那么，对于检索词就必须进行扩展，以便将检索词的同义词、近义词、相关词都作为检索词，以提高查全率。扩词的方法主要有以下 3 种：

① 考虑词形变体。

词形变体主要有中文简体、繁体与异体字；英文单词的原形与过去式、过去分词、现在分词；单数与复数；英式写法与美式写法；比较级与最高级；英译中文人名的各种表达形式等。这些词虽然写法不同，但实质含义并无太大区别，为此应该将各种变体都作为检索词。

② 考虑多词一义。

扩词时应充分考虑：一个词的俗称与学名；常用词与专业术语；旧词与新词；全称与简称、代称、缩略语；口头语与书面语；化学元素及其符号；外来词与本民族用语；音译词与意译词；产品的通用名称与商品名称；产品型号与代号；人名与其字、号、别名等。

③ 考虑词间关系。

应该对检索词的上位类概念、下位类概念和同位类概念进行分析，明确该检索词的上位类词、下位类词和近义相关词，有时也需要将它们作为检索词，以提高查全率。例如，“专利”的上位类词是“知识产权”。有关知识产权研究方面的文献很有可能涉及专利。因此，当只用“专利”去检索而得不到理想的检索结果时，就需要考虑将“知识产权”也作为检索词，扩大检索范围，提高查全率。

案例 3-21

检索课题：“银杏叶中黄酮提取方法研究”。

切词：“银杏”“叶”“黄酮”“提取”“方法”和“研究”。

取词：“银杏”“叶”“黄酮”和“提取”。

扩词：“银杏”“白果”“叶”“树叶”“叶子”“叶片”“黄酮”“提取”“提纯”“纯化”和“分离”。

2. 检索式的编制

检索词确定后便可以根据检索要求，选择相应的检索途径，确定检索字段，将检索词与检索字段相搭配，并确定字段间的逻辑关系，由此编制出检索式。检索式是上述步骤的综合体现，是检索策略的表达形式。编制检索式应该注意以下 5 点。

（1）选择恰当的字段

不同的字段含义不同，因而不能混用。使用的字段不同，检索范围就不同，查全率与查准率也不同。例如，表 3-10 显示出不同字段的检索结果差别很大。

表 3-10　中国学术期刊网络出版总库不同字段检索示例

字段名称	检索式	结果
题名	TI =（银杏 + 白果）*（叶 + 树叶 + 叶子 + 叶片）* 黄酮 *（提取 + 提纯 + 纯化 + 分离）	233
关键词	KY =（银杏 + 白果）*（叶 + 树叶 + 叶子 + 叶片）* 黄酮 *（提取 + 提纯 + 纯化 + 分离）	0
摘要	AB =（银杏 + 白果）*（叶 + 树叶 + 叶子 + 叶片）* 黄酮 *（提取 + 提纯 + 纯化 + 分离）	770
主题	SU =（银杏 + 白果）*（叶 + 树叶 + 叶子 + 叶片）* 黄酮 *（提取 + 提纯 + 纯化 + 分离）	809
全文	FT =（银杏 + 白果）*（叶 + 树叶 + 叶子 + 叶片）* 黄酮 *（提取 + 提纯 + 纯化 + 分离）	17705

案例 3-22　中国学术期刊网络出版总库中的字段选择

中国学术期刊网络出版总库提供了多个表示主题检索的字段，如题名、关键词、摘要、主题、全文。当检索一个课题时，到底应该选择哪个检索字段呢？以检索课题“银杏叶中黄酮提取方法研究”为例，在相同检索条件下（诸如学科类别和检索年限等各限定性条件都一样的前提下）分别用题名、关键词、摘要、主题、全文字段去检索，然后比较分析检索结果，就能知道答案了。

表 3-10 显示，分别从题名、摘要、主题、全文字段去检索，检索结果越来越多，即查全率越来越高，但从检索结果来看，查准率越来越低。而关键词字段的检索结果比较特殊，为 0 篇。这是什么原因呢？通过专门对关键词字段的检索实验发现（实验结果如表 3-11 所示），对于主题为“银杏叶中黄酮提取方法研究”方面的期刊论文，绝大多数期刊论文的作者都将“银杏叶”作为一个完整的关键词标引，这样标引的文献有 405 篇。而分别用“银杏”“白果”和“叶”“树叶”“叶子”“叶片”作为关键词的文献只有 6 篇。这 6 篇文献中没有一篇用“提取”“提纯”“纯化”或“分离”同时作为关键词。但是，通过查看表 3-11 中“检索式 4”的原文，发现这 6 篇文献中有一篇用“提取方法”作为关键词。

表 3-11 中国学术期刊网络出版总库关键词字段实验分析

序号	检索式	结果
1	SU =（银杏 + 白果）*（叶 + 树叶 + 叶子 + 叶片）* 黄酮 *（提取 + 提纯 + 纯化 + 分离）AND KY = 银杏叶	405
2	SU =（银杏 + 白果）*（叶 + 树叶 + 叶子 + 叶片）* 黄酮 *（提取 + 提纯 + 纯化 + 分离）AND KY =（银杏 + 白果）AND KY =（叶 + 树叶 + 叶子 + 叶片）	6
3	SU =（银杏 + 白果）*（叶 + 树叶 + 叶子 + 叶片）* 黄酮 *（提取 + 提纯 + 纯化 + 分离）AND KY =（银杏 + 白果）AND KY =（叶 + 树叶 + 叶子 + 叶片）AND KY =（提取 + 提纯 + 纯化 + 分离）	0
4	SU =（银杏 + 白果）*（叶 + 树叶 + 叶子 + 叶片）* 黄酮 *（提取 + 提纯 + 纯化 + 分离）AND KY =（银杏 + 白果）AND KY =（叶 + 树叶 + 叶子 + 叶片）AND KY =（提取方法 + 提纯方法 + 纯化方法 + 分离方法）	1

综上所述，检索式“KY =（银杏 + 白果）*（叶 + 树叶 + 叶子 + 叶片）* 黄酮 *（提取 + 提纯 + 纯化 + 分离）”的结果为零的原因是：多数作者用“银杏叶”作为关键词，而只有 6 篇文献将“银杏叶”作了概念拆分，使关键词成为“银杏”“白果”和“叶”“树叶”“叶子”或“叶片”。所以，对于关键词字段检索词的提取要非常慎重，应尽量选择那些常用词、专业术语或具有代表性的语词，而不能机械地将检索词切分成最小概念的单元词。这 6 篇将“银杏叶”进行概念切分的文献中没有一篇文献用“提取”作为关键词。对于“提取”这个概念，这 6 篇以外的文献中采用的关键词有“提取”“提取工艺”“提取方法”“溶热剂热提取”“超声提取”“乙醇浸提”“浸提”“回流提取法”“水提法”“萃取”等，不胜枚举。所以对于关键词字段，为保证查全率，尽量不用动词作为检索词，而只用名词作为检索词。

如果该课题只在关键词字段中检索的话，比较合理的检索式是“KY =（银杏叶 + 白果叶 +（银杏 + 白果）*（叶 + 树叶 + 叶子 + 叶片））* 黄酮”，其检索结果为 164 篇。与检索式“TI =（银杏 + 白果）*（叶 + 树叶 + 叶子 + 叶片）* 黄酮 *（提取 + 提纯 + 纯化 + 分离）”（233 篇）相比，关键词字段的查全率不及题名字段。在查准率上，关键词字段的检索式中删除了关于“提取”的概念，题名字段的检索式中含有“提取”及其相关概念，所以，题名字段的查准率明显高于关键词字段的查准率。而摘要、主题、全文字段与题名字段相比，它们的查全率很高，但查准率不足，这给用户筛选文献造成困难。因此，在 CNKI 中国知网中，为保证查全率和查准率，以及考虑到检索词选取的便利性，应优先采用题名字段作为检索字段，而若使用关键词字段时，检索词的选择要慎重。

(2) 使用规范化的字段代码

数据库或检索系统对字段代码都有严格的规定,必须使用数据库或系统提供的字段代码。不同的数据库或检索系统对字段代码的规定不同。例如,ScienceDirect中,刊名字段代码是“srctitle”,而EI、Web of Science和EBSCO中都使用“SO”作为刊名字段代码。有的数据库规定字段代码必须大写,比如EBSCO;而在有的数据库中,字段代码大小写均可。还有的数据库(如超星读秀中文学术搜索)规定一个字段代码只能连接一个检索词,而不能连接一串检索式。例如,在读秀专业检索中,“T=银杏|T=白果”是正确的检索式,但“T=(银杏|白果)”则错误。

(3) 使用规范化的连接符

对于字段代码与检索词之间的连接符号,不同的数据库或检索系统有不同的规定,详见“3.3.5 字段检索”小节。

(4) 使用正确的连接方式

不同的数据库或检索系统中,字段代码与检索词连接的方式也不一样。例如,在EI中,检索词放在连接符的前面,如(Computers & Education) wn so,且检索词必须用英文半角的小括号括住;而在Web of Science中,检索词放在连接符的后面,如AU = zhang yk。

(5) 准确判定字段间的逻辑关系,使用正确的逻辑运算符

不同的数据库或检索系统不仅对布尔逻辑算符的规定有所不同,而且对于其他算符(如截词算符、位置算符和精确算符等)都有不同的规定。不同的数据库或检索系统间的检索算符不能混用。检索前应该仔细阅读系统中的帮助文件,熟悉检索算符及其使用规则,详见“3.3 检索技术”小节。

表3-12　CNKI中国知网中逻辑运算符的应用

TI=(银杏+白果)*(叶+树叶+叶子+叶片) AND KY=黄酮 AND AB=(提取+提纯+纯化+分离)	正确
TI=(银杏+白果)*(叶+树叶+叶子+叶片)*KY=黄酮*AB=(提取+提纯+纯化+分离)	错误
TI=(银杏 OR 白果) AND (叶 OR 树叶 OR 叶子 OR 叶片) AND KY=黄酮 AND AB=(提取 OR 提纯 OR 纯化 OR 分离)	错误
(TI=银杏 or TI=白果) and (TI=叶 or TI=树叶 or TI=叶子 or TI=叶片) and KY=黄酮 and (AB=提取 or AB=提纯 or AB=纯化 or AB=分离)	正确

3.4.4 调整检索策略

编制好检索式后,应该结合检索课题提供的检索范围,如文献所属学科领域、文献类型、检索年代、是否被国际著名检索工具收录、是否一次性检索多个数据库等,

来确定检索的限定性条件，以便将检索式限定在特定的数据库、文献类型、学科类别、年代等条件中进行检索。在检索系统或数据库中，一般只需要勾选这些限定性条件的相应按钮即可。限定性条件确定好以后，可以将检索式直接输入检索系统或数据库的专业检索框中进行检索。一般而言，初次检索时可以制定几个字段不同的检索式分别去检索，然后对这些检索式分别得出的结果做以下 4 项工作。

1. 查看是否检准

对照检索式查看检索结果，对于指定的字段中是否出现检索式要求的检索词，检索词之间的逻辑关系是否正确。

2. 查看是否漏检

浏览每个检索式得出的检索结果并进行比较。这时或许会发现检索结果中出现其他与检索课题密切相关的词语。这时应该把这些词语记录下来，当修改检索式时将它们列入，以提高查全率。

案例 3-23

中国学术期刊网络出版总库中，通过对检索式“KY =（银杏叶 + 白果叶 +（银杏 + 白果）*（叶 + 树叶 + 叶子 + 叶片））* 黄酮”的检索结果进行浏览，发现对于“提取”这个概念，可选取的检索词除“提取”外，还可以有“浸提”“浸取”“水提”和“萃取”。

原检索式：TI =（银杏 + 白果）*（叶 + 树叶 + 叶子 + 叶片）* 黄酮 *（提取 + 提纯 + 纯化 + 分离）；

调整检索策略：TI =（银杏 + 白果）*（叶 + 树叶 + 叶子 + 叶片）* 黄酮 *（提取 + 提纯 + 纯化 + 分离 + 浸提 + 浸取 + 水提 + 萃取）；

检索结果就从 233 条增加到 250 条。其中，增加含“浸提”的有 7 篇，含“浸取”的有 2 篇，含“水提”的有 1 篇，含“萃取”的有 9 篇。

3. 查看是否误检

通过浏览检索结果，有时还能发现检索结果中有大量的不相干文献出现。这时需要将这些大量不相干文献的共同点找出来，如它们都是关于哪方面的研究，提取相关检索词。在修正检索式时，可用逻辑“非”去除它们。

4. 分析检索结果的数量是否合适

对照检索课题的信息需求，分析检索结果的数量是否能满足其要求。如果检索结果太多，则需要缩检。如果检索结果太少，则需要扩检。

（1）扩检的策略

扩检，指的是扩大检索范围，目的是为了提高查全率。扩检的方法主要有：① 增选检索工具、检索系统或数据库，使检索范围扩大。例如，从只检索馆内的数据库，扩展到使用馆内和馆外的多种数据库；从只检索国内文献库，扩展到检索国内和国外的文献库。② 增选文献类型。例如，从只检索期刊论文，扩展到检索会议论文、学位论文、专利文献等。③ 增加相近学科或交叉学科的检索。例如，从只检索食品工业学科，扩展到化学工业，甚至医药等学科。④ 扩大检索年限。例如，从近几年的检索扩展到近十几年甚至几十年的检索。⑤ 减少其他限定性条件。例如，从只检索核心期刊论文或国际检索工具收录的期刊论文，扩展到检索所有的期刊论文。⑥ 改变字段代码，将检索范围小的字段代码，扩展到检索范围大的字段代码。例如，从题名字段扩展到摘要字段；从摘要字段扩展到全文字段等。⑦ 改变检索算符。将严格限定性的算符改为非严格限定性的算符。例如，将精确检索改为模糊检索，取消位置检索，采用截词检索等。⑧ 减少逻辑"与"和逻辑"非"运算，取消一些限制性逻辑关系。⑨ 增加逻辑"或"运算。例如，将题名字段与关键词字段之间的逻辑"与"运算改为逻辑"或"运算。⑩ 降低检索词的专指度，增加同义词、近义词、相关词，甚至上位类关系或下位类关系的词，词的各种变体等，都将其作为检索词，并让它们作逻辑"或"运算。

（2）缩检的策略

缩检，指的是缩小检索范围，目的是提高查准率。缩检的方法与扩检的方法正好相反，主要有：① 改选检索工具、检索系统或数据库，缩小检索范围。例如，从选用综合性的数据库，改为选用专门学科的数据库。② 限定文献类型。例如，从检索期刊论文、会议论文、学位论文、专利文献等，改为只检索其中某类与检索课题关系密切的文献。③ 限定学科类别。例如，从大学科的检索范围，限定到其子学科下面的检索；从检索多个交叉学科，改为只检索与课题密切相关的学科。④ 缩小检索年限。例如，从近几十年的检索，缩小到近十几年甚至近几年的检索。⑤ 增加其他限定性条件。例如，从检索所有期刊论文，限定为只检索核心期刊论文或国际检索工具收录的期刊论文，或者检索被引频次达到规定次数的论文。⑥ 改变字段代码，将检索范围大的字段代码，缩小到检索范围小的字段代码。例如，从全文字段，缩小到摘要字段；从摘要字段，缩小到题名字段等。⑦ 改变检索算符。将非严格限定性的算符改为严格限定性的算符。例如，将模糊检索改为精确检索，取消截词检索，采用位置检索等。⑧ 增加逻辑"与"和逻辑"非"运算，增加一些限制性逻辑关系，或者在检索结果中进行二次检索。⑨ 减少逻辑或运算。例如，将题名字段与关键词字段之间的逻辑或运算改为逻辑与运算。⑩ 提高检索词的专指度，取消上位类概念的词或下位类概念的词，只选取本位词作检索词；将俗称、旧词、口头语、产品商品名、产品型号与代号、人名的字号与别名等都改为常用词或专业术语等。

案例 3-24 CNKI 中国知网中检索"银杏叶中黄酮提取方法研究"

（1）检索词的选择

① 切词："银杏""叶""黄酮""提取""方法"和"研究"。

② 取词："银杏""叶""黄酮"和"提取"

③ 扩词："银杏""白果""叶""树叶""叶子""叶片""黄酮""提取""提纯""纯化"和"分离"。

（2）制定检索式

TI =（银杏 + 白果）*（叶 + 树叶 + 叶子 + 叶片）* 黄酮 *（提取 + 提纯 + 纯化 + 分离）

（3）调整检索式

TI =（银杏 + 白果）*（叶 + 树叶 + 叶子 + 叶片）* 黄酮 *（提取 + 提纯 + 纯化 + 分离 + 浸提 + 浸取 + 水提 + 萃取）

3.4.5 获取原始文献

检索到所需要的结果后，对于全文型数据库或检索系统而言，可以直接通过链接下载全文。然而有的数据库或检索系统是二次文献数据库，只提供文献的内、外部特征及馆藏信息，并不提供原始文献，那么如何获取原始文献呢？用户可以试着从以下途径获取原始文献。

1. 超星读秀中文学术搜索的原文传递功能

超星读秀中文学术搜索对大部分电子图书可以进行原文传递。系统对图书的传递是即时的，只要用户成功提交表单后，立即打开电子信箱就能阅读和分页下载电子图书。对于已经购买此库的机构用户而言，传递电子图书是不用付费的。

2. 全国图书馆参考咨询服务平台

全国图书馆参考咨询联盟（http://www.ucdrs.net/admin/union/index.do）是在全国文化信息资源共享工程国家中心指导下，由我国公共、教育、科技系统图书馆合作建立的公益性服务机构，其宗旨是以数字图书馆馆藏资源为基础，以因特网的丰富信息资源和各种信息搜索技术为依托，为社会大众提供免费的网上参考咨询和文献远程传递服务。

全国图书馆参考咨询联盟拥有目前我国最大规模的中文数字化资源库群：电子图书 120 万种，期刊论文 4000 多万篇，博、硕士论文 300 万篇，会议论文 30 万篇，外文期刊论文 500 万篇，国家标准和行业标准 7 万件，专利说明书 86 万件，以及全国公共图书馆建立的规模庞大的地方文献数据库和特色资源库，提供网络表单咨询、文献咨询、电话咨询和实时在线咨询等多种方式的服务。

用户注册登录后便可获得免费文献传递的服务。但是,用户对获取到的信息须严格遵守我国法律法规和知识产权保护等相关规定。该平台还提供实时在线咨询,时间是每天 8:00 至 21:00。该平台对于非图书情报机构的用户而言具有很大的实用价值。

3. 开放获取期刊

开放获取期刊即 Open Access Journal(简称 OA),是一种经同行评审,可供公众免费获取的网络型电子期刊。任何公众对开放期刊内容的获取不受权限、费用等因素的限制。例如,DOAJ 和 HighWire 就是常用的 OA 数据库。

4. 网上免费的专利与标准数据库

国内外不少专利数据库借助互联网发布专利说明书的全文,如中华人民共和国知识产权局和美国专利商标局的专利数据库。公众只要能上互联网就能免费检索并查看到大量的专利说明书。我国国家标准馆在其主网站——“中国标准服务网”发布我国强制性国家标准的全文,公众只要注册登录后,就能检索并进行查看。

5. 馆际互借或文献传递

文献传递是图情机构将用户所需的文献以快速的方式与合理的价格(主要包括文献复制费用与传递的费用),直接或者间接传递给用户的一种非返还式文献提供服务。依据用户的要求,文献传递可使用 E-mail、普通函件、平信挂号、特快专递、传真以及读者自取等方式。馆际互借是同一系统或者不同系统的图情机构之间根据互签的协议相互出借馆藏文献,是一种返还式的文献提供服务。当用户需要某一文献,而其所在地的图情机构没有纸本馆藏,在其所购买的数据库或检索系统中也没有电子资源,通过全国图书馆参考咨询服务平台、OA 期刊数据库或搜索引擎等免费途径都搜索无果的情况下,图情机构的馆际互借或原文传递服务将能有效地满足用户的文献需求。申请文献传递的用户必须登录其所在图情机构的馆际互借系统,在系统中注册并登录,通过系统提交文献传递的申请,填写申请表时必须写明准确的联系电话、电子信箱和联系地址。

6. 直接与作者联系

直接给作者发电子邮件,请求文献作者传递文献的复制件,也是一种可以尝试的文献获取途径。一般通过文献检索即可获取到文献作者的姓名与电子信箱,例如 EI 每篇文摘中都有作者准确的电子信箱。

3.4.6 检索效果评价

英国情报学家克莱维登(C. M. Cleverdon)首先提出评价信息检索效果的指标主要有 6 个:收录范围、输出形式、响应时间、用户负担、查全率、查准率。收录范围是指信息检索系统所能提供的文献信息的类型、数量、学科范围、语种和时间跨度等。收录范围广,说明系统的文献信息资源丰富。响应时间是指用户向系统提交指令直到获得系统的反馈这期间的时间长度。系统响应时间过长，会耽误用户的时间，并影响用户的心情。一般用户都希望系统反应迅速，响应及时。用户负担是指用户在检索过程中所耗费的物力、财力与精力的总和。用户一般希望检索系统的功能强大、齐全、简便、易用，系统界面符合用户的习惯，具有亲和力，收费合理甚至免费。输出形式是指检索系统所提供的检索结果和形式。用户一般希望文献信息系统能够提供多种检索结果的输出形式，以满足文献阅读、分析、鉴别、引用和管理的要求。查全率和查准率是指信息检索系统的效率。这两项是评价检索效果最重要的指标。另外两个概念——漏检率与误检率是从反面评价检索效果的指标。

1. 查全率

查全率也称为检全率，是指从检索系统中检出的与课题相关的文献量和检索系统中实际与该课题有关的文献总量之比，即

$$查全率 = \frac{检出的相关文献量}{系统中相关文献总量} \times 100\%$$

2. 查准率

查准率也称为检准率，是指从检索系统中检出的与课题相关的文献数量和检出的文献总量之比，即

$$查准率 = \frac{检出的相关文献量}{检出的文献总量} \times 100\%$$

3. 漏检率

漏检率是指漏检与课题相关的文献量和检索系统中与课题相关的文献总量之比，即

$$漏检率 = \frac{漏检的相关文献量}{系统中相关文献总量} \times 100\%$$

4. 误检率

误检率是指检出的与课题不相关的文献量和检出的文献总量之比，即

$$误检率 = \frac{误检的文献量}{检出的文献总量} \times 100\%$$

案例 3-25　检索效果评价指标的计算方法

假设利用某个文献信息检索系统查找与某个课题相关的文献时，检出的文献总篇数为 100 篇，经审查，其中与检索课题相关的只有 70 篇，又假设在该系统中与该课题相关的文献共有 80 篇，那么，查全率 = 70/80 = 87.5%；查准率 = 70/100 = 70%；漏检率 = (80 − 70)/80 = 12.5%；误检率 = (100 − 70)/100 = 30%。

查全率与漏检率是相对的，查全率越高，则漏检率越低。检索实践中，总是力求提高查全率，或是降低漏检率。查准率与误检率是相对的，查准率越高，则误检率越

低。检索实践中，总是力求提高查准率，或是力求降低误检率。然而，实践中查全率与查准率都不可能达到100%。此外，实践证明，查全率与查准率之间存在着互相制约的现象——互逆相关性，即提高查全率会使查准率下降，而提高查准率会使查全率下降。为此，在检索实践中不能一味求查全，也不能一味求查准，而是要根据检索目的和检索要求等实际情况协调查全与查准的关系。

练习与思考

1. 文献的内部特征主要有哪些？
2. 文献的外部特征主要有哪些？
3. 试比较叙词语言与关键词语言的相同点与不同点。
4. 简述分类检索语言与主题检索语言各自的特点。
5. 你知道哪些信息检索技术？它们各自的功能是什么？
6. 选取检索词时一般要经过哪几个步骤？其中有什么要点需要注意？
7. 评价检索效果最主要的指标是哪两项？它们是如何计算出来的？

第4章

中文常用信息检索系统及其使用

学习目标

⊙ 熟悉中文电子资源，并掌握中文文献数据库的检索；

⊙ 学会保存、分析和利用检索结果。

开篇案例

朝鲜战争和兰德咨询公司的故事

在美国出兵朝鲜之前，美国政府曾请美国著名的咨询机构兰德公司作预测：如果美国出兵朝鲜，中国会不会出兵？兰德公司从中国公开信息源中搜集大量资料，并请了大批资深专家，从中共历史、军力、国际关系甚至领袖性格等各方面作了精深的分析，最后得出的结论是："中国将出兵朝鲜"。其主题词只有7个字，要价150万美元。美国国防部认为是敲诈，不予理睬，在自认为中国不敢出兵的假设下冒险出兵，结果"在错误的时间，在错误的地点，与错误的敌人进行了一场错误的战争"。一直到前些年，美国政府检讨当年决策错误时，向兰德公司付了一大笔钱款，表示对科学预测的重新估价与信服。很明显，如果美国政府当年尊重科学预测，相信中国会出兵，他是决不敢冒这个险的，那朝鲜历史将重新改写，"抗美援朝"也就不存在了。

4.1 读秀中文学术搜索

4.1.1 概况

读秀中文学术搜索(http://www.duxiu.com)是一个海量全文数据及元数据组成

的超大型数据库。它能够为读者提供260多万种图书、6亿页全文资料、5000万条期刊元数据、2000万条报纸元数据、100万个人物简介、1000万个词条解释等一系列海量学术资源的检索及使用。同时,用户通过读秀中文学术搜索,还能一站式检索馆藏纸质图书、电子图书、期刊等各种异构资源,几乎囊括图书馆内的所有信息资源。

读秀中文学术搜索具有下述特点:

① 整合馆藏学术资源。读秀中文学术搜索将检索结果与馆藏各种资源库对接。读者检索任何一个知识点,都可以直接获取图书馆内与其相关的纸质图书、电子图书全文、期刊全文等。

② 参考咨询服务。读秀中文学术搜索提供参考咨询服务,可通过文献传递直接将相关学术资料发送到读者邮箱,使读者零距离获取学术资源。

4.1.2 检索方法

读秀中文学术搜索提供知识、图书、期刊、报纸、学位论文、会议论文、标准、专利、视频等9个主要搜索频道。读秀中文学术搜索根据不同的文献信息资源提供不相同的检索字段:对于图书,读秀提供全部字段、书名、作者、主题词、丛书名、目次;对于专利,读秀提供全部字段、申请号、专利名称、发明人、IPC号;对于期刊,读秀提供全部字段、标题、作者、刊名、关键词及其他读秀学术资源的相关检索字段。

1. 知识检索

知识检索频道是将260万种图书打散为6亿页资料,在进入读秀中文学术搜索主页面后,系统默认进入知识检索频道。在搜索框中输入关键词,然后点击“中文搜索”按钮,系统将在学术资源库中,围绕该关键词深入图书的每一页资料中进行信息深度查找,如图4-1所示。

图4-1 读秀学术搜索知识检索频道

小贴士

为方便、快速地找到所需要的结果，建议使用多个关键词或较长的关键词进行检索。当读者输入一个检索词，如“发动机”时，读者将获得6亿页资料中所有包含“发动机”这个关键词的章节，并且可以对任何一个章节进行部分页的试读。如果单击“外文搜索”按钮，则自动进入外文期刊频道进行搜索。

（1）浏览检索结果

知识检索频道的检索结果是包含检索关键词的图书章节，如图4-2所示。如果对检索结果不满意，可继续输入关键词，点击右上角的“在结果中搜索”来缩小检索范围。点击标题或“阅读”，不用安装专门的阅读器即可查阅文献全文，如图4-3所示。检索结果右侧会同时显示其他频道的检索结果，可以直接点击查看。

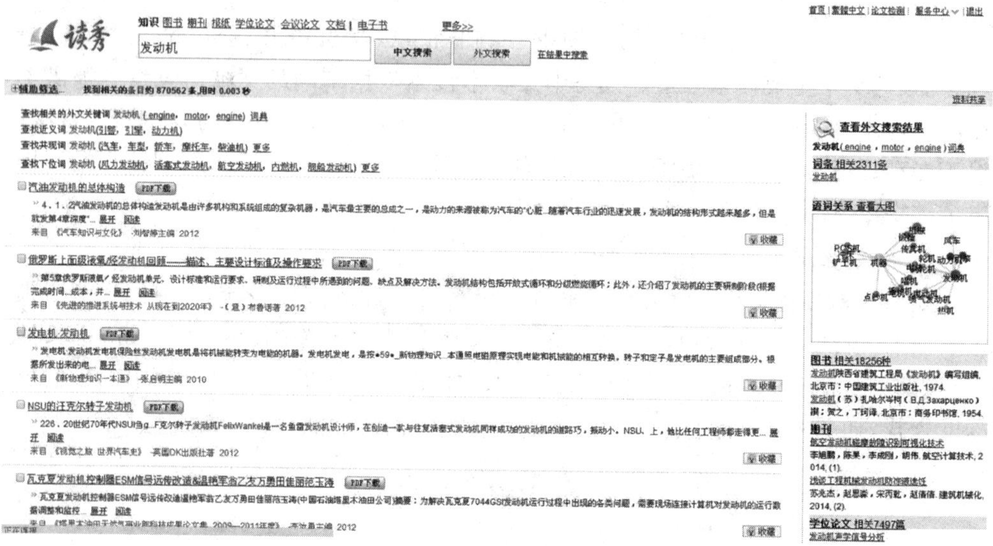

图4-2 读秀知识检索结果

（2）查看文献详细信息

在文献全文显示页面中，检索关键词已在文献中高亮显示。在页面上方有一系列功能按钮，可以进行前后翻页、文字摘录、截取图片、保存、收藏、打印等操作。点击右上方的“本页来源”按钮，可以查看本检索结果的来源图书的书名、作者、当前页码等。由于检索结果只提供部分页的阅读，如果想看更多内容，可以点击“本页来源”的书名，直接到达“图书频道”中该图书的详细页面。

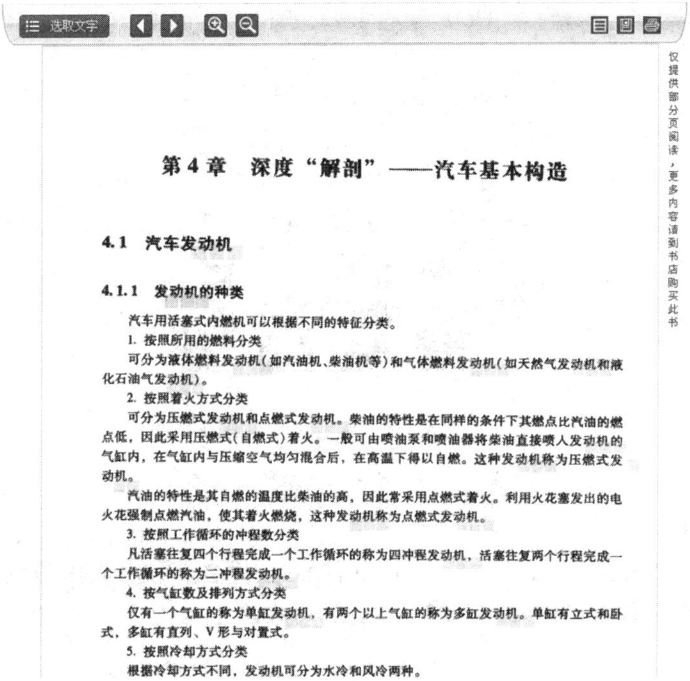

第4章　深度“解剖”——汽车基本构造

4.1　汽车发动机

4.1.1　发动机的种类

汽车用活塞式内燃机可以根据不同的特征分类。

1. 按照所用的燃料分类

可分为液体燃料发动机（如汽油机、柴油机等）和气体燃料发动机（如天然气发动机和液化石油气发动机）。

2. 按照着火方式分类

可分为压燃式发动机和点燃式发动机。柴油的特性是在同样的条件下其燃点比汽油的燃点低，因此采用压燃式（自燃式）着火。一般可由喷油泵和喷油器将柴油直接喷入发动机的气缸内，在气缸内与压缩空气均匀混合后，在高温下得以自燃。这种发动机称为压燃式发动机。

汽油的特性是其自燃的温度比柴油的高，因此常采用点燃式着火。利用火花塞发出的电火花强制点燃汽油，使其着火燃烧，这种发动机称为点燃式发动机。

3. 按照工作循环的冲程数分类

凡活塞往复四个行程完成一个工作循环的称为四冲程发动机，活塞往复两个行程完成一个工作循环的称为二冲程发动机。

4. 按气缸数及排列方式分类

仅有一个气缸的称为单缸发动机，有两个以上气缸的称为多缸发动机。单缸有立式和卧式，多缸有直列、V形与对置式。

5. 按照冷却方式分类

根据冷却方式不同，发动机可分为水冷和风冷两种。

图 4-3　查阅文献全文

小贴士

在知识频道中，“time：+数字年份”用于检索某年的资料；书名作关键词时，用于检索某本书。

2. 图书检索

图书检索频道为读者提供260多万种图书原文的查找，提供简单检索、高级检索、二次检索及分类导航4种检索方式。当查找到某一本图书时，读者可以试读该图书的封面、版权页、前言、目录、全文或部分正文。

（1）检索方式

下面介绍简单检索、高级检索这两种方式。

① 简单检索。

图书简单检索界面提供检索框、检索字段、“高级检索”按钮、“分类导航”按钮、“中文搜索”按钮、“外文搜索”按钮等。在搜索框输入关键词，并在搜索框下方选择“全部字段”“书名”“作者”“主题词”“丛书名”“目次”，然后点击“中文搜索”按钮，系统将在海量的图书数据资源中进行查找，如图4-4所示。如果希望获得外文资源，可点击“外文搜索”。

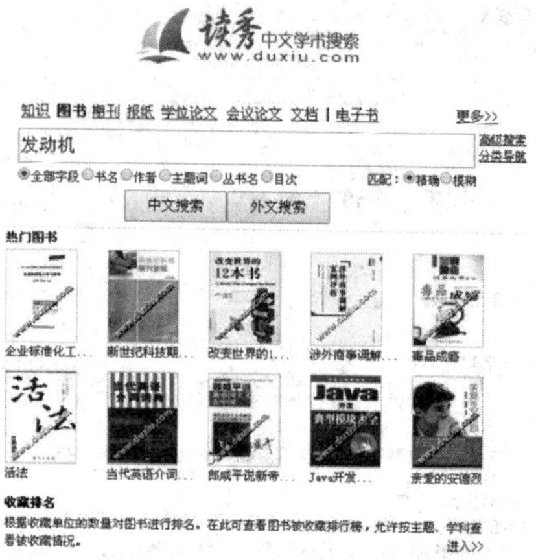

图 4-4　读秀图书简单检索界面

② 高级检索。

图书高级搜索页面，如图 4-5 所示，设有书名、作者、主题词、出版社、ISBN 号、中图分类号 6 个检索项和分类、年代 2 个选项，可在多个检索项中实施组合检索，以更精确地查找图书。

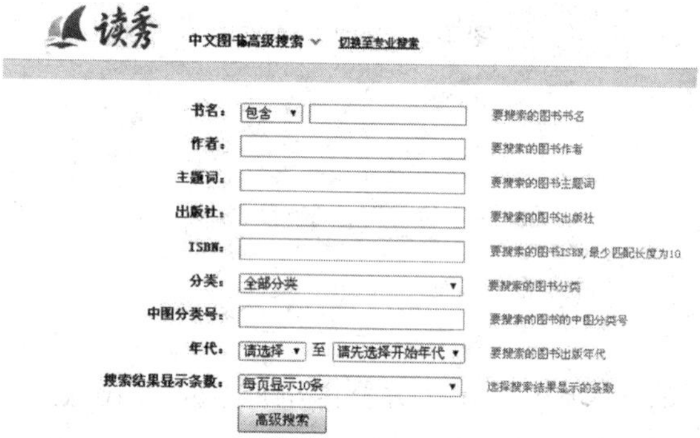

图 4-5　图书高级搜索页面

（2）浏览搜索结果

如图 2-6 所示，搜索结果会提示找到与检索词相关的中文图书的数量及用时，下方显示命中图书的封面、题名、作者、页数、出版社、出版日期等信息。用户可以通过 3 种方式调整检索结果：

① 通过左侧的“类型、年代、学科、作者”等途径调整检索范围。

② 通过上方的“在结果中搜索”进行二次检索。

③ 通过右侧多面搜索快速浏览其他频道的搜索结果。

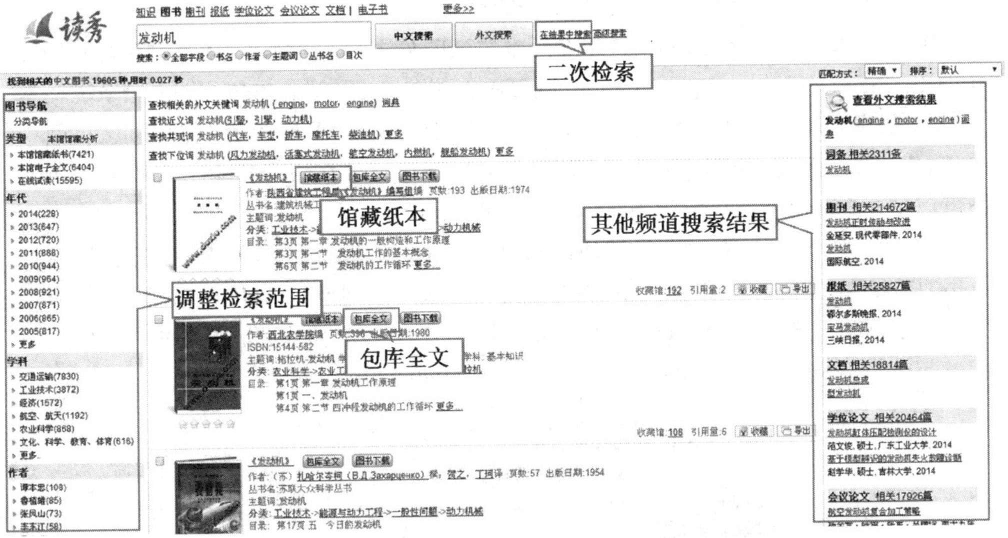

图 4-6　读秀图书搜索结果页面

（3）查看图书详细信息

点击某本图书的封面或题名，即可进入图书的详细信息页面，如图 4-7 所示，该书的题名、作者、页数、封面、出版社、出版时间、主题词、内容题要等详细信息将一一罗列。用户可以阅读图书的版权页、前言、目录和正文的部分内容。

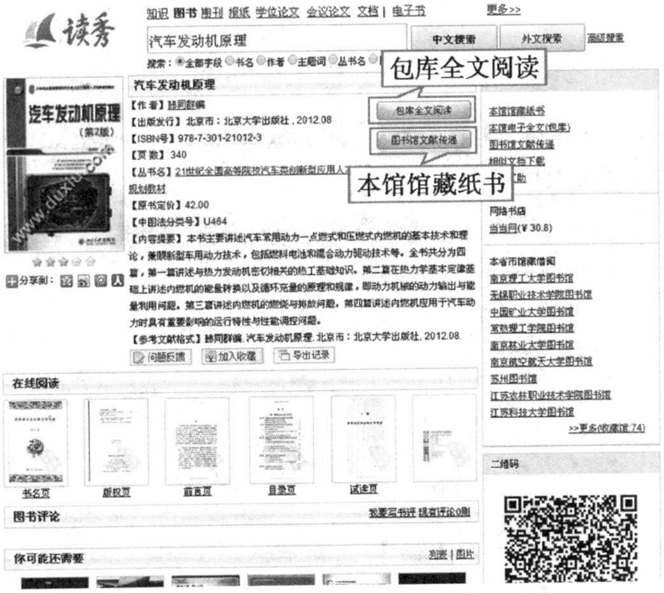

图 4-7　图书的详细信息页面

如果想获取图书全文,可以通过以下方式实现:

① 如果在检索结果标题后有“馆藏纸本”按钮,如图 4-6 所示,或图书的信息页面中有“本馆馆藏纸书”链接,如图 4-7 所示,则可单击该链接直接进入本单位图书馆系统。

② 如果在检索结果标题后有“包库全文”按钮,如图 4-6 所示,或者信息页面中有“包库全文”标记,如图 4-7 所示,则可单击该链接直接在线阅读全文或下载。读者还可以单击“阅读全文”或“本馆电子全文”链接在线获取全文。

③ 如果该图书在馆内没有纸质图书或电子图书,仅提供部分内容阅读时,可以点击“图书馆文献传递”按钮,如图 4-8 所示,则对图书进行文献传递,将图书部分原文直接发送到自己的邮箱,如图 4-9 所示。通过文献传递功能,每本图书单次传递不超过 50 页,且同一图书每周的传递量不超过全书的 20% 。

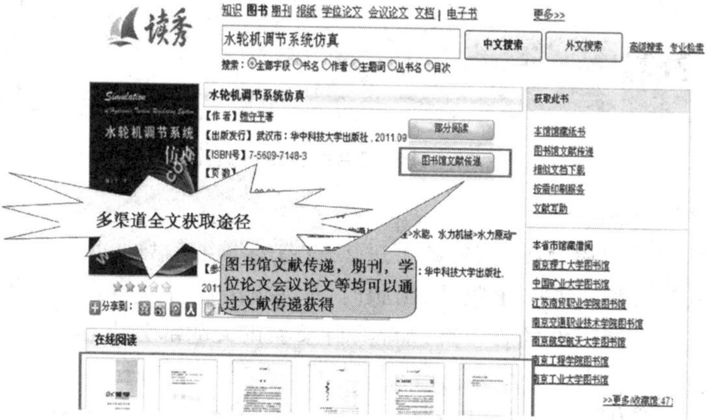

图 4-8 读秀全文获取途径

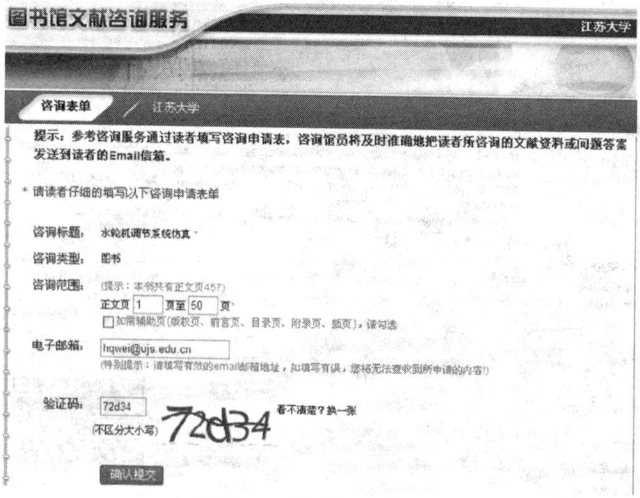

图 4-9 读秀文献传递

3. 期刊等其他频道搜索

除知识频道和图书频道搜索外，读秀还提供中外文期刊、报纸、学位论文、会议论文、专利、标准、视频等文献资源内容的搜索。读秀不仅提供书目信息，还提供与所在馆馆藏电子版的链接，有些原文内容还可以通过文献传递功能获取。这些功能可帮助用户扩大搜索范围，提高搜索效率，其使用方法与知识搜索、图书搜索基本相同。

案例 4-1

检索书名中含有“数字图书馆”但不含有“高校”方面的图书。

该案例中“数字图书馆”与“高校”是逻辑“非”的关系。读秀的搜索语法中逻辑“非”是这样处理的：在要排除（不希望在结果的标题中出现）的关键词前加空格再加半角减号，所以应输入“数字图书馆 -高校”这样的检索式。

选择图书频道，在搜索框输入“数字图书馆 -高校”，并在搜索框下方选择“书名”，然后点击“中文搜索”，结果如图 4-10 所示。

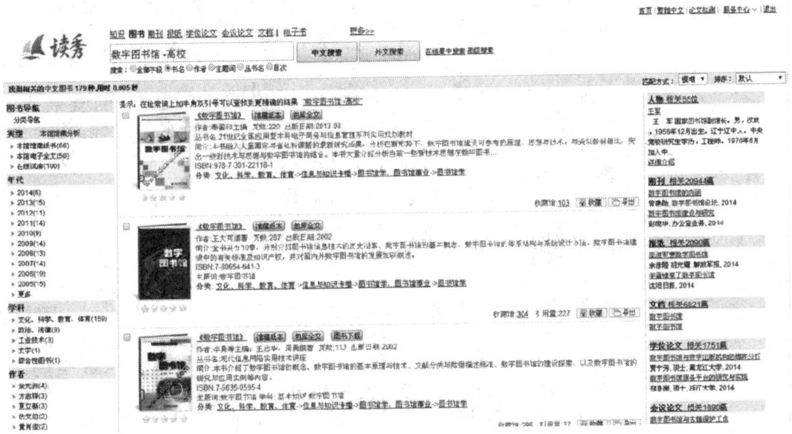

图 4-10 读秀图书检索界面

4.2 CNKI 中国知网

4.2.1 概况

CNKI（China National Knowledge Infrastructure，中国国家知识基础设施）是以实现全社会知识资源传播共享与增值利用为目标的信息化建设项目，由清华大学、清华同方发起，始建于 1999 年 6 月。

CNKI 包含的数字数据库有中国学术期刊网络出版总库、中国博士学位论文全文数据库、中国优秀硕士学位论文全文数据库、中国重要会议论文全文数据库、中国专利数据库(知网版)等,囊括了期刊、博硕论文、报纸、会议、年鉴、工具书、中外标准、科技成果、专利等文献类型,经过整合而形成一个有机的资源整体,为读者提供多种检索途径。CNKI 中国知网主要包括以下数据库:

① 中国学术期刊网络出版总库,收录学术期刊 7000 多种,收录的期刊以 1994 年至今发表的期刊为主,最早的可回溯到 1915 年。中国学术期刊网络出版总库分为 10 大专辑,主要分类如表 4-1 所示。

表 4-1　CNKI 资源分类表

专辑代码	专辑名称	专题列表
		科学技术学术文献
A	基础科学	自然科学理论与方法、数学、非线性科学与系统科学、力学、物理学、生物学、天文学、自然地理学和测绘学、气象学、海洋学、地质学、地球物理学、资源科学
B	工程科技Ⅰ	化学、无机化工、有机化工、燃料化工、一般化学工业、石油天然气工业、材料科学、矿业工程、金属学及金属工艺、冶金工业、轻工业手工业、一般服务业、安全科学与灾害防治、环境科学与资源利用
C	工程科技Ⅱ	工业通用技术及设备、机械工业、仪器仪表工业、航空航天科学与工程、武器工业与军事技术、铁路运输、公路与水路运输、汽车工业、船舶工业、水利水电工程、建筑科学与工程、动力工程、核科学技术、新能源、电力工业
D	农业科技	农业基础科学、农业工程、农艺学、植物保护、农作物、园艺、林业、畜牧与动物医学、蚕蜂与野生动物保护、水产和渔业
E	医药卫生	方针政策与法律法规研究、医学教育与医学边缘学科、预防医学与卫生学、中医学、中药学、中西医结合、基础医学、临床医学、感染性疾病及传染病、心血管系统疾病、呼吸系统疾病、消化系统疾病、内分泌腺及全身性疾病、外科学、泌尿科学、妇产科学、儿科学、神经病学、精神病学、肿瘤学、眼科与耳鼻咽喉科、口腔科学、皮肤病与性病、特种医学、急救医学、军事医学与卫生、药学、生物医学工程
I	信息科技	无线电电子学、电信技术、计算机硬件技术、计算机软件及计算机应用、互联网技术、自动化技术、新闻与传媒、出版、图书情报与数字图书馆、档案及博物馆
		人文与社科学术文献
F	哲学与人文	文艺理论、世界文学、中国文学、中国语言文字、外国语言文字、音乐舞蹈、戏剧电影与电视艺术、美术书法雕塑与摄影、地理、文化、史学理论、世界历史、中国通史、中国民族与地方史志、中国古代史、中国近现代史、考古、人物传记、哲学、逻辑学、伦理学、美学、心理学、宗教
G	社会科学Ⅰ	马克思主义、中国共产党、政治学、中国政治与国际政治、思想政治教育、行政学及国家行政管理、政党及群众组织、军事、公安、法理法史、宪法、行政法及地方法制、民商法、刑法、经济法、诉讼法与司法制度、国际法

续表

专辑代码	专辑名称	专题列表
H	社会科学Ⅱ	社会科学理论与方法、社会学及统计学、民族学、人口学与计划生育、人才学与劳动科学、教育理论与教育管理、学前教育、初等教育、中等教育、高等教育、职业教育、成人教育与特殊教育、体育
J	经济与管理	宏观经济管理与可持续发展、经济理论及经济思想史、经济体制改革、经济统计、农业经济、工业经济、交通运输经济、企业经济、旅游、文化经济、信息经济与邮政经济、服务业经济、贸易经济、财政与税收、金融、证券、保险、投资、会计、审计、市场研究与信息、管理学、领导学与决策学、科学研究管理

② 中国博士学位论文全文数据库，是目前国内相关资源完备、出版周期短、数据规范、实用、质量高、连续动态更新的博士学位论文全文数据库。目前该数据库收录了1984年以来404家（动态）博士培养单位的博士学位论文，主要以1999年以后博士学位论文数据为主。

③ 中国优秀硕士学位论文全文数据库，是国内内容较全、质量较高的硕士学位论文全文数据库，目前收录了1984年以来621家（动态）硕士培养单位的优秀硕士学位论文。该数据库主要特色学科包括通信、军事学、中医药等专业，以1999年以后优秀硕士学位论文为主。

④ 中国重要会议论文全文数据库，收录由国内会议主办单位或论文汇编单位书面授权，投稿到中国知网进行数字出版的会议论文，主要为1999年以来，中国科协、社科联系统及省级以上的学会、协会，高校，科研机构，政府机关等举办的重要会议上发表的会议论文文献。其中，全国性会议文献超过总量的80%，部分会议论文可回溯至1953年。

⑤ 中国重要报纸全文数据库，遴选收录2000年以来我国公开发行的500多种报纸上有关政治、经济、社会、文化、科技、教育、军事、国防等方面的文献，为各类读者用户从事学术、政策和工作研究及决策咨询服务。

⑥ 中国年鉴全文数据库，收录了1912年以来世界年鉴、全国与省、市级综合年鉴、行业年鉴、学科年鉴、学校年鉴、企业年鉴、统计年鉴1582余种。

⑦ 中国工具书网络出版总库，收录了我国1973年至今200多家出版社正式出版的2000余册工具书，包括语言词典、专科辞典、百科全书、医学图谱、图录、年表、手册等。

⑧ 中国专利数据库（知网版），将中国专利信息与中国科技成果、国内外标准、CNKI期刊、报纸、博士论文、硕士论文、图书、工具书、年鉴、知识元等知识资源整合，收录了自1985年以来中国所有公开专利，包括实用新型、发明专利和外观设计三大类。

⑨ 国家标准全文数据库（知网版），内容来源于中国标准出版社，收录了1950年至今由中国标准出版社出版的，国家标准化管理委员会发布的所有国家标准。用户可以通过标准号、中文标准名称、起草单位、起草人、采用标准号、发布日期、中国标

准分类号、国际标准分类号等检索项进行检索。

⑩ 国家科技成果数据库(知网版),将国家科技成果数据库与标准、专利、CNKI期刊、报纸、博士论文、硕士论文、会议论文、图书、年鉴、工具书、知识元等资源整合,收录了自1978年以来所有正式登记的中国科技成果。

4.2.2 检索方法

CNKI中国知网产品形式有Web版(网上包库)、镜像站版、光盘版、流量计费。目前国内许多图书馆都建有中国知网的镜像站点,建有镜像站点单位的用户可以通过本单位图书馆主页直接登录中国知网检索首页。本节主要介绍中国知网镜像站点的检索方法。

CNKI中国知网数据库镜像用户有两种登录方式:IP登录、账户登录。

账户登录允许合法用户在正确输入账户名、密码后使用数据库下载全文。

IP登录允许IP地址范围内的用户登录使用数据库,适用于采用IP管理的机构用户。

目前CNKI提供CAJ和PDF两种格式的全文,用户首次检索该全文数据库时,登录后应先下载CAJ和PDF阅读器,保证阅读全文的需要。

点击如图4-11所示中国知网镜像站点页面上的数据库名称可进入相应数据库检索页面进行检索,还可以选择数据库后实施跨库检索。

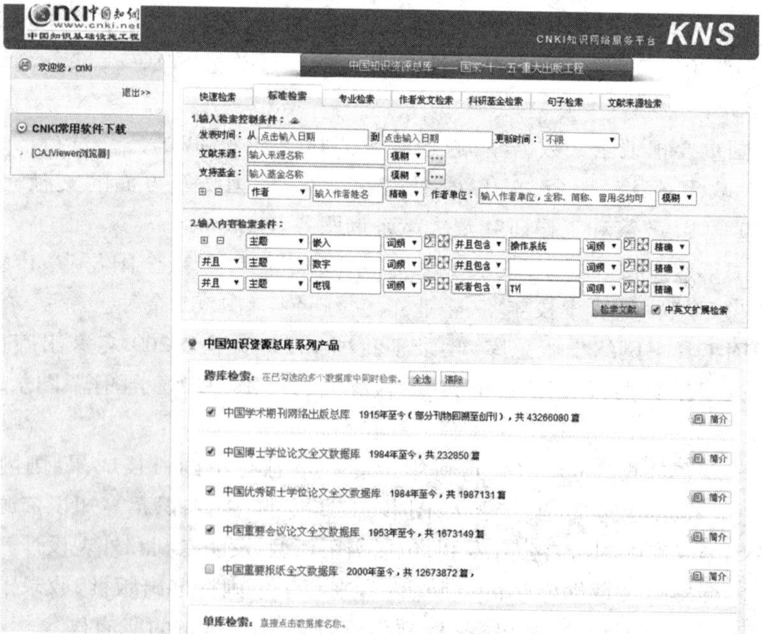

图4-11 中国知网镜像站点页面

CNKI 中国知网提供快速检索、标准检索、专业检索、作者发文检索、科研基金检索、句子检索、文献来源检索等多种不同的检索方式，每种检索方式均支持单库检索、跨库检索，提供检索结果的分组筛选功能。

1. 检索方式

（1）快速检索

快速检索提供了类似搜索引擎的检索方式，用户只需要输入所要找的关键词，点击“快速检索”即可实现文献的模糊查询。对于一些检索范围较大的查询，建议使用该检索方式。

（2）标准检索

标准检索（如图 4-11 所示）将检索过程规范为 3 个步骤：

第一步：输入时间、支持基金、文献来源、作者等检索范围控制条件。

CNKI 提供对检索范围的限定，便于准确控制检索的目标结果。

① 文献发表时间控制条件。在检索中可以限定检索文献的出版时间，总库平台可限定文献发表时间范围到日。使用时，可在“发表时间”后的下拉框中选择时间范围。

② 文献来源控制条件。在检索中可限定文献的来源范围，例如文献的出版媒体、机构或提供单位等，可直接在检索框中输入出版媒体、机构的名称关键词，也可以点击检索框后的“文献来源列表”按钮，将文献来源输入检索框中。

③ 文献支持基金控制条件。在检索中可限定文献的支持基金，可直接在检索框中输入基金名称的关键词，也可以点击检索框后的“基金列表”按钮，选择支持基金输入检索框中。

④ 发文作者控制条件。在检索中可限定文献的作者和作者单位。若要检索多个作者合著的文献，点击检索项前的“＋”，添加限定发文的作者。

小贴士

所有检索框在未输入关键词时默认为该检索项不进行限定，即如果在所有检索框不填写时进行检索，将检出库中的全部文献。

第二步：输入文献全文、篇名、主题、关键词、中图分类号等内容检索条件。

① 选择检索字段。在组合式检索框中，通过下拉菜单选择篇名、关键词、主题、摘要、全文、参考文献、中图分类号等检索字段，列出的字段名称是从所选数据库的检索点中汇集的共性检索点。选择不同文献类型的数据库时，检索字段数量和名称会有所不同。选择检索字段可缩小/扩大检索范围。组合式检索框中，符号“＋”“－”分别表示增加/减少逻辑检索行，默认的逻辑检索行是 4 行，最多可增至 7 行。

小贴士

在 CNKI 中选择“主题”字段时表示在“篇名、关键词、摘要”范围中检索，也就是说在“篇名、关键词、摘要”中包含有检索词的文献都被检出。

② 键入检索词。在组合式检索框中，在查询框内键入检索词/词组，如图 4-11 所示。词频指检索词在相应检索项中出现的频次。词频为空，表示出现 1 次；如果为数字 n，则表示至少出现 n 次，以此类推。

③ 确定布尔逻辑运算或组配关系。在组合式检索框中，各个查询框均按并含、或含、不含 3 种逻辑关系进行组合检索，3 种逻辑运算关系的优先级相同，即按先后顺序进行组合，先左后右，先上后下。

④ 选择检索模式。确定检索词与标引词之间的匹配程度，分为模糊、精确检索两种模式。模糊匹配是指与检索词基本相同但不完全相等的一种匹配方式，其检索结果包含检索词或检索词中的词素，即包括同义词/近义词的检索，模糊匹配可提高查全率。精确匹配是指与检索词完全等同的一种匹配方式，其检索结果中包含与检索词完全相同的词语，可提高查准率。

⑤ 添加完所有检索项后进行检索，所有命中文献按篇名及题录信息列表显示。

第三步：对检索结果进行分组分析和排序分析，反复筛选修正检索式得到最终结果。若对结果仍不满意，可改变内容检索条件重新检索，或在检索历史面板中选择返回历史检索。

（3）专业检索

专业检索用于图书情报专业人员查新、信息分析等工作，使用逻辑运算符和关键词构造检索式进行检索。专业检索页面如图 4-12 所示。

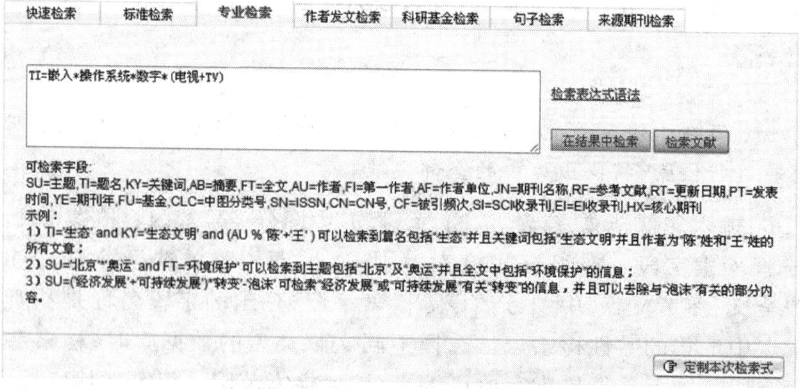

图 4-12　CNKI 专业检索

专业检索中，构造检索表达式时检索字段可使用字段文字描述，亦可使用字段代码。

检索表达式中布尔运算优先级由高到低的顺序为:NOT > OR > AND,大小写均可;也可使用圆括号“()”改变运算顺序(注:括号使用半角),括号内优先于括号外的术语和操作,括号还可重复使用。用户在一次检索中可以使用更多的检索词,以构造更复杂的检索表达式。

与标准检索方式相比,专业检索页面只有一个独立的查询框,用户不仅要在查询框中键入检索词,还要键入布尔算符,为用户提供了一个按照自己需求来组合逻辑表达式的方法,使熟练和专业的检索人员能更快速和更准确地查询到所需信息。

(4) 作者发文检索

作者发文检索通过作者姓名、单位等信息,查找作者发表的全部文献及被引、下载等情况。用户通过作者发文检索不仅能找到某一作者发表的文献,还可以通过对结果的分组筛选情况全方位地了解作者主要研究领域、研究成果等情况。

(5) 科研基金检索

科研基金检索通过科研基金名称,查找科研基金资助的文献。用户通过对检索结果的分组筛选,还可全面了解科研基金资助学科范围、科研主题领域等信息。

(6) 句子检索

句子检索通过用户输入的两个关键词,查找同时包含这两个词的句子。句子中包含了大量的事实信息,通过检索句子可以为用户提供有关事实的问题答案。

(7) 知识元检索

知识元检索是将文献总库中的学术术语、概念、数字、图形、表格等知识元信息抽取出来,为用户提供有关知识元的事实检索。知识元检索主要提供了以下检索方式:

工具书——输入关键词,在工具书中查找解释。可查找各种专业辞典、百科全书、图谱、手册、中文词典、中外翻译词典等工具。

概念搜索——查找某一个学术概念的定义、解释、相关文献发表情况等信息。概念型知识元既可以查询概念在工具书中的解释、相关概念,也可以查询最近学者的解释、被使用的情况、主要引用的文献/作者等。

数字检索——可查找与数值、统计数据相关的各种信息,提供数字知识和统计数据搜索服务。数值知识元查询科技/社科数值类知识。

翻译助手——提供专业术语或句子的中英文互译,搜索专业词汇的中英文例句,翻译知识元可以对中英文句子进行翻译,其专业词汇数量巨大,而且动态更新,性能超越传统的工具书和电子词典。

图形搜索——搜索学术文献中出现的图形。

表格搜索——搜索学术文献中出现的表格。

(8) 文献来源检索

文献来源检索包括检索学术期刊、博士学位授予点、硕士学位授予点、会议论文集、报纸、年鉴(种)和图书出版社。确定这些文献来源后,可查找到其出版的所有文献，再利用分组、排序等工具对这些文献进一步分析和调研。

2. 检索结果显示与管理

中国知网检索结果页面将通过检索平台检索得到的检索结果，以列表形式展示出来。中国知网可以对检索结果进行分组分析和排序，进行反复精确筛选以得到最终的检索结果，方便用户进行二次检索，还可以使用检索筛选历史返回到前次检索的结果。

（1）检索结果分组

检索结果分组类型包括学科类别、来源数据库、研究层次、文献来源、文献作者、作者单位、中文关键词、研究获得资助、发表年度。点击检索结果列表上方的分组名称，页面分组栏目按照该分组类型展开分组具体内容，如图 4-13 所示。

分组过程如下：

① 点击检索结果分组筛选中的“年度”项，将出现分组得到的年度。

② 点击其中的某一年，比如“2014”，检索结果则筛选出 2014 年发表的文献。

③ 若需取消分组返回检索的全部结果，则点击“不分组”。

小贴士

利用 CNKI 检索结果分组分析功能分析论文的学科类别、研究层次、文献来源、文献作者、作者单位、中文关键词、研究获得资助、发表年度等方面，可快速掌握某一学科领域的知识结构和发展情况，动态跟踪学科主题演化情况，了解学科知识发展变化的特征与规律，发现可能的新知识增长点，为科研提供决策支持。例如，按文献发表年度分组可帮助学者了解某一主题每一年度发文的数量，掌握该主题研究成果随时间变化的趋势，进一步分析出所查课题的未来研究热度走向。

（2）检索结果排序

除了分组筛选外，数据库还为检索结果提供相关度排序以及发表时间、被引频次、下载频次、浏览频次等评价性排序，如图 4-13 所示。

① 相关度排序是指根据检索结果与检索词相关程度进行排序，反映了结果文献与用户输入的检索词相关的程度，越相关越排前，通过相关度排序可找到文献内容与用户检索词最相关的文献。

② 发表时间是指根据文献发表的时间先后排序，可以帮助学者评价文献的新旧，找到最新文献，或找到库中最早出版的文献，实现学术跟踪，进行文献的系统调研。

③ 被引频次是指根据文献被引用次数进行排序。按被引频次排序可帮助学者选出被学术同行认可的好文献或出版物。

④ 下载频次是指根据文献被下载次数进行排序。下载频次最多的文献往往是传播最广、最受欢迎、文献价值较高的文献。下载次数排序可帮助学者找到那些高质量但未被注意到的文献类型，比如学位论文等。

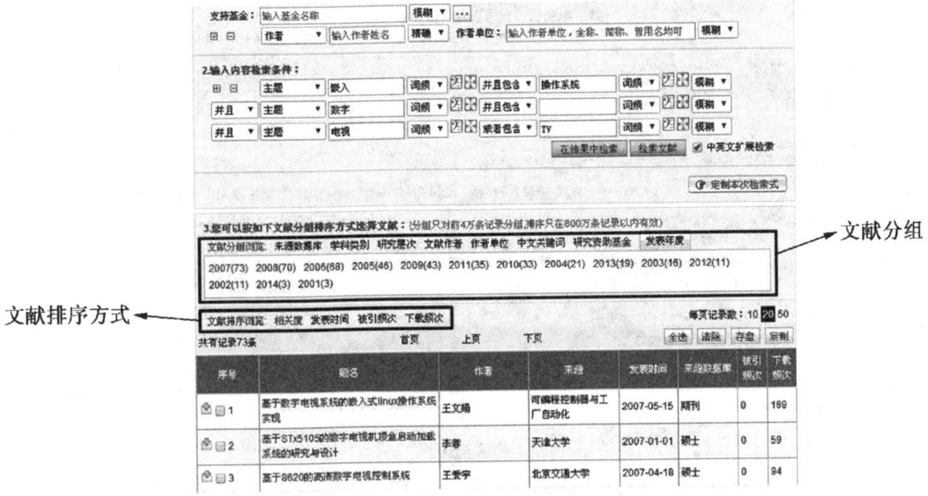

图 4-13　CNKI 检索结果页面

(3) 知网节

提供单篇文献的详细信息和扩展信息浏览的页面被称为“知网节”。利用某篇文献的知网节,可以快速地找到与本篇文章相关的所有同类文献。在检索结果页面上点击每一文献题名,可进入当前篇名文献的知网节。它不仅包含了单篇文献的详细信息,即题名、作者、机构、来源、时间、摘要等,还包括各种扩展信息,如相似文献、参考文献、引证文献等。这些扩展信息通过概念相关、事实相关等方法提示知识之间的关联关系,达到知识扩展的目的,有助于新知识的学习和发现,帮助实现知识获取、知识发现。

在 CNKI 系列源数据库产品中,所有数据库可自成体系,但所有的数据库又都相互关联;每一篇文献都拥有自己的知网节,每一个知网节又都与其他数据库中的相关文献形成关联;每一个知识点拥有自己的记录,而它们又与其他知识元乃至文献、数据库发生关联。整个平台实际上就是由知识元、文献、数据库构成的知识网络。点击参考文献、引证文献、共引文献、同被引文献、读者推荐文献、相似文献、相关研究机构、相关文献作者、文献分类导航、相关期刊、相同导师文献等相关篇名可以直接链接到该篇文献的知网节页面,如图 4-14 所示。

(4) 检索结果的题录保存

CNKI 提供跨库检索结果的组合显示如图 4-13 所示。如需要将检索结果的题录保存以供他用时,可勾选要保存的文献记录后点击“存盘”,显示如图 4-15 所示的导出结果。系统默认的是“简单题录“格式,还有其他形式显示,如查新、RefWorks、EndNote、NoteExpress、自定义等形式。再点击“输出到本地文件”即可保存所选检索结果的题录。

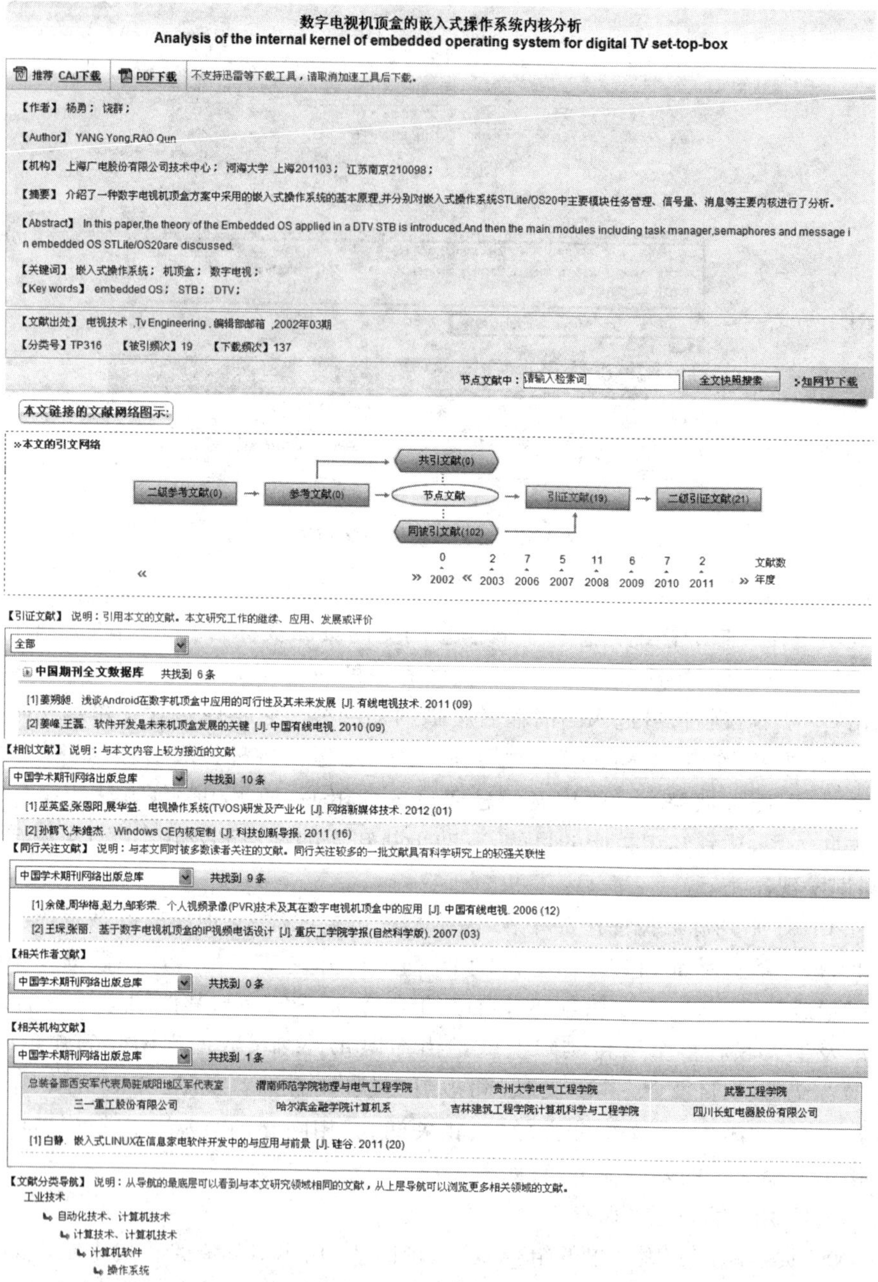

图 4-14 CNKI 知网节

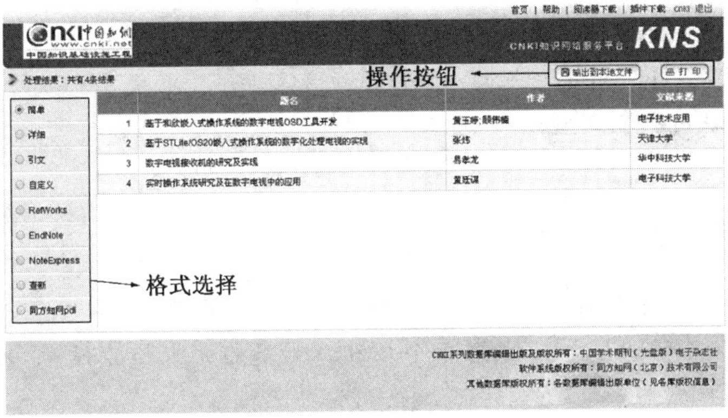

图 4-15　CNKI 导出参考文献(保存题录)

案例 4-2

检索国内关于"基于嵌入式操作系统的数字电视接收系统"的研究进展方面的文献。

(1) 分析和构建检索式

检索国内关于"基于嵌入式操作系统的数字电视接收系统"的研究进展方面的文献,属于专题文献综述检索。专题文献综述检索的目的是全面了解该专题目前所处的状态。对于这类检索,首先,需要选择合适的文献数据库;其次,正确选择检索专题的内容关键词;第三,选择适宜的起止年,一般可选择近三年或近五年。根据一般规律,专题文献综述大量集中于期刊,少量散见于学位论文、会议论文、报纸,因此,要检全综述类文章最好能同时检索期刊库、学位论文、会议论文库和报纸库。

可以采用检索式:"嵌入 * 操作系统 * 数字 * (电视 + TV)"。

(2) 检索

CNKI 的跨库检索提供了快速检索、标准检索、专业检索等检索方式。本课题选择"标准检索"或"专业检索"方式。

步骤 1:在跨库检索首页选择数据库——中国学术期刊网络出版总库、中国博士学位论文全文数据库、中国优秀硕士学位论文全文数据库、中国重要会议论文全文数据库、中国重要报纸全文数据库;

步骤 2:选择跨库专业检索方式;

步骤 3:输入检索式为:"TI = 嵌入 * 操作系统 * 数字 * (电视 + TV)",点击"检索";

步骤 4:可扩大检索范围,如用"关键词""文摘"这些途径进行检索。跨库专业检索中,KY = 关键词,AB = 摘要。输入检索式:“KY = 嵌入 * 操作系统 * 数字 *(电视 + TV)”和“AB =(嵌入 * 操作系统 * 数字 *(电视 + TV)”,对这些检索到的相关文献进行重新整理。

小贴士

一篇文章里最重要的概念一定会出现在题目、关键词、摘要中,可适当组织搜索语句,将希望检索的内容切分成若干个词组。如果想扩大检索结果,可以把检索词放在全文字段检索。

4.3 万方数据资源系统

4.3.1 概况

万方数据资源系统(ChinaInfo,http://www.wanfangdata.com.cn/)是以中国科技信息研究所(万方数据集团公司)全部信息资源为依托建立起来的一个综合性的网络化信息服务系统,内容以科技信息为主,同时也收录了经济、金融、社会、人文等方面的信息。万方数据资源系统主要包括以下文献。

1. 学术期刊

期刊论文是万方数据知识服务平台的重要组成部分,集纳了多种科技及人文和社会科学期刊的全文内容,其中绝大部分是进入科技部科技论文统计源的核心期刊。

2. 学位论文

学位论文收录了国家法定学位论文收藏机构——中国科技信息研究所提供的自 1980 年以来我国自然科学领域各高等院校、研究生院及研究所的硕士、博士论文。

3. 会议论文

会议论文收录了由中国科技信息研究所提供的国家级学会、协会、研究会组织召开的各种学术会议论文,每年涉及 1000 余个重要的学术会议,范围涵盖自然科学、工程技术、农林、医学等多个领域。

4. 外文文献

外文文献包括外文期刊论文和外文会议论文。外文期刊论文收录了 1995 年以来世界各国出版的 20900 种重要学术期刊,部分文献有少量回溯,每年增加论文百万余篇,每月更新。外文会议论文收录了 1985 年以来世界各主要学(协)会、出版机构出版的学术会议论文,部分文献有少量回溯,每年增加论文 20 余万篇,每月更新。

5. 专利技术

专利技术收录了国内外的发明、实用新型及外观设计等专利，内容涉及自然科学各个学科领域。

6. 中外标准

中外标准综合了由国家技术监督局、建设部情报所、建材研究院等单位提供的相关行业的各类标准题录，包括中国标准、国际标准以及各国标准等。

7. 科技成果

科技成果主要收录了国内的科技成果及国家级科技计划项目，内容由中国科技成果数据库等十几个数据库组成，涉及自然科学的各个学科领域。

8. 地方志

地方志包括 1949 年以后出版的中国地方志。

9. 政策法规

政策法规信息主要由国家信息中心提供，收录自 1949 年新中国成立以来全国各种法律法规 50 余万条，其内容不但包括国家法律法规、行政法规、地方法规，还包括国际条约及惯例、司法解释、案例分析等。

10. 机构

机构收录了国内外企业机构、科研机构、教育机构、信息机构各类信息。

11. 专家

专家收录了国内自然科学技术领域的专家名人信息，包括各专家的基本信息、受教育情况及其在相关研究领域内的研究内容及其所取得的进展。

4.3.2 检索方法

万方数据资源系统提供跨库检索与单库检索两种方式，这两种检索方式均提供简单检索、高级检索、专业检索等检索方法。

1. 跨库检索

万方数据资源系统跨库检索界面如图 4-16 所示。在跨库检索界面上方的检索词输入框中可以直接输入检索词，系统自动在期刊论文、学位论文、会议论文、外文期刊、外文会议论文等数据库中进行检索；也可在跨库检索界面中间的检索词输入框中输入检索词，选择在标题、作者、单位、中图分类号、关键词或摘要字段中进行检索，检索的数据库范围可从下方的资源列表中选取。通过点击“ + ”或“ - ”按钮，可增加或减少一个检索词输入行，增加或减少限定条件，得到满意的检索效果；也可在检索结果页面进一步缩小检索范围。

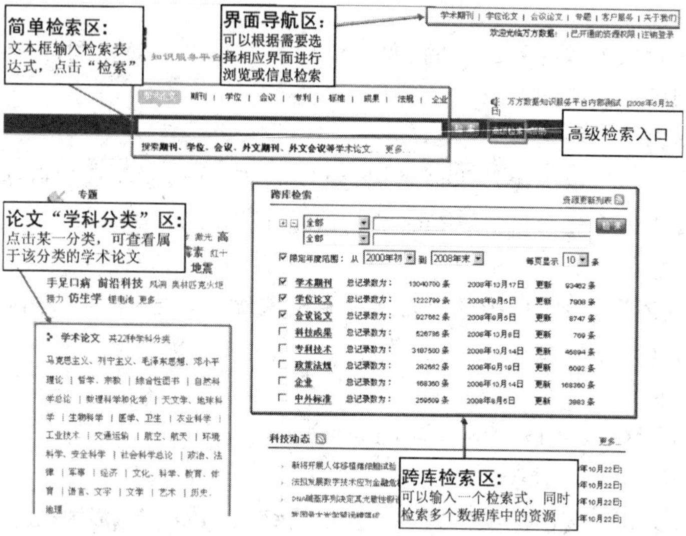

图 4-16　万方数据资源系统检索界面

2. 单库检索

本节主要以学术期刊全文数据库为例介绍单库的检索方法，在万方数据资源系统首页点击"学术期刊"链接，即可进入学术期刊全文数据库的检索界面。

（1）简单检索

简单检索是系统默认的检索方式，界面如图 4-17 所示，该界面可进行"论文检索"和"刊名检索"的切换，系统默认为"论文检索"状态，此时在检索词输入框输入检

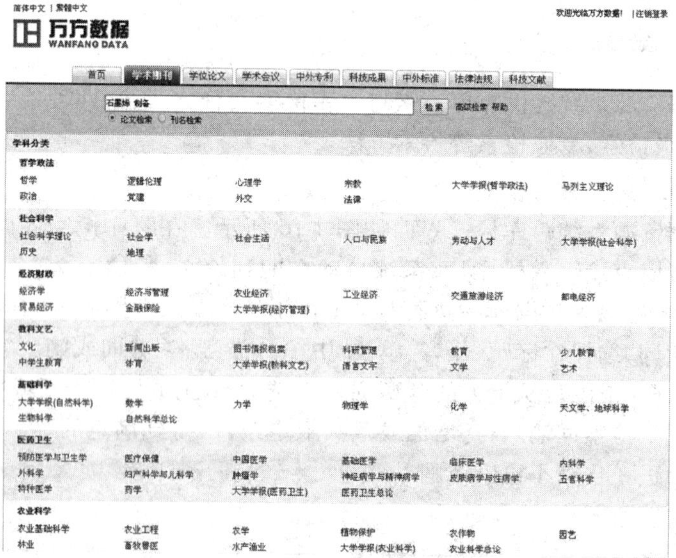

图 4-17　万方简单检索

索词，单击“检索”按钮即可进行检索处理。在检索结果界面，系统提供了二次检索功能，可通过选择标题、作者、关键词、摘要或年代字段以及勾选是否有全文进一步缩小检索范围，达到理想的检索效果；检索结果上方的检索词输入框中仍保留着上次检索使用的检索词，清空后可重新输入新的检索词和检索字段进行新的检索。

① 模糊检索：直接输入任何词或者短语，表示在全部字段中检索。

② 精确检索：检索词部分使用引号或书名号括起来，表示精确匹配。

③ 字段限定：采用“字段名 + 冒号”的方式进行字段限定。例如“title：数据挖掘”。为了方便用户使用和减轻记忆负担，对同一字段的限定字段名可以有多种形式，例如“title”“标题”“题名”均代表对 title 字段进行限定检索。

④ 日期范围：日期范围的检索采用“Date：1998—2003”的形式，“—”前后分别代表限定的年度上下限，上限和下限可以省略一个，代表没有上限或下限，但“—”不可省略。

⑤ 每个表达式由多个空格分隔的部分组成。例如“激光　纳米”表示检索任意字段中包含“激光”与“纳米”的记录。

（2）高级检索

高级检索的功能是在指定的范围内，通过增加检索条件满足用户更加复杂的要求，以便检索到满意的信息。单击“高级检索”按钮，进入高级检索界面，如图 4-18 所示，系统设置了标题中包含、作者中包含、刊名、关键同中包含、摘要中包含、全文、DOI、发表日期、被引用次数和有无全文等检索项，检索项的顺序不能改变，检索项之间的逻辑关系为 AND。在高级检索界面系统提供经典高级检索，在此界面可以通过下拉菜单，任意选择标题、作者、作者单位、刊名、期、中图分类、关键词、摘要、全文、DOI 等字段进行检索。经典检索提供了 5 组检索条件，这些检索条件是“并且”的关系。

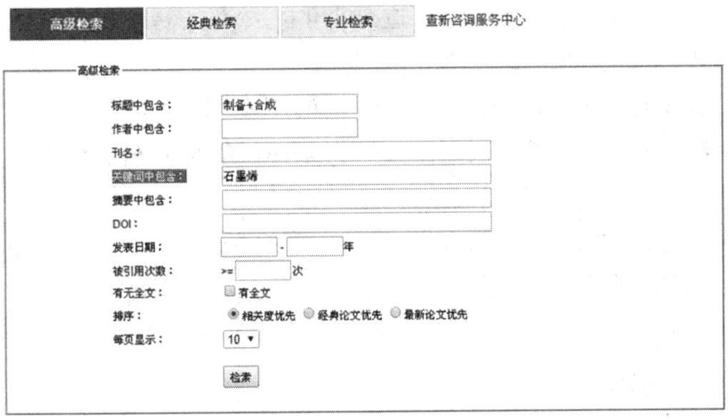

图 4-18　万方高级检索界面

（3）专业检索

专业检索比高级检索功能更强大，但需要检索人员根据系统的检索语法编制检索式进行检索，界面如图 4-19 所示。在检索表达式框中直接输入检索式，点击“检索”按钮执行检索。

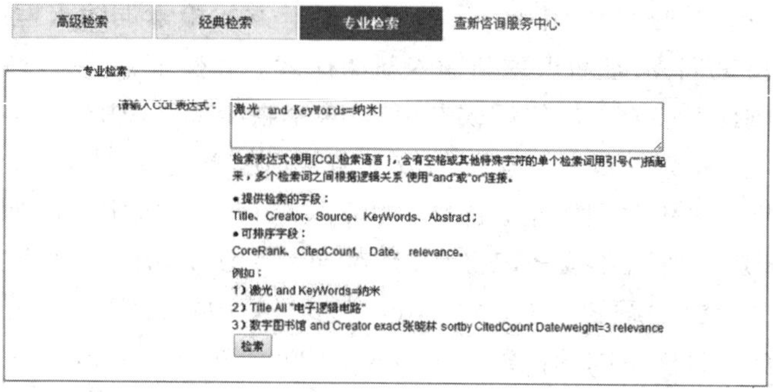

图 4-19　万方专业检索界面

检索表达式使用 CQL 检索语言，规则如下：

① 简单词：不加入任何运算符，直接输入检索词即可。

② 布尔运算符：逻辑“与”用“and”表示；逻辑“或”用“or”表示；逻辑“非”用“not”表示。

③ 匹配方式：

“模糊匹配”用“＝”表示。例如，论文题名 ＝心脑血管。

“精确匹配”用“exact”表示。例如，作者 exact 王明。

④ any：当检索词中包含多重分类时，它们分别可以被扩展成布尔运算符“or”的表达式。例如，关键词 any“计算机 电脑 微机”可扩展为：关键词 ＝“计算机” or 关键词 ＝“电脑” or 关键词 ＝“微机”。

⑤ all：当检索词中包含有多重分类时，它们分别可以被扩展成布尔运算符“and”的表达式。例如，摘要 all“机械 研究 进展”可扩展为：摘要 ＝“机械” and 摘要 ＝“研究” and 摘要 ＝“进展”。

⑥ 含有空格或其他特殊字符的单个检索词用双引号标出来。

⑦ 书写检索表达式时，除要检索的词可以用全角符号外，各种运算符号只能是半角符号。

⑧ 关系运算符（除“＝”外）及布尔逻辑运算符前后均与空格相连。布尔运算符严格按照从左到右的顺序执行。

3. 检索结果管理

(1) 查看检索结果

① 检索结果排序

检索结果界面如图 4-20 所示，检索结果可以按“经典论文优先”“新论文优先”和“相关度优先”3 种方式进行排序，并可以在不同的排序方式之间进行切换。

经典论文优先是指被引用次数比较多，或者文章发表在水平较高的期刊上的、有价值的文献排在前面。

相关度优先是指与检索词最相关的文献优先排在最前面。

新论文优先指的是发表时间最近的文献优先排在前面。

② 检索结果分组

检索结果可以按照学科类别、论文类型、发表年份和期刊等条件分组，选择相关分组标准，可以达到限定检索、缩小检索范围的目的。

图 4-20　万方检索结果界面

（2）查看期刊论文详细信息

在检索结果界面点击文献标题，进入期刊论文详细信息界面，如图 4-21 所示。该界面不仅包含单篇文献的详细信息如题名、作者、刊名、摘要和基金项目等，还提供参考文献、相似文献、相关博文、引证分析、相关专家、相关机构等链接。

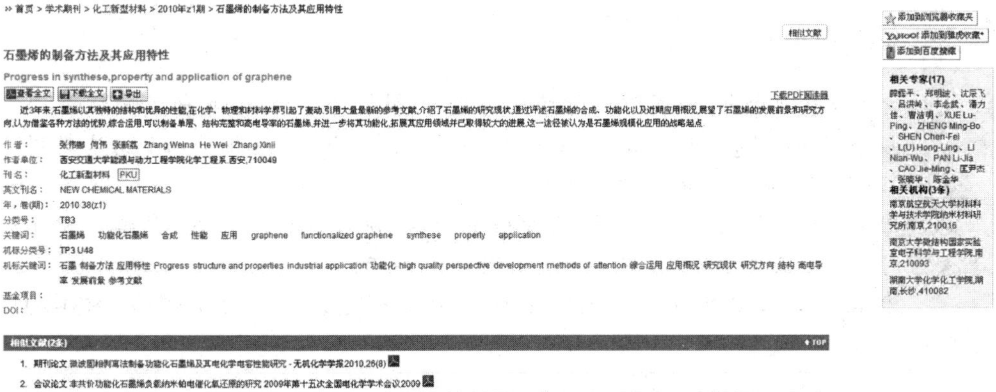

图 4-21　万方期刊论文详细信息

(3) 题录与全文下载

① 题录下载。

在检索结果界面全选或部分勾选所需文献题录，系统会出现“您已经选择了 n 条记录”的提示，然后点击“导出”按钮即可将所选记录的题录导出，最多可导出 50 条题录。选择题录保存格式，如图 4-22 所示，系统提供了“参考文献”“文本”“XML”“NoteExpress”“RefWorks”“EndNote”格式导出文献列表，在该界面可以删除部分或全部题录。

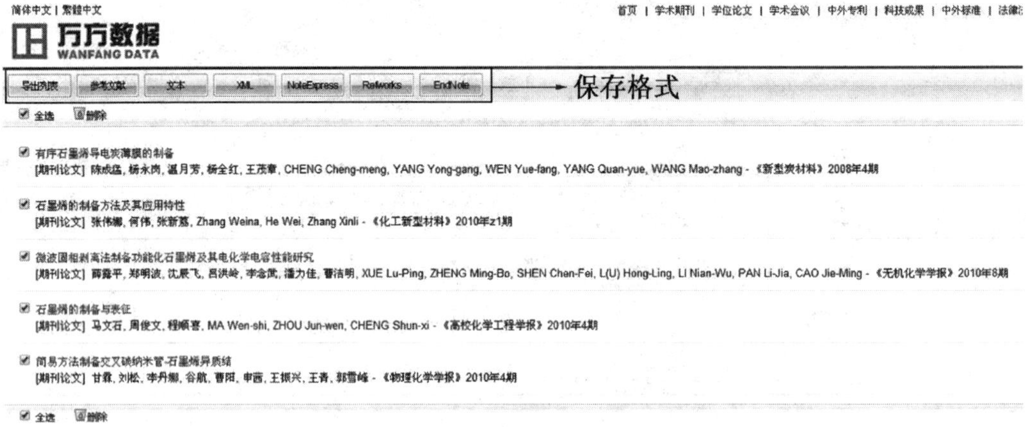

图 4-22 万方题录保存

② 全文下载。

全文不能批量下载，每次只能下载一篇，全文格式为 PDF 格式。在检索结果界面（见图 4-20）点击“下载全文”按钮或图标，系统弹出对话框，用户可根据需要打开或保存期刊论文全文。

案例 4-3

检索关键词含有“石墨烯”，并且题名含有“制备”或“合成”的期刊论文。

① 在万方数据资源系统首页点击“学术期刊”链接，进入学术期刊全文数据库（见图 4-17），选择高级检索界面。

② 在“标题中包含：”对应的检索框中输入“制备 + 合成”，在“关键词中包含：”对应的检索框中输入“石墨烯”，如图 4-18 所示。

③ 在检索结果界面选择所需要的文献进行题录与全文下载，如图 4-20 所示。

4.4 重庆维普数据库

4.4.1 概况

重庆维普数据库由重庆维普资讯有限公司推出，截至 2014 年 2 月，共收录了从 1989 年至今国内 12000 多种期刊，涵盖自然科学、工程技术、农业科学、医药卫生、经济管理、教育科学和图书情报等学科期刊，2005 年新增社科专辑，共分为 8 大专辑。

维普期刊资源整合服务平台在结构上包括“期刊文献检索”“文献引证追踪”“科学指标分析”“搜索引擎服务”4 大功能模块。

4.4.2 期刊文献检索

登录维普期刊资源整合服务平台时，系统默认为“期刊文献检索”界面。该界面提供基本检索、传统检索、高级检索、期刊导航、二次检索、检索历史等检索方式。

1. 检索方式

(1) 基本检索

基本检索是数据库的默认检索方式，如图 4-23 所示，其检索条件包括：① 限定检索条件，包括对文献的时间、期刊、学科等范围进行选择限定。其中期刊范围的选项包括全部期刊、核心期刊、EI 来源期刊、SCI 来源期刊、CA 来源期刊、CSCD 来源期刊、CSSCI 来源期刊；学科范围包括力学、天文地球、矿业工程等 45 个学科。② 内容检索条件，可实现对题名、关键词、题名或关键词、文摘、作者、第一作者、机构、刊名、分类号、参考文献、作者简介、基金资助、栏目信息和任意字段等 14 个字段进行检索。

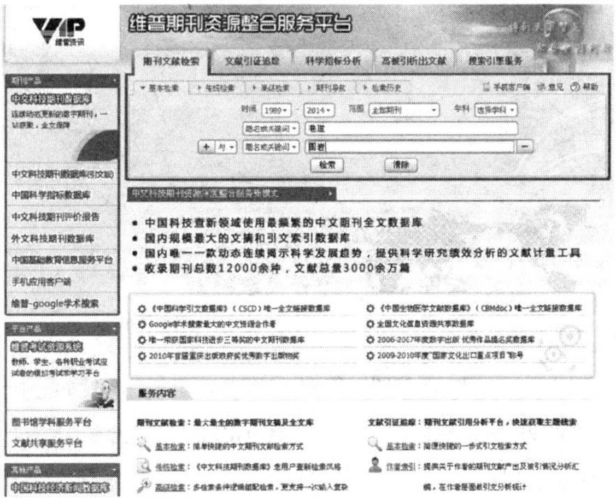

图 4-23 维普基本检索

（2）传统检索

传统检索是一种框架式网页的用户界面。用户可以通过下拉菜单选择检索字段，也可以直接在检索输入框中输入带字段代码的检索式，检索输入框中可以输入检索词或检索表达式，可以进行同义词和同名作者的检索，可以选择检索的年代、检索的匹配方式等。熟练的检索者能利用传统检索实现专业级检索请求，对查准率和查全率要求很高的检索者（如科技查新人员）也能利用这种方式满足需求。

（3）高级检索

高级检索提供向导式检索和直接输入检索式检索两种方式，如图 4-24 所示。① 向导式检索即在传统检索基础上增加了检索输入框，运用逻辑组配关系，查找同时满足几个检索条件的文章。在高级检索里，用户在选择检索字段、输入检索词后进行检索。向导式检索严格按照由上到下的顺序进行，提供与输入词相关的信息，包括“查看同义词”“同名/合著作者”“查看分类表”“查看相关机构”“期刊导航”等扩展功能，这些扩展检索条件能定义非常复杂的检索请求。② 直接输入检索式即为专业检索，它作为高级检索的另一种方式，使用字段标识、检索词、布尔逻辑运算符、括号等创建检索式。用户可在检索框中直接输入创建的检索式。高级检索适用于对检索请求非常明确，对检索策略非常清晰的检索者。

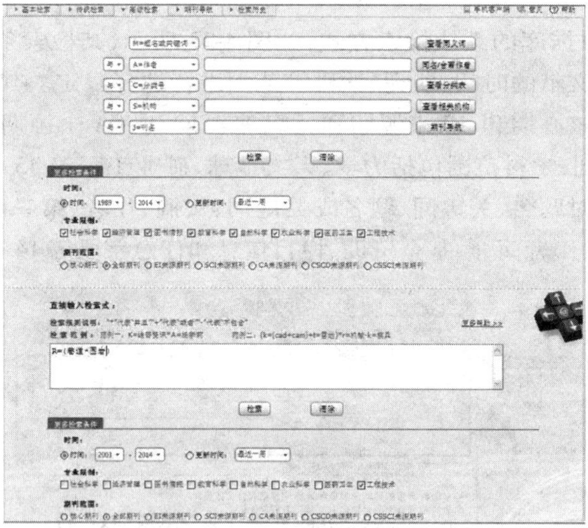

图 4-24　维普高级检索

（4）期刊导航

期刊导航提供期刊检索、期刊浏览两种功能。期刊检索通过刊名、ISSN 号查找某一特定期刊。刊名检索是关键词检索，只要刊名中包含输入的关键词就能命中，ISSN 检索是精确检索。期刊浏览包括刊名首字母、期刊学科分类导航、核心期刊导航、国内外数据库收录导航、期刊地区分布导航等方式。

（5）二次检索

二次检索是指在第一次结果的基础上再次检索。二次检索可以多次应用，各个检索字段之间可以任意组配。

小贴士

二次检索中有逻辑“或”运算的，必须先进行逻辑“或”检索，在此基础上再进行其他检索，否则会得到错误的检索结果。通过二次检索分步完成的检索，可利用高级检索直接输入检索式来实现。但有时利用二次检索逐渐缩小检索范围，检索者可以看到每一步的检索结果，更有利于检索者选择文献及调整检索策略。检索者可以灵活地交叉使用二次检索和直接输入逻辑组配式这两种检索方式，以提高检索效率。

（6）同义词和同名作者检索

同义词检索和同名作者检索是期刊文献检索独有的两个检索功能，对检索者有很大的帮助。

学术用语的多样性，往往会造成不同作者在撰写论文时使用术语的不一致，比如同样一篇关于“土豆”的文章，作者根据自己不同的理解、语境或使用习惯，既可以使用“土豆”这个术语，也可以使用“洋芋”“马铃薯”“春马铃薯”这样的术语。当检索者仅仅输入“土豆” 这个词进行检索时，就会漏检掉那些使用“洋芋”“马铃薯”“春马铃薯”等其他术语的文献。为此，维普公司开发了同义词检索功能，以提高查全率。

期刊文献检索的同义词表是以《汉语主题词表》选词为基础，参考《机械工程叙词表》《化工汉语主题词表》《纺织汉语叙词表》《中医药主题词表》等各个学科主题词表编制的比较规范的关键词用代词表。因此，当打开期刊文献检索同义词检索功能时，实际上是打开了某个学科的主题词表，具备很高的学术参考价值。期刊文献检索不提供对同义词表的检索，不能查看主题词的上下位关系。

只有当检索入口为“M = 题名或关键词”“K = 关键词”或“T = 题名”时，检索者才能查看同义词。

同名作者检索功能可以帮助检索者以“作者”或“第一作者”入口检索时，剔除掉那些检索者并不期望检索的同名同姓作者，以提高查准率。

小贴士

检索小常识

（1）逻辑符号的表示：“ * ”表示逻辑“与”，“ + ”表示逻辑“或”，“ - ”表示逻辑“非”。逻辑运算优先顺序为：逻辑“非” > 逻辑“与” > 逻辑“或”，可以通过括号改变运算优先顺序。

（2）当检索词中包含逻辑符号时，如检索“C ++ ”，直接将检索词用英文状态的引号引起来输入检索中即可。

(3) 若检索式中包含生僻字，输入法输不出来，检索者可以直接用这个字的汉语拼音来代替该字进行检索。

(4) 检索时不区分半全角和简繁体，检索者半角输入和全角输入效果一样。

(5) 可以检索特殊符号，如物理学符号、化学方程式等，只要检索者能将特殊符号输入，且作者将该特殊符号作为文章题名、关键词或文摘内容即可。

2. 检索结果处理

(1) 检索结果显示

检索结果以文章题录列表形式显示，可以按发表时间进行筛选，如图 4-25 所示。

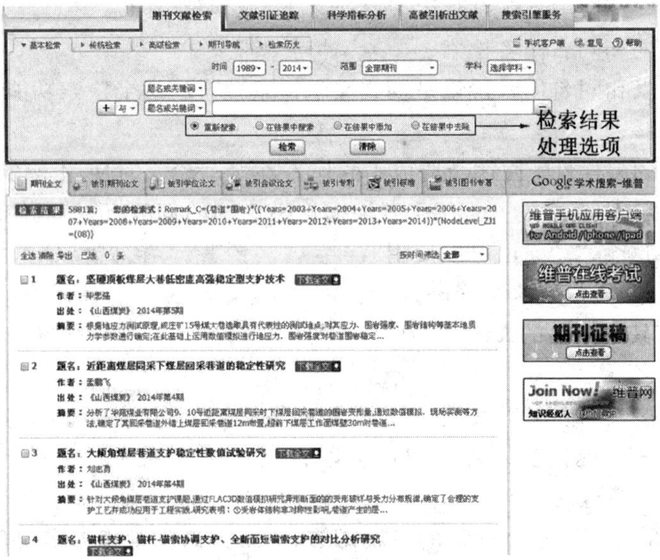

图 4-25　维普检索结果界面

(2) 题录保存

在检索结果列表中选择所需文献后，点击“导出”即可打开文献导出窗口，此时可以根据需要选择保存格式，系统默认为“文本格式”，还有参考文献、XML、NoteExpress、RefWorks、EndNote、自定义等导出格式供选择，如图 4-26 所示。每次下载题录不超过 50 条。

(3) 全文保存

点击文章标题的超链接，可进入文献的详细浏览界面，如图 4-27 所示，在细览界面中，系统提供“下载全文”的链接，在细览界面下方还提供相似文献列表及链接。

图 4-26　维普题录保存

图 4-27　维普文献细览界面

（4）检索结果处理选项

在检索结果界面的基础上，可以“重新搜索”或对检索结果进行处理，包括“在结果中搜索”“在结果中添加”和“在结果中去除”3 种操作，如图 4-25 所示。

4.4.3　其他功能

1. 文献引证追踪

“文献引证追踪”模块属于文摘和引文索引型数据库。该模块采用科学计量学中的引文分析方法，对文献之间的引证关系进行深度数据挖掘，除提供基本的引文检索功能外，还提供基于作者、机构、期刊的引用统计分析功能，从引文分析角度帮助情报分析人员作相关查询主题的回溯和追踪检索，如图 4-28 所示。

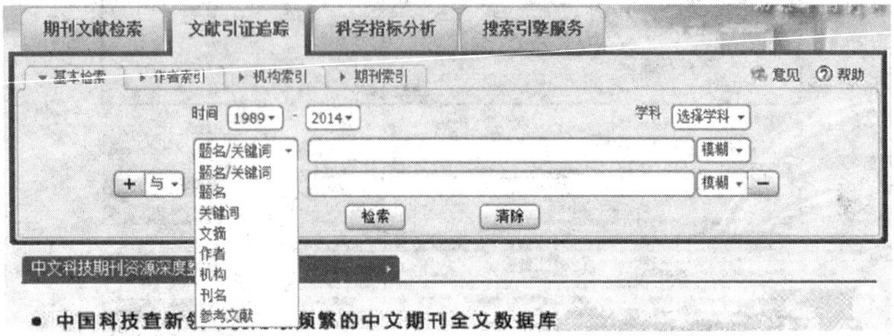

图 4-28　维普文献引证追踪检索平台

（1）检索方式

根据用户需求提供 4 种检索方式，包括基本检索、作者索引、机构索引、期刊索引。

① 基本检索针对所有文献，按被引情况进行检索，提供 8 个检索入口。

② 检索对象不区分源文献或参考文献。

③ 作者索引、机构索引、期刊索引提供对高被引的作者、机构、期刊的引用统计分析功能。

（2）基本检索结果

① 引文检索结果：按被引量返回与检索主题相关的被引期刊论文。

② 多种文献类型引用统计：以期刊论文引用统计为主，同时析出有价值的图书、学位论文、专利、标准、会议论文。

③ 参考文献汇总、引证文献汇总：从一组文献（课题/领域）出发探寻科学研究的来龙去脉、越查越旧、越查越新、越查越深，如图 4-29 所示。

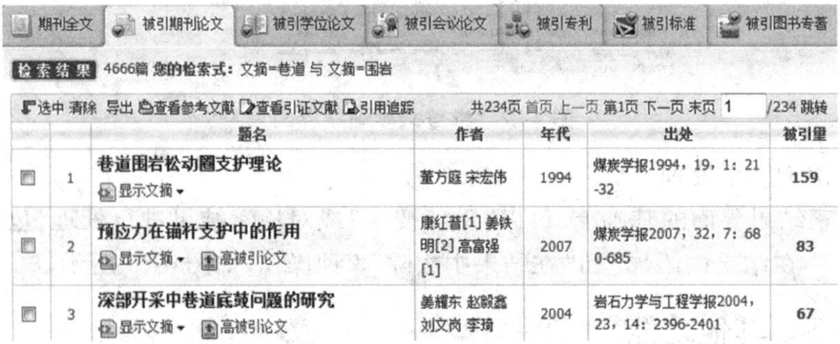

图 4-29　维普文献引证追踪模式的基本检索结果

2. 科学指标分析

“科学指标分析”功能模块是一个动态连续分析型事实数据库，通过运用科学计量学有关方法,以维普中文科技期刊数据库近 10 年的文献为计算基础,对我国近年来科技论文的产出和影响力及其分布情况进行客观描述和统计,揭示不同学科领域中研究机构的分布状态及重要文献产出。科学指标分析可用于辅助科研管理部门、科研人员等了解我国的科技发展动态,也适用于课题调研、科技查新、项目评估、成果申报等用途。

3. 搜索引擎服务

"搜索引擎服务"模块是一个为习惯使用搜索引擎的读者提供服务的拓展支持工具。

案例 4-4

大四学生小张在准备关于"巷道围岩"的毕业论文课题。

在"期刊文献检索"的高级检索界面,使用直接输入检索式检索的方式。

(1) 检索文献"摘要"中包含"巷道围岩"的文献,在检索框中输入:R =(巷道 * 围岩);

(2) 时间跨度 2003—2014 年;

(3) 专业限制"工程技术";

(4) 期刊范围为全部期刊,如图 4-24 所示;

(5) 检索结果排序默认按"时间"倒排,排列在前的文献即为该课题最新的研究期刊论文,如图 4-25 所示。

练习与思考

1. 简述 CNKI 数据库中"知网节"的作用。

2. 什么是中国学术期刊网络出版总库的智能检索、基金检索?

3. 利用中国学术期刊网络出版总库和重庆维普数据库查找某一课题的相关资料,写明检索步骤。

4. 利用万方数据资源系统查一项你感兴趣的科技成果,写明检索步骤。

5. 利用万方数据资源系统查一项中国专利,写明检索步骤。

6. 比较中国学术期刊网络出版总库、重庆维普数据库的内容与性能。

7. 利用本校图书馆的资源检索一本电子图书,写明检索步骤。

8. 找出下列检索式中的运算符号,并解释各检索式的含义。

(1)(纳米材料 + 纳米技术 + 纳米科技)*(生物学 + 医学)* 应用

(2) 题名 = 远程教育 and(关键词 = GPRS or 无线网络)and 年 = 2006

第5章 外文常用信息检索系统及其使用

学习目标

⊙了解和掌握 Web of Science 科学引文索引系统及其检索；
⊙了解和掌握 EI 工程索引系统及其检索；
⊙了解和掌握 EBSCO 全文数据库系统及其检索；
⊙了解和掌握 ScienceDirect 全文数据库系统及其检索；
⊙了解和掌握 IEEE 全文数据库系统及其检索。

开篇案例

“学术之春”运动

2012 年，在美国一个名为“知识的代价”(The Cost of Knowledge)的网站上，全球 14429 位科学家签名抵制世界上最大的出版商爱思唯尔集团。有人用“学术之春”形容这场运动。

吹响号角的是大名鼎鼎的英国数学家威廉·提摩西·高尔斯(William Timothy Gowers)。2012 年 1 月 21 日，这位来自剑桥大学的菲尔兹奖得主发表了一篇博客文章，号召同行行动起来，抵制世界上最大的出版商爱思唯尔集团。读到这篇博文的泰勒·内伦(Tyler Neylon)——一位目前在硅谷开公司的数学博士当即给高尔斯教授留了言。第二天，他建立了一个网站，命名为“知识的代价”。泰勒事后回忆，当自己读到那篇博文时，就意识到可以做点什么。在他看来，高尔斯是一位拥有号召力的“超级明星”。

万余名科学家在泰勒的网站上签名。他们发誓，不在爱思唯尔旗下的期刊发表论文，不做审稿人，或者不担任编辑。这是一个非常艰难的决定——爱思唯尔拥有包括《细胞》和《柳叶刀》在内的2000多家学术期刊,任何学术从业者都很难避开这些期刊。以爱思唯尔为代表的出版巨头并非第一次受到科学家的批评。过去多年里,陆续有一些科学家拒绝向其投稿或担任编辑。科学家们抵制出版巨头的原因很简单:他们使得人们获取"知识的代价"过于高昂。

在一系列持续的抵制活动后,"学术之春"迎来了阶段性胜利:

英国政府计划将拨出5000万~6000万英镑专款来资助学术研究成果的"开放获取"。一些观察家认为,虽然英国在学术出版业所占份额很小,但这一政策可能会引起横跨大西洋的涟漪效应,外界对于传统学术出版的批评也将更激烈。

2012年7月,剑桥大学出版社发行了名为《数学论坛》(*Forum of Mathematics*)的"开放获取"期刊,意在为数学研究者提供与传统期刊质量相当、经同行评审的学术论文,并在此基础上组建了最权威的国际化同行评审队伍。为推广该期刊,剑桥大学出版社决定在该期刊发行的最初三年放弃出版盈利,并向论文作者提供期刊全部文章的获取权。

5.1 Web of Science 科学引文索引

5.1.1 概况

1. 引文索引的原理

所谓引文,就是通常所说的参考文献。一名科研工作者创作一篇论文时,一般都需要参考或引用其他一些相关文献,有的作为自身理论的依据,有的作为比较对象,有的取其数据,有的补其不足,有的借以说明自己的新创造,有的用来对某一课题研究作历史性回顾。因此,发表科学论文时,它后面往往列有引用书目或参考文献。论文之间的这种相互引证与被引证关系,使论文彼此联系构成一个"论文网"。引文索引正是揭示这种论文网的一种工具,它可以把绝大多数内容相关的文献紧密地联系起来,帮助用户通过不断追溯检索,获得更多的相关文献。

2. Web of Science 概况

从1959年开始,美国化学家兼情报学家加菲尔德(E. Garfield)独创了新颖的引文索引——以已发表的被引文献为线索,系统及时跟踪后来新发表的引用文献。

Web of Science 是美国 Thomson Reuters 公司基于 Web 开发的产品,包括 ISI 公司的三大引文库(SCI/SCIE、SSCI 和 A&HCI)、两大会议录索引(CPCI-S、CPCI-SSH)和两个化学信息事实型数据库(CCR 和 IC)。以上数据库均以 ISI Web of Knowledge 作为检索平台,既可以独立进行检索也可以同时检索,每周更新数据。

① SCI/SCIE(Science Citation Index Expanded,科学引文索引):收录6000多种科

学技术期刊,可回溯到1945年,引证文献可以上溯至17世纪。覆盖的学科领域有农业、天文学与天体物理、生物化学与分子生物学、生物学、生物技术与应用微生物学、化学、计算机科学、生态学、工程、环境科学、食品科学与技术、基因与遗传、地球科学、免疫学、材料科学、数学、医学、微生物学、矿物学、神经科学、海洋学、肿瘤学、儿科学、药理学与制药、物理学、植物科学、精神病学、心理学、外科学、通信科学、热带医学、兽医学、动物学。

② SSCI(Social Science Citation Index,社会科学引文索引):收录1700多种社会科学期刊,可回溯到1956年。

③ A&HCI(Arts & Humanities Citation Index,艺术与人文科学引文索引):收录1100多种艺术与人文类期刊,可回溯到1975年。

④ CPCI-S(Conference Proceedings Citation Index-Science,科技会议录索引):原名ISTP。该索引收录生命科学、物理与化学科学、农业、生物和环境科学、工程技术和应用科学等学科的会议文献,包括一般性会议、座谈会、研究会、讨论会、发表会等。

⑤ CPCI-SSH(Conference Proceedings Citation Index-Social Sciences & Humanities,社会科学及人文科学会议文献引文索引):原名ISSHP,1994年创刊,每季度更新。收录了来自社会科学、艺术与人文领域的会议,包括专著、期刊、报告、增刊及预印本等形式出版的各种一般会议、座谈、研究会和专题讨论会的会议录文献。

⑥ CCR(Current Chemical Reactions):包含了75万条化学反应,数据回溯至1840年。

⑦ IC(Index Chemicus):包含150万个化合物,数据回溯至1993年。

3. SCI的特点和作用

SCI于1963年创刊,由ISI编辑出版,是世界上最具权威的文献检索工具之一。

ISI通过严格的选刊标准和评估程序挑选刊源,而且每年略有增减,从而使SCI收录的文献能全面覆盖全世界最重要和最有影响力的研究成果。ISI所谓最有影响力的研究成果,指的是报道这些成果的文献大量地被其他文献引用。因此,作为一部检索工具,SCI一反其他检索工具通过主题或分类途径检索文献的常规做法,设置了独特的“引文索引”(Citation Index),即通过先期的文献被当前文献的引用情况,来说明文献之间的相关性及先前文献对当前文献的影响力。

SCI数据库具有学科全面、学术影响大、覆盖国家广泛等特点,因而被其收录检索的期刊和论文常分别被称作国际主流期刊和国际主流科学。刊物或论文被SCI收录和引用在一定程度上反映了该刊物或论文具有较高的学术水平和较大的国际影响力。

SCI以上的特点使得SCI不仅作为一部文献检索工具被使用,而且成为科研评价的一种依据,其评价功能主要体现在以下5个方面:

① 对科研成果的评价;

② 对科技人才的评价；

③ 对科研机构的评价；

④ 对科学出版物的评价；

⑤ 对科学学科本身的评价。

我国教育部、科技部每年都要对全国的科研单位和高等院校的学术研究情况进行评估，其主要依据之一就是统计 SCI 收录的有关单位的论文情况及其被引用的情况。

因此，我们可以利用 SCI 实现以下功能：

① 了解何人/机构、何时、何处发表了哪些文章；

② 了解这些文章后来又被哪些人在哪些文章中引用过，而且可以了解某一课题发生、发展、变化的过程；

③ 查找某一重要理论或概念的由来，跟踪当前研究热点；

④ 了解自己以及同行研究工作的进展；

⑤ 查询某一理论是否仍然有效，是否已经得到证明或已被修正；

⑥ 考证基础理论研究如何转化到应用领域；

⑦ 评估和鉴别某一研究工作在世界学术界产生的影响力；

⑧ 发现科学研究新突破点；

⑨ 了解你的成果被引用的情况；

⑩ 掌握学术期刊的国际评价情况，借以确定核心期刊等。

5.1.2 检索方法

1. 检索语法

① 检索词不区分大小写。

② 两个或多个词之间可以用布尔逻辑运算符 AND、OR、NOT、SAME 连接。SAME 表示检索词出现在一句话中，例如，输入"cellulose SAME wood" 显示结果有：wood cellulose, cellulose from wood, wood-based cellulose 等。AND、OR、NOT、SAME 不是检索算符时要加引号。

③ 当在同一检索项中使用不同布尔逻辑运算符时要用括号，否则将按 AND、OR、NOT、SAME 的默认顺序执行。

④ 截词符"＊"，代表 0 至多个字符，前面至少要输入 3 个字符。

⑤ 通配符"＄"，代表 0 或 1 个字符。

⑥ 通配符"?"，代表 1 个字符。

⑦ 输入时可以带标点符号（括号除外）。

⑧ 查找精确匹配的短语，使用引号，如"global warming"。

2. 检索方式

Web of Science 提供核心合集、引文检索两种检索方式(可根据学校订购数据库情况选择核心合集或引文检索)。核心合集提供了基本检索、作者检索、被引参考文献检索、化学结构检索以及高级检索;而引文检索只提供了基本检索、被引参考文献检索以及高级检索。不同的检索方式使用不同的检索字段。图 5-1 为核心合集检索界面,图 5-2 为引文检索界面。

小贴士

什么情况下需要使用引文检索?

- 补充寻找相关的研究线索;
- 弥补文献数据库收录的缺陷;
- 需要进一步理解研究领域所处的背景;
- 跟踪该领域的研究进展;
- 了解该领域研究的最新进展;
- 了解某研究被同行认可的程度。

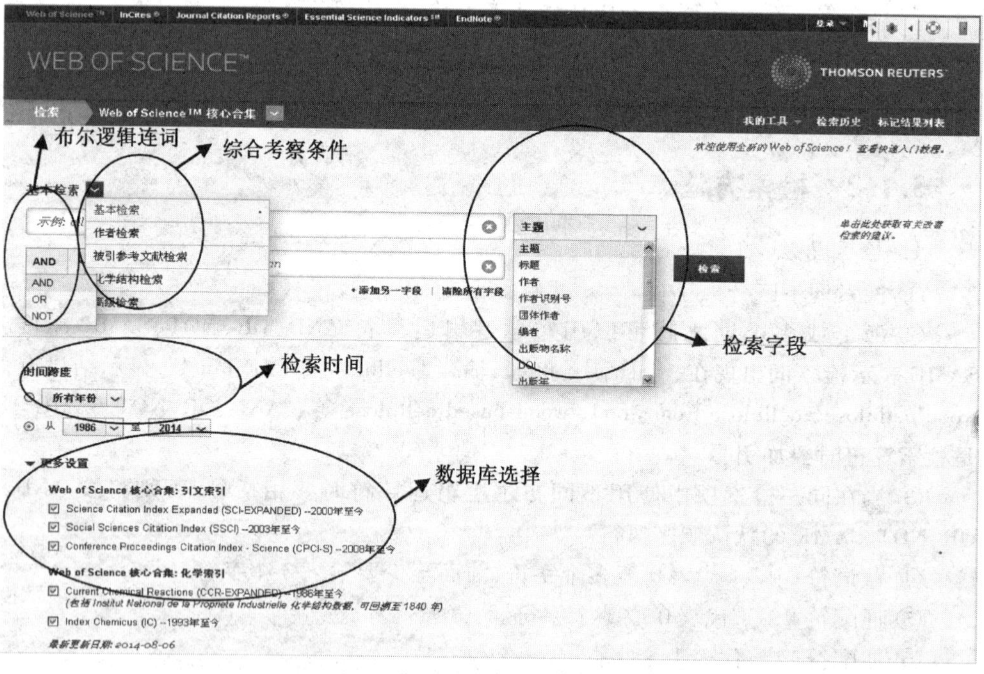

图 5-1　Web of Science 核心合集检索界面

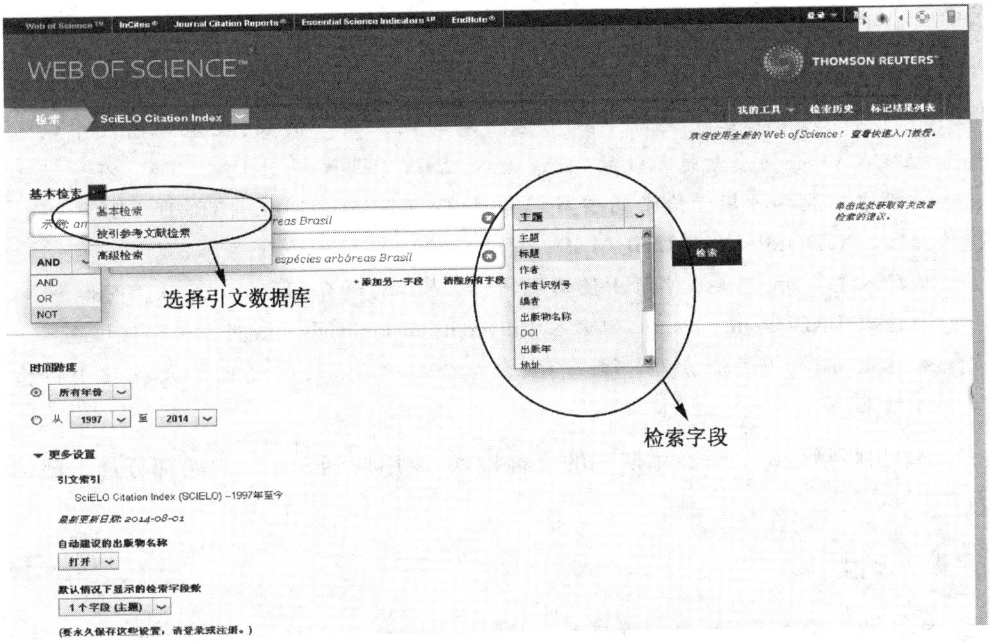

图 5-2　Web of Science 引文检索界面

这里重点介绍核心合集检索方式。

(1) 基本检索

根据需要在主题、标题、作者、地址、期刊、DOI 等字段中输入检索词，检索词间可用逻辑算符(AND、OR、NOT、SAME)连接。

①"主题"字段：在文献标题、摘要及关键词字段可能出现的主题词(词组)检索。

②"作者"字段：按作者姓名检索，其中姓用全称，名字用首字母，姓与名之间用空格分开。

小贴士

检索"作者"字段时，请注意以下问题：

- 检索姓氏时，在通配符前至少要输入两个字符，例如"sm *"；
- 只输入一个名字首字母时，系统将自动添加星号（*）截词符。因此，输入"Johnson M"与输入"Johnson M *"效果相同。
- 在作者姓名的每个名字首字母后输入截词符，是一个有效的检索方法。如"Johnson M * S *"。

③"地址"字段：用作者地址中机构和/或地点的完整或部分名称进行检索。

小贴士

- 许多地址常采用一些缩写词。如单词 University 可能缩写为 UNIV。可使用缩写词进行检索但不允许单独用这些缩写词检索。例如，在地址字段中输入"UNIV"一词检索是无效的，应该输入 UNIV PENN 或者 UNIV PA。在地址字段中不能单独用于检索的缩写词有 UNIV、CHEM 、COLL、CTR、D、DEPT、DIV、ENGN、HOSP、INST、LAB、MED、PHYS、RES、SCH、SCI、ST 等。
- 输入全名时，不要在名称中使用冠词(a、an、the)和介词(of、in、for)。例如，可以输入 UNIV Pennsylvania，但输入 University of Pennsylvania 将产生错误信息。
- 建议将"地址"检索与"作者"检索结合起来使用，这样可扩大或缩小检索结果。

④"出版物名称"字段：用期刊的全称检索，或用期刊刊名的起始部分加上截词符"*"检索。

小贴士

- 务必用 OR 布尔运算符连接多个标题。请勿使用 NOT 和 SAME 布尔运算符。
- 用引号（" "）将期刊标题引起，可以查找精确匹配的期刊标题。例如，检索"Journal of agricultural and food chemistry"将只返回来自此期刊的记录。
- 许多期刊名称的标题中都带有"&"。无论是否输入"&"，数据库都会返回相同数量的记录。例如，输入"Past Present"与输入"Past & Present"将返回相同的结果。
- 出版物名称索引中的期刊标题不包含"&"。例如，名为"Science & Education"的期刊在索引中显示为"Science Education"。

（2）被引参考文献检索

它提供从被引著者及被引期刊、被引年代查找引用作者和引用文献的功能。这是 Web of Science 区别于其他数据库的不同之处。

① Cited Author——被引著者。

一般应以被引文献的第一著者进行检索，但如果被引文献被 Web of Science 收录，则可以用被引文献的所有著者检索。

② Cited Work——被引著作。

检索词为刊登被引文献的出版物名称，如期刊名称缩写形式、书名或专利号。点击"list"，可查看准确的刊名缩写形式。

③ Cited Year——被引文献发表年代。

检索词为 4 位数字的年号。

上面 3 个检索字段可以单独使用，也可同时使用，系统默认多个检索途径之间为逻辑“与”的关系。

(3) STRUCTURE SEARCH(化学结构检索)

它适用于化学物质检索。

(4) ADVANCED SEARCH(高级检索)

该检索方式只有一个检索输入框,用户可以使用布尔逻辑算符、截词符、字段前缀等方式组成复杂的检索式,完成检索条件较多的检索。

3. 检索结果的利用与分析

(1) 浏览检索结果

实施检索后,将分页显示检索结果的简单记录,包括文献的前3位著者、文献标题、出版物名称(刊名)、卷、期、起止页码和出版时间。点击文献标题,可以看到该条结果的全记录。

(2) 精炼检索结果

在检索结果页面左侧提供“精炼检索结果”功能。通过该功能,用户可在检索框中输入检索式进行二次检索,或通过 Web of Science 提供的学科、文献类型、研究方向、作者、出版年、国家/地区等分组进行精简。同时,“精炼检索结果”的分组提供了各分组的文献数量,因此,用户也可借此快速了解该课题涉及的学科、文献类型、作者、机构、国家等信息。

小贴士

通过 Web of Science 提供的强大的“精炼检索结果”功能,用户可以在文献类型选项下选择 Review,立即从众多的检索结果中锁定高质量的综述,使检索更加精准,提高科研效率。

(3) 分析检索结果

当选择“Web of Science 核心合集”进行检索时,在检索结果界面右上角提供了“分析检索结果”(Analyze Results)功能,可以对检索结果的期刊、作者、国家和地区、研究机构、研究主题、发表年代等进行统计,帮助用户快速了解该课题涉及的学科、文献类型、研究人员、研究机构和国家等情况。

(4) 创建引文报告

该功能可自动生成课题引文报告,了解每年出版的文献数及每年的引文数,快速了解该课题的总体研究趋势,找到本课题的国际影响力年代变化情况,从而对课题总体趋势进行把握,提高科研效率。

(5) 保存至 EndNote

将标记的记录导入 EndNote 软件,方便用户对文献进行管理或在个人论文中插入参考文献格式。

(6) ISI 超链接

ISI Links 是指在检索结果基础上的两种超链接功能——出版商处的全文和 SwetsWise linker

(7) 查看引文网络

在全记录显示窗口点击标题,即可显示引文网络。

①“引用的参考文献”前面的数字为这篇文献所引用文献的数目,点击数字可列出全部参考文献的信息,包括著者、发表被引文献的出版物、卷、页和年。

②“被引频次”前面的数字为这篇文献被其他文献引用的次数。点击数字,显示数据库中所有引用这篇文献的文献记录。显示格式为简单记录。

③ 查看引证关系图:创建引证关系图,可以比对目标记录的前向引证关系(查看引用目标记录的记录)、后向引证关系(目标记录引用的记录)或双向引证关系,且可选择要比对的引证层次的深度或数量。

④ 创建引文跟踪:用于跟踪某一篇文献的最新被引用情况。须在 ISI Web of Knowledge 主页面注册自己的电子邮件地址。引文跟踪服务定制成功后,用户每周将收到一封电子邮件,邮件中包括引用了用户指定文献的记录信息。

(8) 查找相关记录(Related Records)

若数据库中某两篇文献引用的参考文献中至少有一篇是相同的,则称这两篇文献为相关记录。点击“Related Records”按钮,将列出在已订购文档中与该文献相关的全部记录。

小贴士

最大显示结果数受系统设置的限定,所以当满足检索要求的结果数目太大时,可能无法看到全部结果。

案例 5-1

检索中国科学技术大学侯建国院士的文章在 2004—2014 年被 SCI 收录及被别人引用的情况。

检索步骤如下:

① 进入核心合集检索界面,在作者检索框中输入 HOU J * G *,在地址检索框中输入 USTC OR (Univ * of Science and Technology of China);

② 选择检索跨度从 2004 至 2014,在 SCI 数据库前打钩表示选中该数据库,如图 5-3 所示;

③ 点击”检索”按钮,执行检索,显示检索结果;

④ 根据检索结果通过学科专业二次检索把作者名字锁定为 HOU JIANGUO。

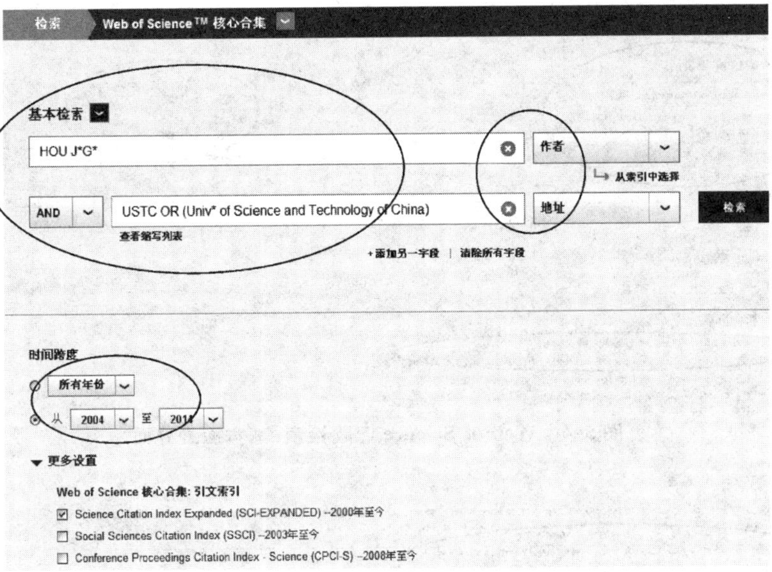

图 5-3　**Web of Science 的论文收录检索界面**

案例 5-2

检索环氧化天然橡胶的研究进展。

(1) 分析课题

环氧化天然橡胶(ENR),具有显著极性、耐油性、气密性、抗湿滑性,与织物的黏合力强,又能保持天然胶的高强力和良好的加工特性,可以代替丁基、丁腈、氯丁、丁吡等胶种,用于自行车内胎、摩托车内胎、印刷胶辊、球胆、汽车内胎、无内胎轮胎内衬层等,具有一定的经济效益和较高社会效益。此课题属于化学学科,研究的目的是对环氧化天然橡胶的研究进展有一个全方位的了解,为进一步的研究打好基础。

(2) 选择检索工具或者检索系统

Web of Science(SCI)数据库。

(3) 选择检索方式

该课题可通过基本检索和高级检索两种方式进行检索。

① 检索方式一:基本检索。选择"Web of Science 核心合集:引文索引"下的 SCI/SCIE 数据库,并在检索词框输入检索词,选择检索字段。检索词及字段设置如图 5-4 所示。

② 检索方式二:高级检索。输入检索式"TS = natural AND TS = rubber AND TS = Thermooxidative";检索限制采用默认设置,如图 5-5 所示。点击"search"进入检索结果页面,如图 5-6 所示。

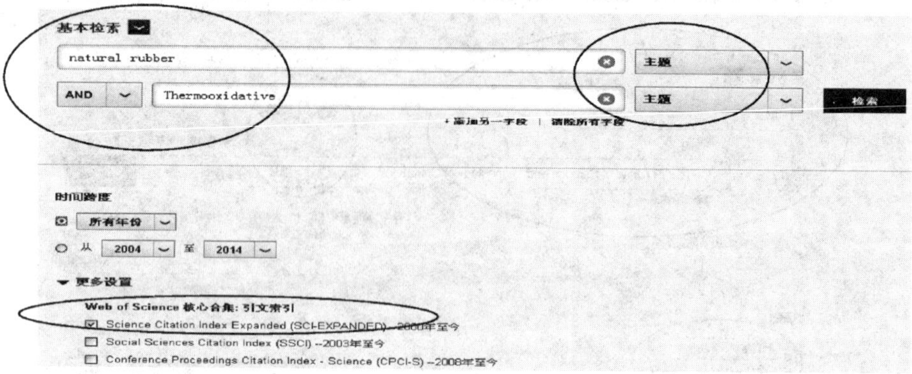

图 5-4　Web of Science 课题检索:基本检索界面

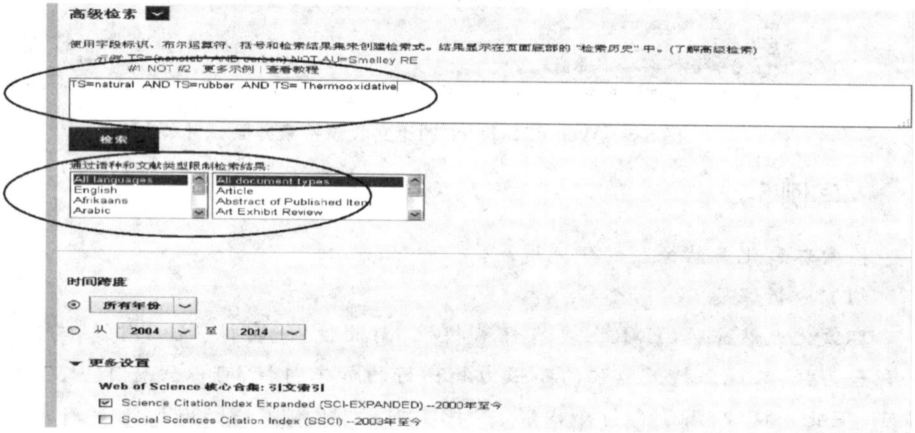

图 5-5　Web of Science 课题检索:高级检索界面

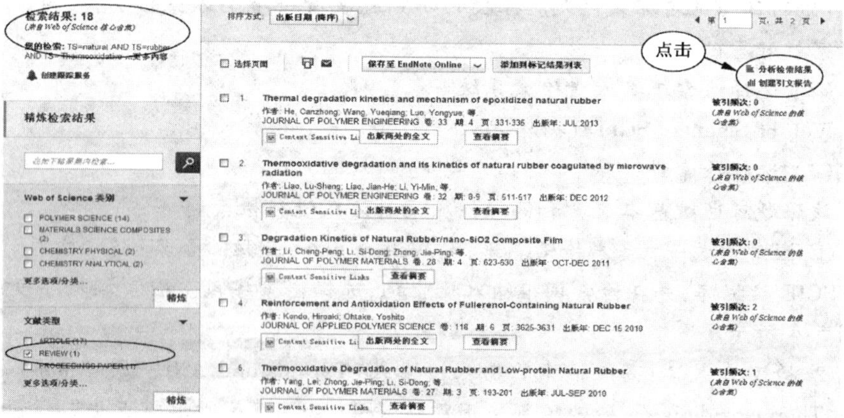

图 5-6　Web of Science 检索结果

(4) 利用检索结果了解课题研究进展

① 通过“精炼检索结果”功能,查看综述类论文。

在左侧的“精炼检索结果”的“文献类型”分组中,选中“REVIEW”,点击分组下的“精炼”按钮,可锁定该课题的高质量综述文献。通过阅读综述文献,能快速了解课题概况和进展。

② 选择相关文献,查看详细信息和引证关系图。

通过检索结果页面提供的简单记录信息选择感兴趣的文献。点击文献标题,可打开文献的详细信息页面,比如所有作者、题名、卷期、页码、年代、摘要、关键词,以及作者信息,还有引文关系等,如图 5-7 所示。在该页面,可查看 Related Records、引证关系图、创建引文跟踪等。图 5-8 为查看文献引证关系图的页面。

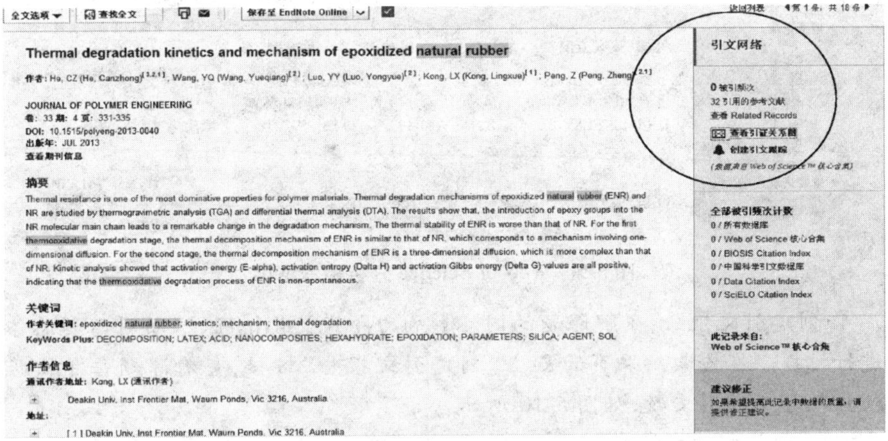

图 5-7　Web of Science 文献详细信息

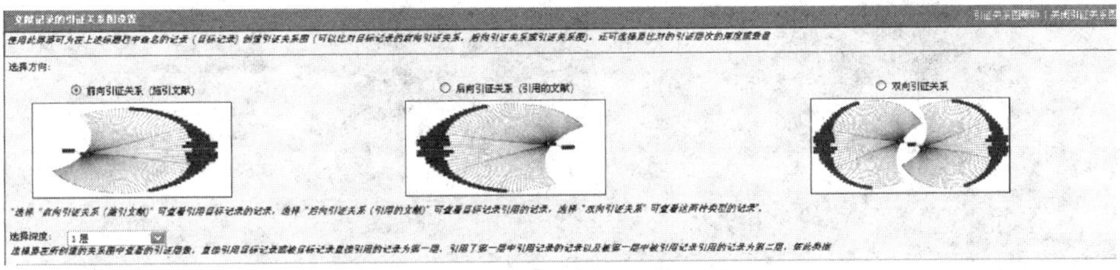

图 5-8　Web of Science 引证关系图

③ 分析检索结果,获取课题研究现状信息。

在图 5-6 检索结果页面点击“分析检索结果”链接,进入对结果的深层次分析,以此可获取该课题的研究现状,如主要国家和地区、研究人员、研究机构、研究主题,课题论文的年代分布、重点关注的期刊等。图 5-9 为对研究论文“环氧化天然橡胶”的统计分析结果。

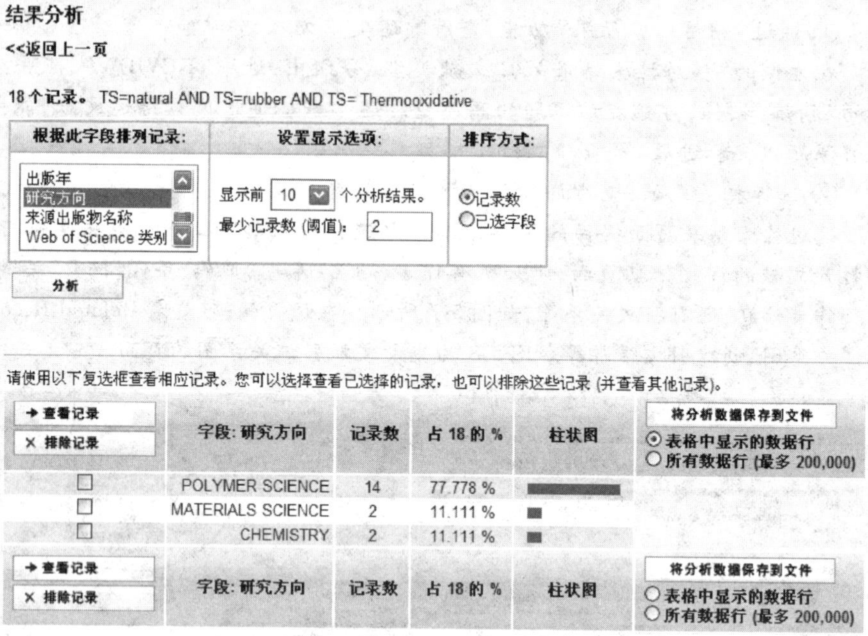

图 5-9　Web of Science 分析检索结果

④ 创建引文报告，了解课题的国际影响力年代变化情况，从而对课题总体趋势进行把握。在检索结果页面点击“创建引文报告”链接，查看课题每年出版的文献数及每年的引文数，如图 5-10 所示。

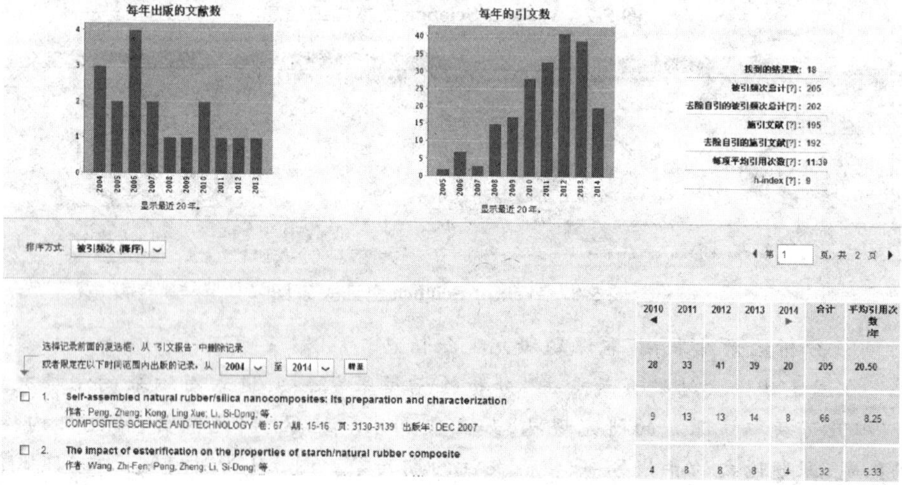

图 5-10　Web of Science 引文报告

扩展阅读① E·加菲尔德简介

E·加菲尔德(E. Garfield)是美国情报学家、情报企业家,1925年9月16日生于纽约,1943—1945年在美国军队服役,1949年在哥伦比亚大学获化学学士学位,1949—1950年在伊文斯研究与发展公司工作,1950—1951年在哥伦比亚大学任职,1951—1953年任职于霍普金斯大学,1954年获图书馆学硕士学位,1954—1958年曾任史密斯、克林和弗兰斯药剂公司,美国杂志,美国国立医学图书馆和美国大百科全书顾问。1958年加菲尔德创办公司,1960年该公司改名为美国费城科学情报研究所,其任所长兼董事长。1961年加菲尔德在宾夕法尼亚大学获结构语言学博士学位,1963年任宾夕法尼亚大学讲师,1970年升任副教授。同时他还是美国科学促进协会会员、美国情报科学学会会员、美国图书馆协会会员、美国生物科学协会会员和美国药物情报协会会员等。

加菲尔德以创办《现刊目次》和《科学引文索引》闻名。他对科学文献的结构和科学交流的性质早就有所洞察和了解。1955年,他发表了引文索引用于科学的论文,系统地提出采用引文来检索科技文献的方法。另外,他是通过穿孔卡片技术自动编制索引的最早实验者之一,并与其同事设计生产了许多情报产品,为更好地利用科学文献作出了贡献。他发展了以现有文档的重新包装和再传播为主要基础的情报产业。

1975年,加菲尔德获美国情报科学协会荣誉奖,1977年获美国化学协会化学情报部奖,同年获美国工业情报协会佼佼者奖。

扩展阅读② H-Index

H-Index又称为h指数或h因子(h-factor),是一种评价学术成就的新方法。h代表"高引用次数"(high citations),一名科研人员的h指数表明他至多有h篇论文分别被引用了至少h次。h指数能够比较准确地反映一个人的学术成就。一个人的h指数越高,表明他的论文影响力越大。例如,某人的h指数是20,这表示他已发表的论文中,每篇被引用了至少20次的论文总共有20篇。

要确定一个人的h指数非常容易,登录SCI网站,查出其发表的所有SCI论文,按被引次数从高到低排列,往下核对直到某篇论文的序号大于该论文的被引次数,那个序号减去1就是h指数。

中国读者较为熟悉的霍金的h指数比较高,为62。生物学家当中h指数最高的为沃尔夫医学奖获得者约翰斯·霍普金斯大学神经生物学家施奈德,高达191,其次为诺贝尔生理学或医学奖获得者加州理工学院生物学家巴尔的摩,为160。生物学家的h指数都偏高,表明h指数就像其他指标一样,不适合跨学科的比较。

扩展阅读③ JCR简介

ISI每年出版JCR(《期刊引用报告》,全称Journal Citation Reports)。JCR对包括SCI收录的3800种核心期刊(光盘版)在内的8000多种期刊(网络版)之间的引用和被引用数据进行统计、运算,并针对每种期刊定义了影响因子(Impact Factor)等指数并加以报道。

一种期刊的影响因子,指的是该刊前两年发表的文献在当年的平均被引用次数。一种刊物的影响因子越高,即其刊载的文献被引用率越高,一方面说明这些文献报道的研究成果影响力大,另一方面也反映该刊物的学术水平高。

因此,JCR以其大量的期刊统计数据及计算的影响因子等指数,而成为一种期刊评价工具。图书馆可根据JCR提供的数据制定期刊引进政策,论文作者可根据期刊的影响因子排名决定投稿方向。

5.2 EI工程索引

5.2.1 概况

美国《工程索引》(The Engineering Index,简称EI)创刊于1884年,迄今已有一百多年的历史,是世界上著名的工程技术领域中具有权威性的大型文摘性检索工具之一,也是我国工程技术人员经常使用的一种检索工具。EI报道的文献都经过专家的严格挑选,其现已成为国际上评价大学和科研机构学术水平及科研能力的重要工具之一。

EI的文献来源:

① 主要来自各专业学会、高等院校、研究机构、政府部门和公司企业的出版物;

② 包含工程类科技期刊、会议文献、科技报告、技术专著、学位论文、技术标准等,其中期刊论文占53%、会议文献占36%、图书占6%、科技报告占5%;

③ 内容涉及应用科学与工程技术领域的各个学科,主要包括电子电气、计算机、通讯、金属工艺、土木、环境、地质、生物工程、矿业、冶金、石油、燃料工程、机械、汽车、核能、宇航工程、控制工程、化工、农业、食品工程、工业管理、数理、仪表等,每年报道的学科侧重点不同,主要以当今世界工程技术领域的科研重点为主要对象;

④ 90%的文献语种是英文。

EI Compendex Web数据库是EI的网络版,包括光盘版(EI Compendex)和EI PageOne(在光盘版基础上扩大收录范围)两部分。该数据库从20世纪90年代开始在世界各主要地区建立镜像站点,形成基于互联网的检索服务,文献数据涵盖时间为 1969 年至今，每周更新，以确保用户可以得到其所在领域的最新进展信息。到 2013 年，EI Compendex Web 数据库已包含以下数据：

① 5600 多种期刊、行业杂志、会议录和技术报告的参考资料及摘要；

② 1400 万项记录(1969 年至今)；

③ 190 个工程类学科；

④ 每年新增 65 万项记录；

⑤ 工程索引过刊：1884—1968 年(超过 170 万项记录)，需额外付费才能检索。

目前国内常见的 EI Compendex Web 检索平台有 Dialog@ Site 和 EI Village。两个检索平台的检索方法基本相同。其中，Dialog@ Site 提供从 1995 年以来的 EI 数据，EI Village 可以检索 1969 年至今的文献。现国内已有许多院校使用 EI Village 检索平台，该平台还包括 EI Thesaurus，为用户提供了通过规范化的主题词检索的途径。

下面以目前国内用户最多的检索平台 EI Village(以下简称 EI)为例介绍 EI 检索方法。

5.2.2 检索方法

EI 检索界面如图 5-11 所示。

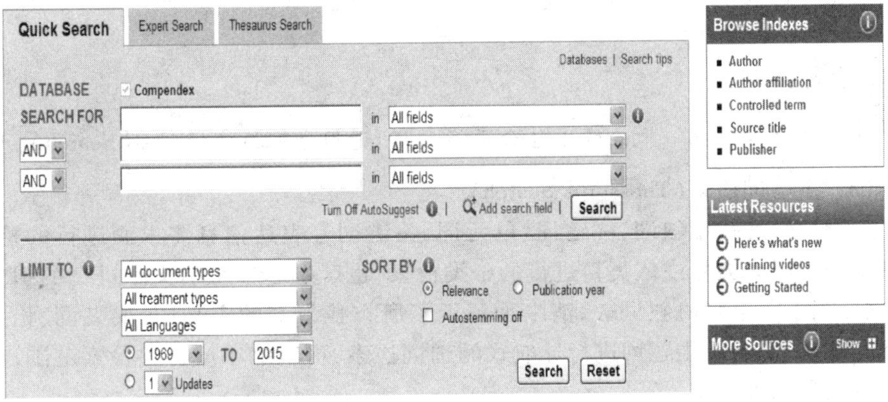

图 5-11　EI Village 检索界面

1. 检索方式

EI 数据库提供快速检索(Quick Search)、专家检索(Expert Search)和主题词检索(Thesaurus Search)3 种检索方式和索引浏览方式。

(1) 快速检索(Quick Search)

Quick Search 是系统默认的检索方式，能够进行直接快速的检索。

① 检索词输入框：允许在同一检索框输入多个检索词，并用逻辑算符、位置算符和截词算符连接。

② 检索字段：全部字段(All fields)、主题词/题名/文摘(Subject/Title/Abstract)、

文摘（Abstract）、作者（Author）、作者单位（Author Affiliation）、题名（Title）、代码（Code）、会议信息（Conference Information）、国际标准连续出版物号（ISSN）、出版商（Publisher）、刊名（Source Title）、受控词（Controlled Term）、国家（Country of origin）。

③ 检索条件限制（LIMIT TO）：文献类型（All Document types）、论文类型（All Treatment types）、语种（All Languages）、时间、更新数据（Updates）。

④ 词根检索：EI 具有自动取词根（Autostemming off）功能，检索以输入词的词根为基础的所有派生词。例如输入 management，将检索 managing、managed、manager、manage、managers 等词。自动取词根功能在 Quick Search 界面默认选中。取消“Autostemming off”复选框可禁用此功能。

小贴士

词根检索不适用于作者字段。此外，还可在单词前加“ $ ”表示取词根运算，如 $manager 同样命中 managers、managerial、management 等。

（2）专家检索（Expert Search）

专业的检索用户通过专家检索方式，可快速而准确地查询所需的信息。专家检索要求用户在一个检索框内输入使用检索表达式，检索表达式需要合理使用检索字段和检索运算符。

小贴士

如果用户需要在一次检索中包含更多的词，请用专家检索（Expert Search）。

（3）主题词检索（Thesaurus Search）

主题检索是指用叙词、标题词、单元词、关键词等表达信息需求而进行的检索。它既不同于用分类号或依类目进行的分类检索，也区别于依被引文献进行的引文检索；它相当于一个联机叙词表，清晰地展示了所查找叙词的广义词、狭义词、相关词等词间关系，可供从主题词进行导航式的选词检索，可以缩小或扩大检索范围，有效提高查全率或查准率。

（4）索引浏览（Browse Indexes）

索引浏览提供了 Author、Author Affiliation、Controlled Team、Source Title 和 Publisher 等检索字段的系统预设词库，单击链接可以进入该词库进行相应词的选择，其中最常用的是作者索引。

小贴士

对于作者姓名，各原始文献有不同的写法。EI 对作者姓名没有给出统一的著录格式，完全来源于原始文献。因此，用户检索时要尽可能考虑到作者姓名的各种不同格式，推荐使用浏览索引中的作者（Author）索引进行查找。

2. 检索语法和技巧

（1）逻辑算符

“AND”、“OR”、“NOT”。

（2）位置算符

“Near”表示两个词彼此接近，词序任意。

（3）截词算符

① “ * ”为截词符，用以代替任意多个字母。

② “?”用以代替 0 或 1 个字母。

（4）作者的检索

以姓名“张敬轩”为例，在 EI 数据库记录中，可能被表示为“Zhang jingxuan”“Zhang jing-xuan”“Zhang jx”“Zhang j-x”“jingxuan Zhang”“jing-xuan Zhang”“jingxuan Z”“jing-xuan Z”等形式。

建议检索时使用截词符“ * ”，可有 3 种写法：Zhang j * ，jingxuan Z * ，jing-xuan Z * ，并采用其他检索字段进行限制。

（5）刊名检索

注意中文和英文期刊的写法差异，如《工程热物理学报》的英文写法有“Gongcheng Re WuliXuebao”和“Journal of Engineering Thermophysics”两种。

（6）精确短语检索

使用引号进行精确短语检索，例如“International Space Station”，引号内的短语是同时出现在一个段落中的，不会出现部分词语或词语分开现象。

（7）连接词及特殊符号的处理

如果检索的短语中必须包含连接词（and，or，not，near）或特殊符号：anything、other、then、a-z、A-Z、0-9、?、 * 、#、( )或者{ }，则需将此短语放入大括号或引号中。例如：{block and tackle}、“water craft parts and equipment”、{near earth objects}。

（8）不区分大小写

3. 检索结果的利用与分析

检索结果页面如图 5-12 所示。在该页面中，用户可以查看结果记录的信息、查找原文线索或进行精炼检索等。

（1）检索结果记录的显示

检索结果有 3 种显示格式可供选择：题录（Citation）格式、文摘（Abstract）格式和全记录（Detailed）格式。系统默认为题录格式，这种格式可提供足够的信息以确定文献的来源。如果用户想浏览文摘格式或全记录，可点击记录题录下的超链“Abstract”或“Detailed”。

（2）检索结果记录的处理

选中需要处理的记录，可将记录的引文、摘要或详细信息发送 E-mail 到指定邮箱、打印、下载到文献管理软件（如 Endnote、Refworks 等）或保存到个人账户文件夹。

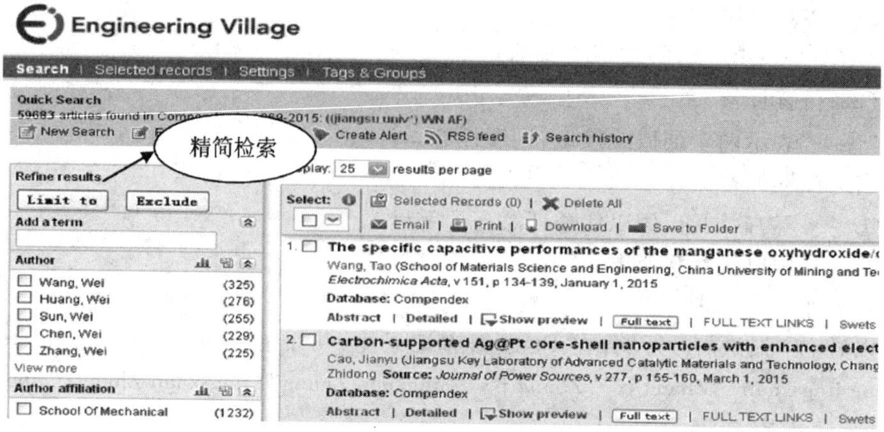

图 5-12　EI Village 检索结果页面

（3）全文链接

EI Compendex 是文摘类数据库，并不包含全文信息。为了方便读者获取全文，EI 数据库对由 AIP/APS、IEEE、Springer 和 Elsevier 这 4 家出版商出版的文献提供全文链接。若用户所在单位购买了此种全文期刊，则可以直接点击检索结果中的全文链接按钮（Full-text）链接到相应全文数据库来获取全文。

小贴士

若只检索到文摘，可有以下几种途径获取原文：① 直接付款购买；② 向作者索取；③ 通过学术搜索引擎 Google Scholar、Scirus 等来搜索；④ 原文传递。

（4）精炼检索

单击检索结果页面的“Refine Results”，系统将检索结果按字段进行分析统计，并显示统计结果最多的前 10 项。提供分析统计的字段有作者、作者机构、受控词、主题分类、国家、文献类型、语言、出版商。通过该功能，用户不仅可以进一步精炼检索结果，还可了解有哪些科研人员、科研单位和国家在从事相关专题的研究，以及相关的研究课题属于哪些学科分类等。选择统计项目，单击上方的“Include”按钮，可筛选并显示该统计项的检索结果，如单击“Exclude”按钮，则在检索结果中剔除属于统计项的记录。

4. 个性化信息服务

EI Village2 系统提供了保存检索结果到系统服务器、检索历史、保存及调用检索式、创建 E-mail 专题服务、合并以前的检索等个性化的信息服务功能。

检索用户在 EI Village2 系统中设置个人账户后，可以将个人的检索结果和所使用过的检索式保存到 EI Village2 系统的服务器中，并且可以设定和接收电子邮件定题服务。

小贴士

检索者最多可在系统服务器中创建 3 个文件夹用以保存检索结果，每个文件夹最多可容纳 50 条记录。

检索历史默认设置为显示最近 3 次检索。如果想查看前面的所有检索，点击浏览全部检索历史“View Complete Search History”即可。

用户可为检索历史中的检索式设置 E-mail 专题服务。系统在进行数据库更新时，根据检索式查找最新文献并发送给用户，每次最多可发送 25 条记录。如果最新文献超过 25 条，在电子邮件服务中将出现一个超级链接，点击此链接将进入 EI Village2 系统，可查看所有最新文献。

案例 5-3

检索 2010—2013 年，主题词中含有 wastewater，发表在 BIORESOURCE TECHNOLOGY 上的英文期刊文献。

① 打开数据库 EI。

② 在第一个检索框中输入“wastewater”，选择“Subject/Title/Abstract”字段；在第二个检索框中输入“bioresource technology”，选择“Source title”字段。两个检索框间选择布尔逻辑式“AND”组配。

③ 限定文献类型（Document type）和处理类型（Treatment type）。在“Document type”下拉菜单中选择“Journal article”，限定只查找期刊文献；在“Treatment type”下拉菜单选项中选择“All treatment types”。

④ 限定文献语种（Language）和时间。在“Language”下拉菜单中选“English”，限定只查原文是英文的文献；时间选择在 2010—2013 年，限定只查找这一时间段的文献。

⑤ 选择检索结果的排序方式：系统默认的“Relevance”相关度排序方式。

⑥ 检索界面的设定如图 5-13 所示。点击“Search”按钮，系统开始执行检索并显示检索结果。在检索结果中有多项链接（有下划线的蓝色字体部分），可以通过这些链接查找相关文献。如点击作者名，可以链接到数据库中该作者的所有文献；点击 Abstract/Links，可以链接到该文章的文摘。

⑦ 如果对检索结果不满意，可以返回检索界面，重新输入检索词，修改检索策略，然后点击“Search”按钮重新检索。

⑧ 保存、打印检索结果。

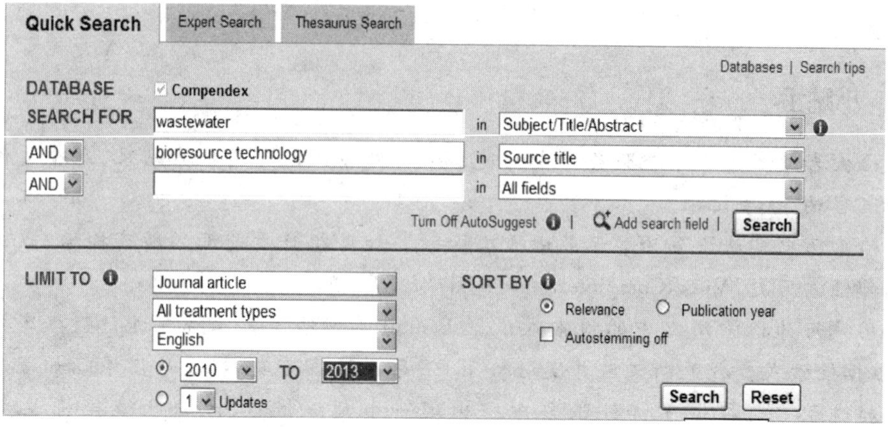

图 5-13 EI Village 快速检索界面

案例 5-4

检索自 2010 年以来，清华大学范守善的文章被 EI 收录的情况。

课题分析：因为作者名有全称（Fan，Shoushan）、缩写（Fan，S. S、Fan，S-S）与姓名颠倒（SS，Fan）等多种形式，因此，可以借助作者索引来确定，这样才能保证查全率。

检索步骤：

① 在快速检索页面右边“Browse Indexes”查找索引中，点击“Author”，进入作者查找索引（Browse Indexes）检索界面。

② 在“Search for”检索框中输入作者的姓的全称及名的第一个字母：Fan S，点击“Find submit”按钮，定位到以“Fan S”开头的作者名。选择与“Fan S S”相关的作者名字的不同写法，点击检索词前的选择框，被选择的检索词将按顺序分别被粘贴到快速检索界面的检索框中，如图 5-14 所示，“SEARCH IN”栏也自动切换到相应的字段，检索框间将按照查找索引中设定的逻辑组配关系自动切换到相应的逻辑算符。如果检索词选择有误，可以点击该检索词前的选择框取消选择，该检索词将自动从检索框删除。

③ 在快速检索页面中同一作者的不同表达之间该选“OR”（系统默认方式）。然后在检索词中选择有可能是该作者名的检索词：Fan s * 、shoushan F * 、shoushan F * 等。

④ 为了保证检索结果的准确率还需限定作者单位。在查找索引中选择“Author Affiliation”，查找作者单位的英文表达形式。经查找，清华大学表达形式为 Tsinghua University，将其写为 Tsinghua Univ *，可得到比较全面的检索结果。在“快速检索页面”工具条中选择逻辑算符“AND”，选择检索词，该检索词与前面

所选的作者之间自动生成“AND”组配。

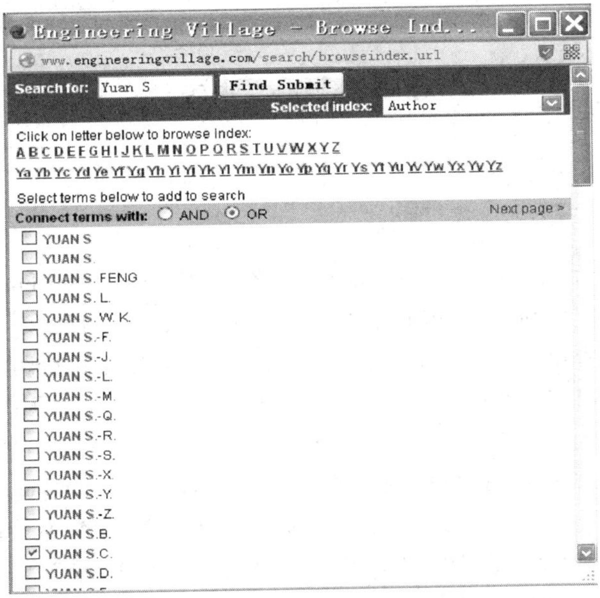

图 5-14　EI Village 作者索引浏览

⑤ 检查检索输入框中的输入及逻辑关系是否正确，如果有误，在逻辑算符下拉菜单中重新选择逻辑算符，修正检索策略。然后限定文献类型、检索时间(自2010 年起)、排序方式等，点击“Search”按钮，执行检索，如图 5-15 所示。

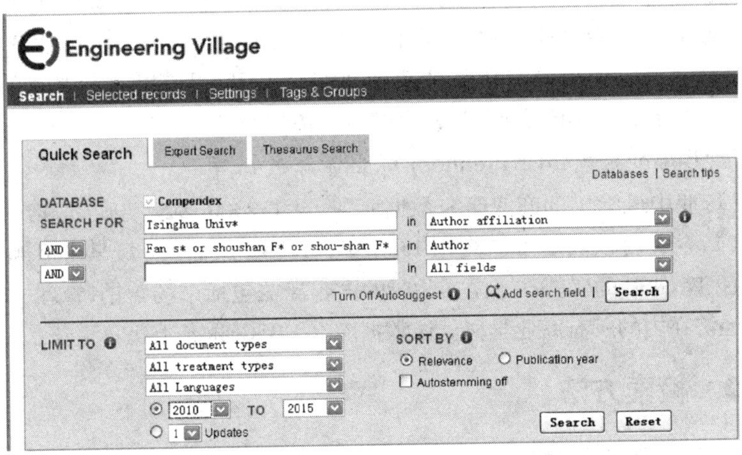

图 5-15　EI Village 论文收录检索界面

⑥ 选择并保存检索结果。

从上例我们不难看出，如果被检索课题的检索条件比较多，利用快速检索方式将非常费时且容易出错、漏检，在这种情况下就要选用专家检索。

5.3 EBSCOhost

5.3.1 概况

EBSCOhost(http://search.ebscohost.com/)是 EBSCO Publishing 公司的在线参考信息系统平台。EBSCO Publishing 是目前世界上最大的、提供学术文献服务的专业公司之一。它提供数据库、期刊、文献订购及出版等服务，总部在美国波士顿，在全球 19 个国家或地区设有办事处，开发了 200 多个在线文献数据库产品，涉及自然科学、社会科学、人文艺术、生物医学等多个学科领域。其中学术期刊数据库(Academic Search Premier，简称 ASP)和商业资源数据库(Business Source Premier，简称 BSP)使用比较广泛，该库将二次文献与一次文献捆绑在一起，为最终用户提供文献获取一体化服务，检索结果为文献的目录、文摘、全文(PDF 格式)。下面主要介绍两个综合性、大数据量的数据库 ASP 和 BSP。

1. ASP(Academic Search Premier)学术期刊数据库

ASP 是当今世界较大的多学科学术期刊全文数据库之一。这个数据库几乎覆盖了所有的学术研究领域，包括社会科学、人文科学、教育学、语言学、艺术、文学、历史学、法律、军事、心理学、哲学、工商经济、工程技术、计算机科学、物理学、化学、医学、生物等。此跨学科数据库提供 4600 多种学术期刊的全文，其中包括 3900 多种同行评审期刊的全文。它还提供 100 多种期刊回溯至 1975 年或更早期发表的 PDF 格式资料，以及 1000 多种期刊的可搜索引用参考文献。

2. BSP(Business Source Premier)商业资源数据库

BSP 是行业中最常用的商业研究数据库，收录了 2300 多种期刊(包括 1100 多种同行评审期刊)，全文内容最早可追溯至 1886 年，可搜索引文参考最早可追溯至 1998 年。相比同类数据库，BSP 的优势在于全文收录的内容涵盖包括市场营销、管理、MIS、POM、会计、金融和经济在内的所有商业学科。该数据库在 EBSCOhost 上每日更新。

5.3.2 检索方法

1. 登录和选择数据库

EBSCOhost 数据库对于已订购数据库的成员馆用户访问权限是通过 IP 地址控制的，无须输入用户名和密码，无用户数量限制。登录数据库后，可以选择两种服务：EBSCO 学术检索大全(全学科)和 EBSCO 商管财经类资源(非刊类资源)检索平台。在进入“EBSCO 学术检索大全(全学科)”检索平台后,可以根据检索要求选择一个或多个数据库,只要勾选所选数据库名称左边的选择框即可。如果对数据库不了解,不知道选哪些数据库,可以阅读每个数据库名下的简单介绍,还可以点击“详细视图”进一步了解关于数据库的更多信息。系统允许打开一个或同时打开多个数据库,在检索过程中可以随时更换数据库。

小贴士

同时对多个数据库进行检索可能会影响某些检索功能或数据库的使用。如果所选多个数据库使用了不同的主题词表,则无法使用主题检索功能。

2. 选择检索方式

下面以学术期刊数据库(ASP)为例,介绍 EBSCOhost 检索平台提供的 3 种检索方式:基本检索、高级检索(Advanced Search)和辅助检索。辅助检索方式依数据库的不同而不同。ASP 数据库的辅助检索方式包括出版物检索(Publication Search)、主题检索(Subject Search)、参考文献检索(Cited References Search)、图像检索(Images Collections)和索引检索(Indexes),如图 5-16 所示。

图 5-16 ASP 数据库检索首页

(1) 基本检索

ASP 数据库的基本检索界面如图 5-17 所示。基本检索是模糊检索,只有一个检索输入框。在基本检索界面输入检索词,选择限制条件后,即可得出相关的检索结果。

(2) 高级检索

ASP 数据库的高级检索界面如图 5-18 所示。首先输入检索词,然后在检索框右边对应的检索字段下拉框中选择检索字段,设定检索模式,同时还可进行出版物名称、文献类型、出版日期、出版物类型等的限定。

图 5-17 ASP 数据库的基本检索界面

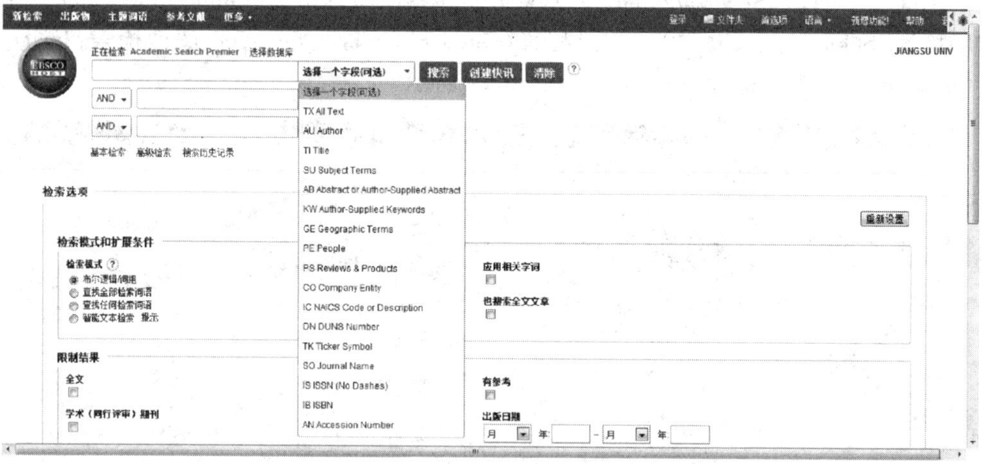

图 5-18 ASP 数据库的高级检索界面

(3) 辅助检索

① 出版物检索。

利用系统提供的出版物(期刊)名称进行检索,可以选择一种或多种出版物检索。检索时首先对出版物名称进行检索,然后选定某个特定出版物,检索出在该出版物上发表的论文。通过这种检索,用户还可以了解该数据库收录的期刊名称、刊号、出版周期、出版者、刊物报道范围等。

② 主题检索。

利用规范化主题词检索,检索效率高,相关性大。主题词不是任意自定的,而是要用系统规定的主题词。可供选择的主题有:All(所有主题)、People(人物)、Products & Book(产品与图书)、Companies(公司企业)、Subject(主题)。

③ 参考文献检索。

参考文献检索功能使读者除了可阅读作者的文章外，还可以检索出这篇文章引用的参考文献及了解该文章被其他文章引用的情况。

④ 图像检索。

图像检索时可输入检索词，检索词之间可用逻辑算符组配，例如 Baseball AND Boston。此外，还可进行图像类型（所有类型、人物图像、自然科学图像、历史图像、地理图像、地图和旗帜）的限定。

⑤ 索引检索。

首先选择索引项，可供选择的索引项有作者、作者提供的关键词、公司名、文献类型、DUNS 码、日期、地名、主题标目、ISBN、ISSN、期刊名、语种、NSICS 码或叙词、人名、评论或产品、主题词、出版年，然后在“浏览：”后输入词语进行定位。

3. 检索技术

（1）布尔逻辑检索

利用布尔逻辑算符 AND、OR、NOT 组配检索。

（2）截词检索

使用通配符“?”表示中截断，只替代一个字符；使用“ * ”表示后截断，替代任意一个字符。该数据库不可使用前截断。

（3）位置算符检索

W 算符表示在此算符两侧的检索词在命中时，必须按输入时的先后次序排列，不得颠倒顺序。“W_n”表示关键词出现顺序与输入顺序相同且相隔最多 n 个词。

N 算符表示在此算符两侧的检索词在命中时，次序可以颠倒。“N_n”表示关键词出现顺序不必与输入顺序相同且相隔最多 n 个词。

另外，输入以符号连接的短语检索时，检索结果也会命中不含符号的短语的记录，并在同义词中扩检。例如输入“television：talk show”，检索结果将命中含“television talk-show”、“television talk show”、“TV talk show”的文献。

（4）词组检索

如果希望检索词作为词组出现，需要将该词组用半角状态下的双引号（“”）引起。

（5）禁用词

在检索 EBSCO 数据库时，有些词语不能作为检索词，如“the”、“of”等冠词、介词等。

4. 检索结果的显示和处理

在检索框中输入检索式并提交检索后，即显示检索结果的简单题录信息列表，列表显示全部命中文献的题录内容、全文提供格式及其所属科目等信息，如图 5-19 所示。检索结果页面包括 3 部分：“精确搜索结果”、“检索结果列表”和“相关信息”。单击结果顶部附近的控制箭头,可以隐藏或显示不同的区域。

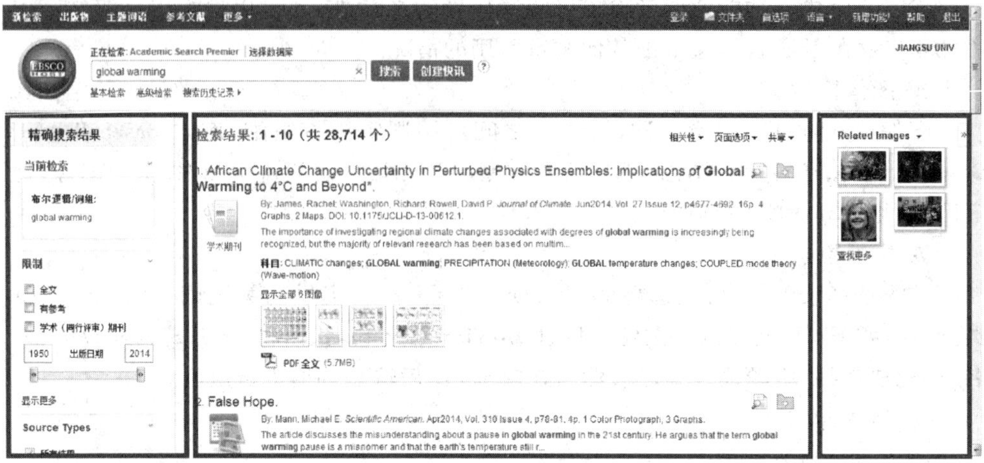

图 5-19　检索结果显示界面

(1) 精确搜索结果

选择所显示的任一限定条件,检索结果会自动更新为修正后的结果列表;按照来源类型、主题、出版物类型、公司等条件可以缩小检索结果的范围。

(2) 检索结果列表

显示在屏幕中心位置的文献题录。单击标题链接后,可对显示的详细资料中的单个结果执行打印、发送电子邮件、保存、引用或导出操作。将鼠标放到“预览”图标上,可以查看“摘要”。数据库提供的原文格式有两种:PDF 格式或 HTML 格式。单击检索结果最下方的“PDF 全文”或“HTML 全文”即可下载阅读全文。

(3) 相关信息

当有其他信息来源(如图像、博客和 Web 新闻)可供使用时,将会显示该信息。

案例 5-5

检索 2003—2013 年发表的关于“electronic commerce”或者“electronic business”(电子商务)方面的,且发表在含有“Information”一词的期刊(信息类刊物)上的外文全文文献。

分析课题:根据检索内容,检索词“electronic commerce”、“electronic business”是一个固定词组,所以加双引号进行精确检索,此处为了直观方便,暂选择“文章标题”作为检索字段;检索词 Information 可以选择期刊名称作为检索字段;检索表达式可以写为(“electronic commerce” OR “electronic business”) AND Information。

检索步骤：采用高级检索方法，步骤如下。

第一步：登录。通过图书馆主页登录 EBSCO 数据库，选择 Academic Search Premier 数据库。

第二步：选择高级检索。在 EBSCO 中运算逻辑算符先执行“AND”，再执行“OR”，而不是按输入顺序执行。可以采用两种方式输入。

① 在第一个输入框中输入“electronic commerce” OR “electronic business”，选择检索字段：TI Title（文章标题）；在第二个输入框中输入 Information，选择检索字段：SO Journal Name（期刊名称），选择逻辑运算符 AND，如图 5-20 所示。

图 5-20　检索案例高级检索界面(1)

② 检索表达式（“electronic commerce” OR “electronic business”） AND Information 可等价于（“electronic commerce” “AND” Information） OR （“electronic business” AND Information）。在检索区单击⊕添加行链接，然后检索词依次输入“electronic commerce”、Information、“electronic business”、Information；选择字段分别为 TI Title、SO Journal Name、TI Title、SO Journal Name；逻辑关系分别选择 AND、OR、AND，如图 5-21 所示。

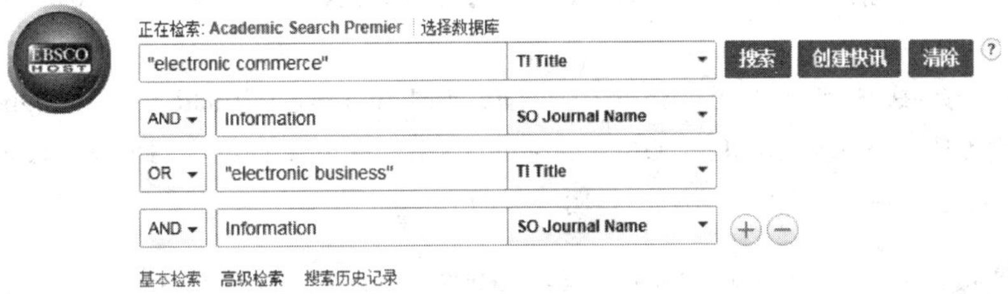

图 5-21　检索案例高级检索界面(2)

第三步：检索条件的限定。在检索选项区勾选全文复选框，出版日期设定为 2003 年 1 月至 2013 年 12 月，其他条件保持默认；单击“搜索”按钮开始检索。

第四步：查看并下载。检索结果如图 5-22 所示。单击“PDF 全文”链接，可以在线浏览全文。单击文章标题，可以保存、打印或以 E-mail 形式发送引文信息、全文等。

图 5-22 检索案例检索结果

案例 5-6

检索《城际高速磁悬浮列车的紧急制动控制及其应用研究》的外文全文资料。

分析课题:根据检索内容确定检索词。检索词:城际铁路(intercity railroad);高速铁路(high-speed railway);磁浮(maglev、magnetic levitation);紧急制动(emergency braking);制动控制(braking control);涡流制动(eddy-current brake)。检索表达式写为(“intercity railroad” OR “high-speed railway”OR maglev *) AND brak * AND (emergency OR “eddy-current”)。

检索步骤:采用高级检索方法,步骤如下。

第一步:登录系统。通过图书馆主页登录 EBSCO 数据库。默认选择所有数据库。

第二步:选择高级检索。依次输入检索词“intercity railroad” OR “high-speed railway” OR maglev * 、brak * 、OR emergency OR “eddy-current”;选择字段都选择 AB 摘要;逻辑关系都选择 AND,如图 5-23 所示。

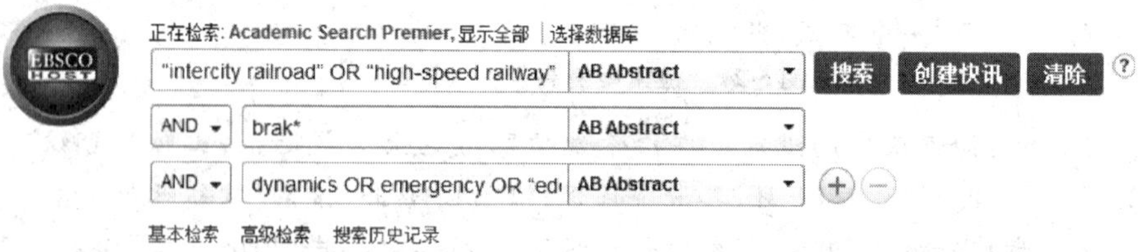

图 5-23 检索案例高级检索界面

第三步:检索条件的限定。在检索选项区,勾选全文复选框。

第四步:查看并下载。

5.4 ScienceDirect

5.4.1 概况

荷兰爱思唯尔(Elsevier)出版集团是全球最大的科技与医学文献出版发行商之一,已有180多年的历史。SciVerse ScienceDirect(http://www.sciencedirect.com)是Elsevier公司的核心产品,自1999年开始向用户提供电子出版物全文的在线服务,包括Elsevier出版集团所属的2500多种同行评议期刊和11000多种系列丛书、手册及参考书等,涉及四大学科领域:物理学与工程、生命科学、健康科学、社会科学与人文科学。数据库收录全文文章总数已超过1000万篇。该数据库还有待刊论文(Articles In Press),用户能够提前几个月看到预印本期刊的论文。Elsevier Science公司出版的期刊是国际公认的高水平的学术期刊,大多数都被SCI、EI所收录,属国际核心期刊。

5.4.2 检索方法

1. 登录数据库

ScienceDirect数据库对于已订购数据库的成员馆用户访问权限是通过IP地址控制的,无须输入用户名和密码,无并发用户数额限制。登录后的界面如图5-24所示。

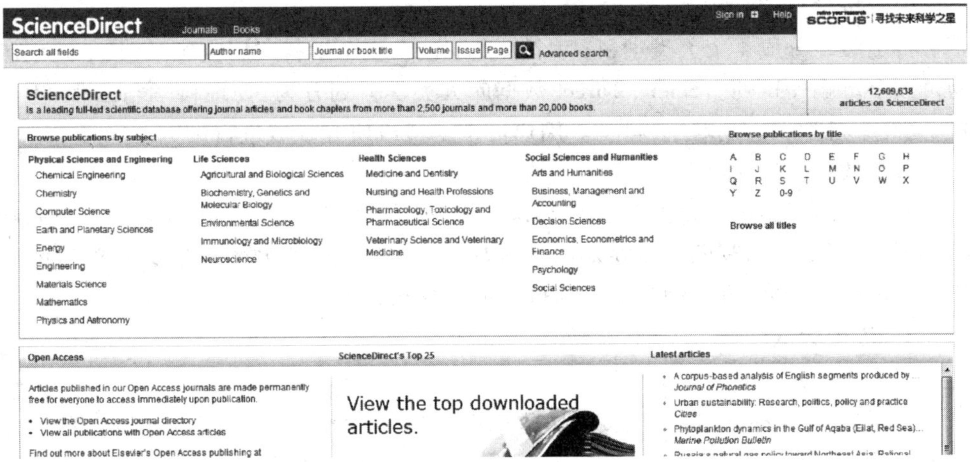

图5-24 ScienceDirect数据库主页界面

2. 浏览

ScienceDirect数据库主页提供按学科分类或按字母顺序两种方式浏览所有期刊

和图书，也包括机构没有订购的内容。其中，有的没有全文链接，可查看其摘要，有的提供全文，有的是开放获取的，有的包含开放获取的文献。

小贴士

如图 5-25 所示，在“Browse”（浏览）页面中，可以先按字母顺序查看列出的所有标题，再按学科主题查看列表。授权图标显示了是能查阅全文还是只能查看摘要。

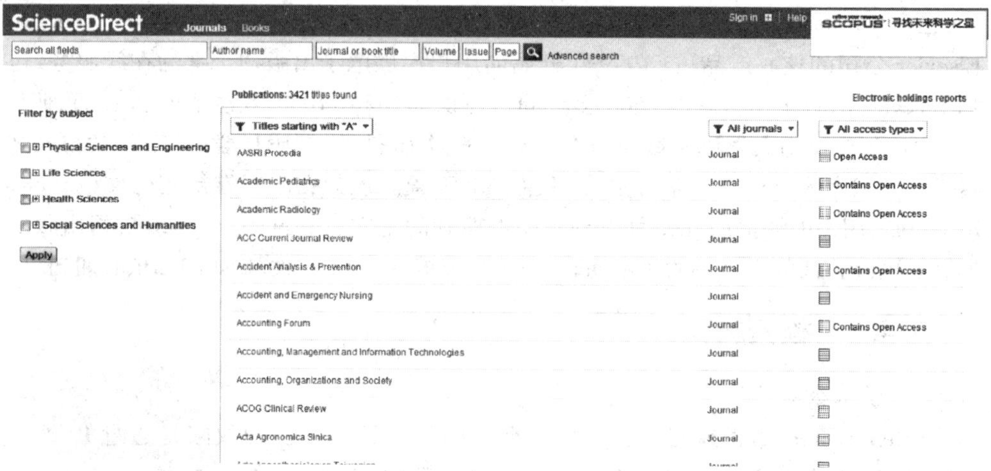

图 5-25　ScienceDirect 浏览界面

（1）按学科分类浏览

将出版物分成 4 个大类学科，每个大类下包含多个学科或研究领域，其下的出版物再按字母顺序排列。ScienceDirect 数据库大类学科划分为：物理科学与工程、生命科学、健康科学、人文和社会科学。用户可按学科或研究领域进行浏览。

（2）按字母顺序浏览

将所有出版物按字母顺序排列起来。用户可以按刊名逐卷逐期地单击感兴趣的期刊，使用链接浏览期刊各卷期内容，包括期刊论文的目次页浏览及全文 PDF 阅读。点击图书名称，可以浏览图书的目次页以及全文内容。

3. 检索方式

（1）快速检索

在 ScienceDirect 数据库主页有快速检索入口，在“Quick Search”前面对应的 6 个检索字段输入框中输入检索词、词组、检索式，然后点击 按钮，即开始检索并直接进入结果显示页面。

（2）高级检索

在 ScienceDirect 数据库主页选择“Advanced Search”进入高级检索界面，如图 5-26

所示。在检索前可以在检索框上方选择检索范围,即在 All(所有资源)、Journals(期刊)、Books(图书)、Reference Works(工具书)、Images(图像)等中进行选择,默认情况为在所有资源中检索。高级检索方式有更多的限定选择,用户可以限定检索结果的来源、学科、日期等。逻辑算符为 AND、OR、AND NOT,检索字段限定为:Author(作者),Abstract、Title、Keywords(摘要、题目、关键词)、Affiliation(机构)、References(参考文献)等。

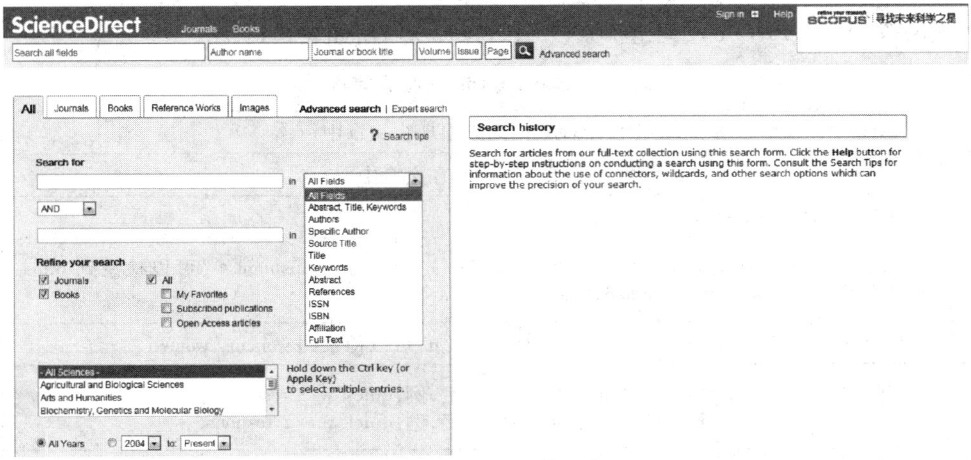

图 5-26　ScienceDirect 高级检索界面

(3) 专家检索

在 ScienceDirect 数据库高级检索界面选择"Expert Search"进入专家检索界面,如图 5-27 所示。如果一个检索课题有两个以上的检索条件(检索词),可选择专业检索,编写较复杂的检索式进行检索,其限定条件与高级检索相同。

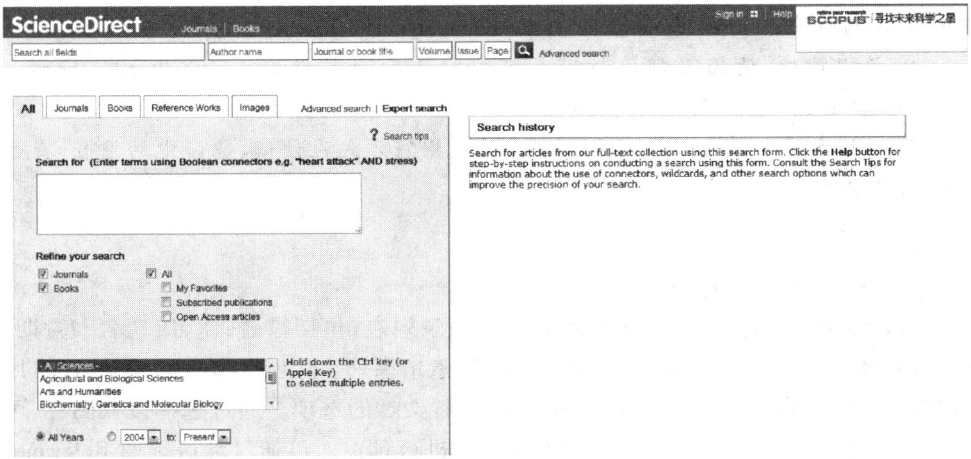

图 5-27　ScienceDirect 数据库专家检索界面

小贴士

在专业检索状态下,检索词可按自然语序输入,既可输入一个词也可以输入一句话,系统将根据句中实词自动检索。

4. 检索技术

Science Direct 数据库提供了逻辑算符(AND、OR、AND NOT)、截词算符(* 、?)、位置算符(W/n、PRE/n)、词组检索("" 、{ }、( ))等,如表 5-1 所示。

表 5-1 Science Direct 检索算符

AND	默认算符,要求多个检索词同时出现在文章中
OR	检索词中的任意一个或多个出现在文章中
AND NOT	后面所跟的词不出现在文章中
通配符 *	取代单词中的任意一个(0,1,2…)字母,如"transplant * "可以检索到 transplant, transplanted, transplanting …
通配符 ?	取代单词中的 1 个字母,如"wom?n"可以检索到 woman, women
W/n PRE/n	两词相隔不超过 n 个词,词序不定,例:quick w/3 response; 两词相隔不超过 n 个词,词序一定,例:quick pre/2 response
" "	宽松短语检索,标点符号、连字符、停用字等会被自动忽略,例:"heart-attack"
{ }	精确短语检索,所有符号都将被作为检索词进行严格匹配,例:{C ++}
( )	定义检测词顺序,如(remote OR satellite) AND education

小贴士

① 拼写方式:当英式与美式拼写方式不同时,可使用任何一种形式检索。如 behaviour 与 behavior,psychoanalyse 与 psychoanalyze。

② 单词复数:使用名词单数形式可同时检索出复数形式。如 horse—horses, woman—women。

③ 支持希腊字母 α,β,γ,Ω 检索(或英文拼写方式);法语、德语中的重音、变音符号均可以检索。

5. 检索结果

(1) 检索结果题录显示

检索结束后,首先显示的是检索结果的题录列表,包括篇名、作者、刊名、卷、期、页码、文摘和全文链接等,如图 5-28 所示。检索结果列表除包含检索结果外,还有用于 HTML(通过单击文章标题)或 PDF 格式查看文献的选项。通过选择授权图标,可查看全文或摘要。文章摘要可通过"Abstract"进行预览。可通过默认选项 Relevance (相关度)或 Date(日期)对检索结果列表进行排序。

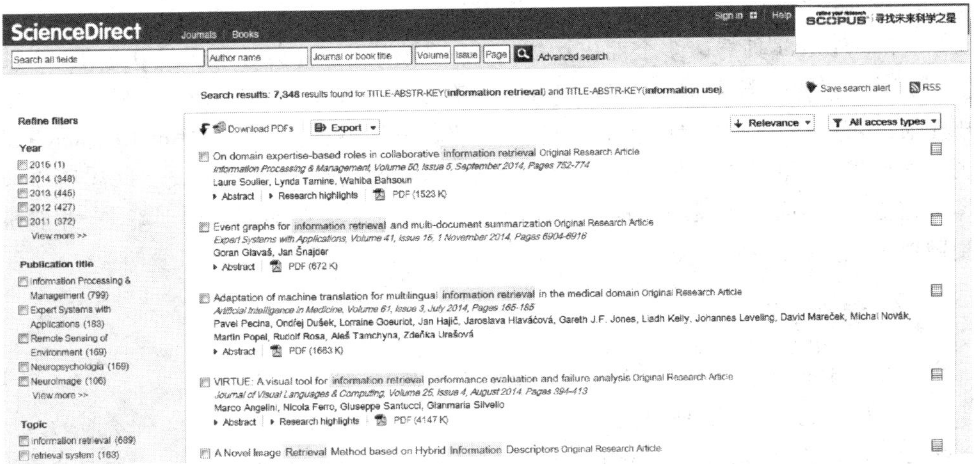

图 5-28　ScienceDirect 检索结果界面

（2）精炼检索

检索结果页面的右侧“Refine Results”提供了精炼检索结果的功能，用户可以根据需要进行选择，如 Content Type（内容类型）可以选择 Journal（期刊）、Book（图书）以及 Reference Work（工具书）等。另外，检索结果可按出版年（Year）、出版物名称（Publication title）、主题（Topic）进行聚类分析。通过该功能，用户可进一步细化检索，以得到所需要的检索结果。

（3）检索结果输出

单击文献题目可查看 HTML 格式全文，进入文献详细信息页面，如图 5-29 所示。单击“Download PDF”链接可以下载或浏览 PDF 全文，单击“recommended article”可以查看推荐的文章。

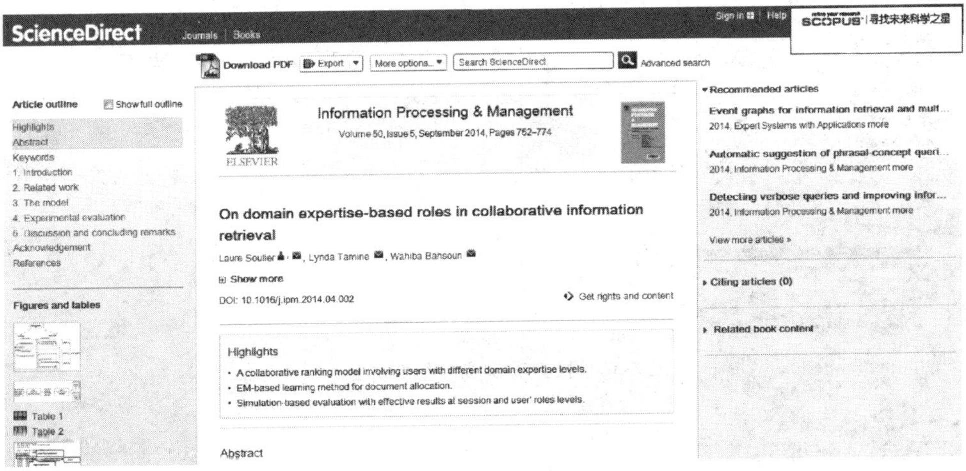

图 5-29　ScienceDirect 文献详细信息页面

6. 个性化功能

ScienceDirect 具有诸多个性化功能，如查看热门文章、实时掌握最新进展、个性化主页、检索历史、检索保存、RSS 服务等。有些 ScienceDirect 的个性化服务需要用户注册才可以使用。用户单击主页右上角"Sign in"下拉菜单中的"Not Registered?"进入注册界面，填写相关信息即可免费注册，用户名由系统自动生成。该注册模块具有记忆功能，选择该项后，每次登录该数据库后系统会自动完成注册登录，并登录到用户个人数据库主页。

案例 5-7

检索近十年来"神经网络在目标识别方面的应用"的外文文献。

分析研究课题，根据课题可知检索内容为"神经网络在目标识别方面的应用"，检索词为神经网络(neural network)、目标识别(object recognition)，所以检索式为"neural network" AND "object recognition"，选择题名(Title)作为检索入口。

检索方法：采用高级检索方法。

第一步：登录系统。通过图书馆主页登录进入 ScienceDirect 数据库，单击"Advanced Search"。

第二步：输入检索表达式，在高级检索界面输入框中输入"neural network" AND "object recognition"。

第三步：限定检索时间。选择时间 2004 to Present，其他保持默认条件，单击"Search"开始检索，如图 5-30 所示。

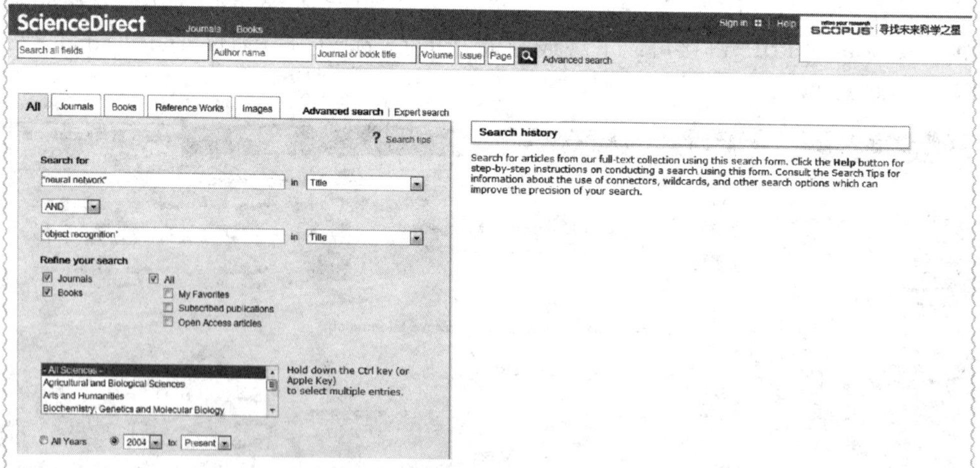

图 5-30　检索案例高级检索界面(3)

第四步：查看及下载。检索结果如图 5-31 所示。单击文章标题，可以直接浏览文献，也可以单击标题下方的 PDF 链接直接以 PDF 格式浏览文献。

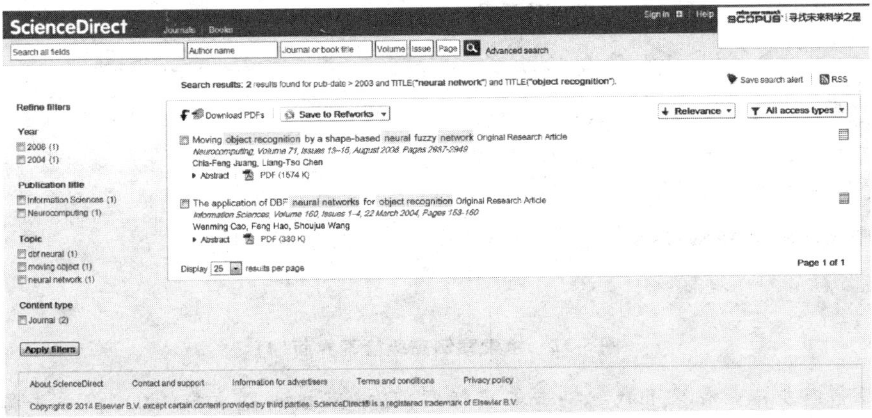

图 5-31　检索案例检索结果显示

案例 5-8

检索 2010 年以来与“非辐射环境污染”相关的文献。

分析课题：根据课题可知检索内容为“非辐射环境污染”，故检索中不含“辐射”（radiation），而含有“环境污染”（environment pollution）。另外，“污染”可以扩展为 pollution、pollute。考虑英语词汇的变化形式，可以进一步采用通配符 pollut *、radiat *。构造的检索式为：(environment pollut *) AND NOT radiat *。由于该课题涉及的检索词较多，所以考虑选择题名或摘要或者关键词（Title & Abstract & keywords）作为检索入口。

检索方法：采用高级检索方法。

第一步：登录系统。通过图书馆主页登录进入 Science Direct 数据库，单击“Advanced Search”。

第二步：输入检索表达式，在高级检索界面输入框中输入（environment pollut *) AND NOT radiat *。

第三步：限定检索时间。选择时间 2010 to Present，其他保持默认条件，单击“Search”开始检索，如图 5-32 所示。

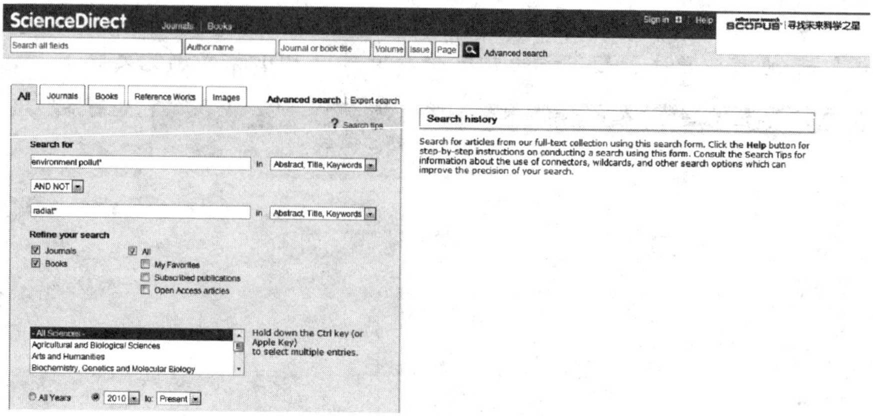

图 5-32 检索案例高级检索界面(4)

第四步：查看及下载。单击文章标题，可以直接浏览文献，也可以单击标题下方的 PDF 链接直接以 PDF 格式浏览文献。

5.5 IEL

5.5.1 概况

电气电子工程师学会(IEEE)的英文全称是 the Institute of Electrical and Electronics Engineers，其前身是成立于 1884 年的美国电气工程师协会(AIEE)和成立于 1912 年的无线电工程师协会(IRE)。前者主要致力于有线通讯、光学以及动力系统的研究，而后者则是国际无线电领域不断扩大的产物。1963 年，AIEE 和 IRE 宣布合并，电气电子工程师学会(IEEE)正式成立了。

IEEE 旗下最完整、最权威的在线数据资源为 IEEE/IET Digital Library(简称 IEL)，它提供了当今全世界电子电气、通信和计算机科学等领域将近三分之一的文献。IEL 数据库全新的访问平台 IEEE Xplore 收录的期刊、杂志、会议论文和标准文档高达三百余万篇全文文档，最早可回溯至 1872 年，一般提供 1988 年以后的全文。IEL 数据库中信息种类覆盖电子工程、计算机工程、空间技术、生物工程等多个学科领域。除了 IEEE 和 IET 出版物外，该库还可以查到 AIP、AVS、IBM 期刊的文摘索引信息，以及部分德国 VDE 英文会议全文等。IEL 每月增加 25000 篇最新文献，且每年 IEEE 还会有新的出版物加入 IEL。

5.5.2 检索方法

1. 登录数据库

IEL 数据库对于已订购数据库的成员馆用户访问权限是通过 IP 地址控制的，无须输入用户名和密码，但有并发用户数额限制。登录 IEEE Xplore 平台后的界面如图 5-33 所示。

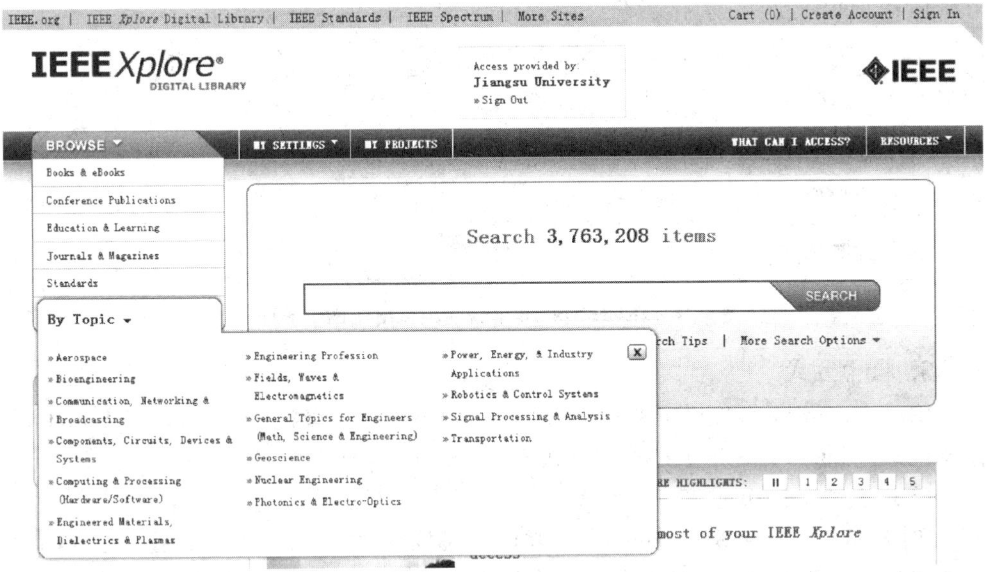

图 5-33 IEEE Xplore 平台的主页界面

2. 出版物浏览

IEEE Xplore 平台根据出版物类型将其产品分为五大类：电子书（Books & eBooks）、会议录（Conference publications）、电子学习课件（Education & Learning）、期刊杂志（Journals & Magazines）、IEEE 标准（Standards）。

同时 IEEE Xplore 平台还提供学科分类浏览。点击“By topic”，会下拉显示平台所涉及的所有学科分类，如图 5-33 所示。用户可通过出版物类型首字母和学科分类进行浏览查找和筛选，也可在出版物类型或学科分类浏览页面通过关键词检索快速定位，如图 5-34 所示。另外，还可以使用页面左侧的聚类分析栏（FILTER THESE RESULTS）来优化检索结果。

Results per page 和 Sort by 调节每页显示的标题数量与排序。查找到所需要的出版物后，直接点击标题便可进入其刊物页面（期刊与杂志）或者摘要页面（标准、电子书和网络学习课件）。

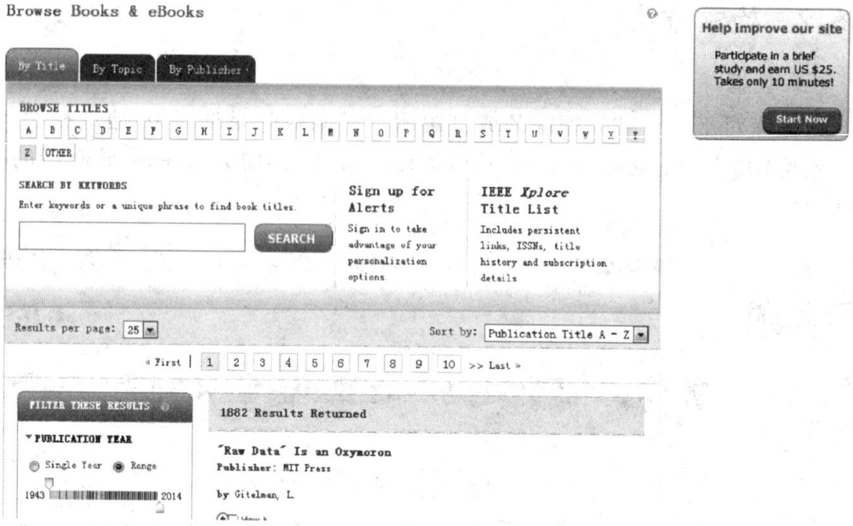

图 5-34　IEEE Xplore 平台的浏览电子图书界面

3. 检索方式

IEEE Xplore 平台提供了基本检索(Basic Search)、高级检索(Advanced Search)、作者检索(Author Search)3 种检索方式。

(1) 基本检索(Basic Search)

IEEE Xplore 平台具有 type-ahead 功能,会提示在题名、刊物名、主题和检索词中有使用价值的关键词和词组,如图 5-33 所示。默认的检索范围是元数据,也可以将默认设置改为元数据及全文字段(同样可以通过高级检索页面更改默认字段为元数据及全文字段)。基本检索的结果通常会出现过多或过少的情况,通常用于用户非常清楚所检索的内容或想泛泛了解某方面信息的情形。

(2) 高级检索(Advanced Search)

单击 IEEE Xplore 平台首页的"Advanced Search",即进入高级检索界面,如图 5-35 所示。高级检索提供 3 组检索词输入框,通过下拉菜单来限定检索词出现的字段,如 Document Title、Authors、Publication Title、Abstract、Index Terms、Author Affiliations 等;两组检索词之间可选择下拉式布尔逻辑算符 AND、OR、NOT 进行组配;检索框下方提供了 IEEE 和 IET 出版物、文献类型、检索结果范围、年份设定等进一步限定选项。

(3) 作者检索(Author Search)

IEEE Xplore 平台的作者检索功能让用户快速定位到特定作者的文献。点击基本检索框下方的"Author Search",在出现的文本框内输入作者的名(first name or middle name or initial)和姓(last name)。点击"SEARCH",IEEE Xplore 平台会查找索引记录然后给出包含指定名字的检索结果,如图 5-36 所示。

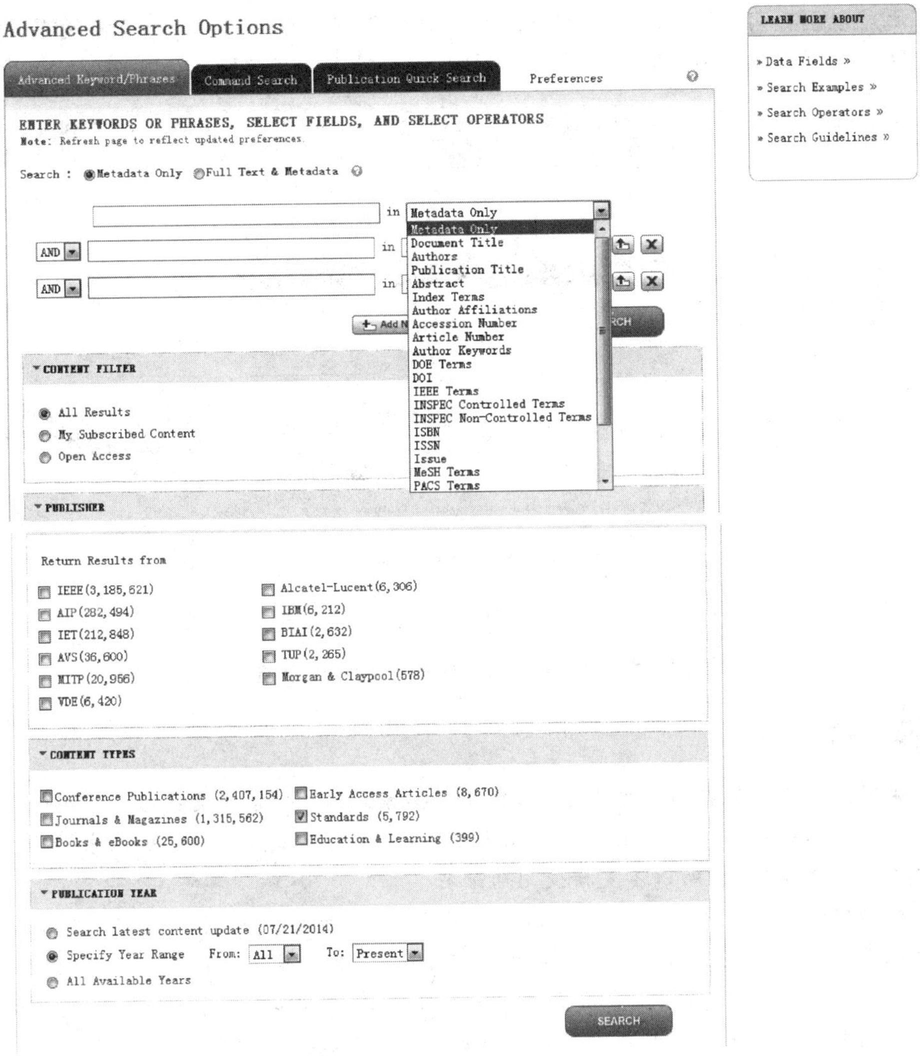

图 5-35　IEEE Xplore 全文数据库的高级检索界面

作者名将出现在检索结果最上方的“You searched for”，每一项右侧的图标“×”以供删减。用户还可通过页面左侧的聚类分析栏（Filter These Results）来优化检索结果。若检索结果中出现多个相同的名字，可通过机构或出版物标题字段来区分。

4. 检索技术

① IEEE Xplore 平台检索所有项，不区分大小写。检索词包括关键词、主题词、姓名、号码或词组（短语）。词组检索时若不作特殊说明，系统认为词组间的词是逻辑“与”关系。如 optical fiber 为 optical and fiber。用引号将检索词括起，表示检索词作精确检索。如“optical fiber”检索结果中出现的词与输入词相同。

② 通配符：可用"?"和"＊"表示，"?"可替代零或一个字母，"＊"可替代零或多个字母。其中，"＊"不可以与精确检索同用，一个检索中最多用2个"＊"。

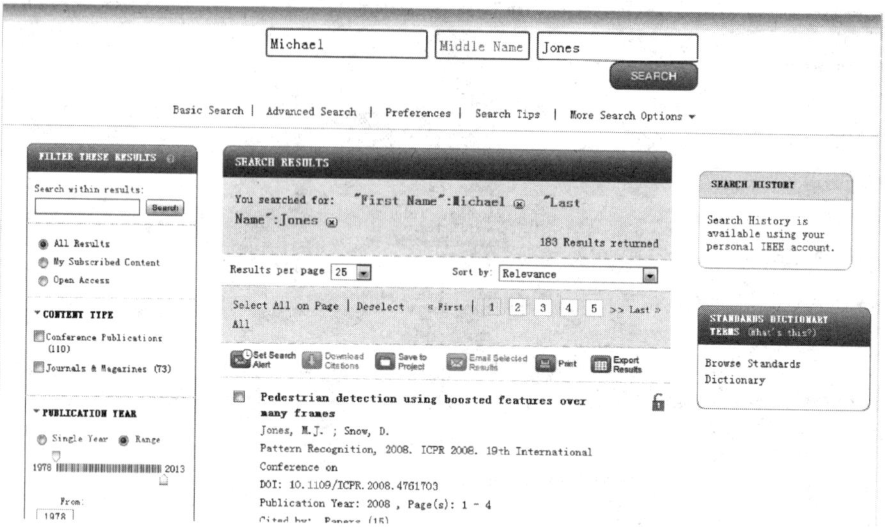

图 5-36　IEEE Xplore 平台的作者检索界面

小贴士

● 通配符可以用在作者检索中，但名或姓各有至少3个字母是确定的。例如，M*ke Jone* 可以检索出 Mike Jones、Make Joney 等结果。但是 J*y 无法被检索，因为只有2个字母是确定的，所以不支持使用通配符。

● 名字缩写后面的点（"."，period）不需要输入，检索执行时点会被空格替换。下载的引文信息中包含的是正规形式的作者名（姓、名的首字母）。

● 如果有多位同名作者，但在聚类分析栏里该作者名只会出现一次，则在圆括号中给出的文献数量是所有此姓名作者文献的总数。

● 如果在任意检索结果页面点击作者名，只有精确匹配作者名的文献才会被检索到。若个别作者有多重身份，IEEE Xplore 平台记录没有将其合并，此时的检索结果会不太精确。建议选择作者检索重新检索，其结果将更精确。

③ 逻辑算符：and、or、not。

④ 位置检索：

<in>表示检索词限定在某一字段中检索，如 ceramic <in> ti；

<paragraph>表示检索词被限定在某一段落中检索，如 optical <paragraph> fiber；

<sentence>表示检索词被限定在某一句子中检索，如 optical <sentence> fiber；

< phrase > 表示检索词被限定在某一短语中检索；

< near/n > 表示两词之间可插入 n 个词；

< order > 表示保持词序检索。

⑤ 标点符号：忽略大多数标点符号，例 solid-state 可检索到 solid_state；ink-jet printer 可检索到 ink jet printer。

⑥ 特殊符号：忽略大多数特殊符号，例如“%”、“ - ”、“@”等，但可以识别“&”、“ + ”、“/”。

5. 检索结果

在检索框中输入检索式并提交检索后，即显示检索结果界面，如图 5-37 所示。检索结果页面有两大栏：聚类分析栏（FILTER THESE RESULTS）和检索结果（SEARCH RESULTS）。

图 5-37　IEEE Xplore 平台的检索结果界面

（1）聚类分析栏

二次检索（Search within results）是在已有检索结果基础上输入新的关键词进行再次检索。如要检索 Java，在检索结果的二次检索框中输入 XML，检索相当于执行了 Java AND XML。二次检索只在元数据（metadata）中检索关键词，除非在检索偏好中默认设置成检索全文和元数据（search full text and metadata）。另外，文献类型（Content Type）、出版年份（Publication Year）、作者（Author）等可以根据检索需求，优化精简检索结果。

（2）检索结果

检索结果文献的格式一般为默认的题名及引文信息，显示内容包含文献的题名及作者名，出版物名称、卷、期、DOI、出版日期、页码和引用次数以及文献类型等。用户可以通过偏好设置来修改其显示内容（需要注册“IEEE 个人账号”）。出现订阅标识符  后表明您有权限访问此文献的全文。点击“Quick Abstract”，则下拉显示此文献的摘要。选择下拉摘要界面的“View full abstracts”或点击文章标题可查看完整的文摘信息。单击链接“PDF”标识便可查看全文。

单击文献的标题，即可进入文摘界面，如图 5-38 所示。大部分文献的文摘页面都会给出完整的文摘信息，包括标题、作者、机构、出版物名称、出版时间、卷号、期号、页码和 DOI 号，但部分信息和功能只有订阅者和 IEEE 会员才可以浏览并使用。

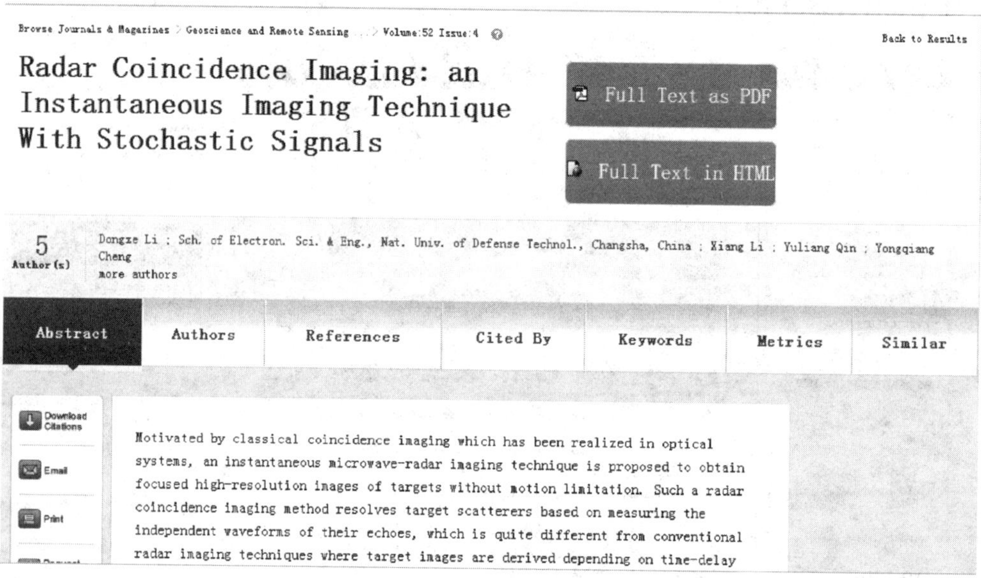

图 5-38　IEEE Xplore 平台的文摘界面

6. 个性化功能

所有用户可以在 IEEE Xplore 平台注册免费的 IEEE 个人账号，享受以下个性化功能：设置检索默认信息；保存检索式和检索历史；下载引文信息；查看订购文献历史；设置检索式内容更新提醒；设置目录内容更新提醒。另外，IEEE 会员可以直接使用会员账号登录，无须注册。

案例 5-9

检索国外 2010 年以来关于利用传感网络收集能源的 IEEE 期刊和会议论文。

分析课题:检索内容为“利用传感网络收集能源”,检索词为:传感网络(sensor network)、收集能源(energy harvesting)。检索式为:sensor network AND energy harvest*,选择 Title 为检索入口。

检索方法:采用高级检索方法。

第一步:登录系统。通过图书馆主页登录进入 IEEE Xplore 全文数据库,单击“Advanced Search”,选择文献。

第二步:输入检索表达式,在高级检索界面输入框中输入 sensor network AND energy harvest*,并设置成检索全文和元数据。

第三步:选择文献来源、文献类型并限定检索时间。选择文献来源:IEEE;选择文献类型:期刊、会议;时间:2010 to Present,其他保持默认条件,单击“Search”开始检索,如图 5-39 所示。

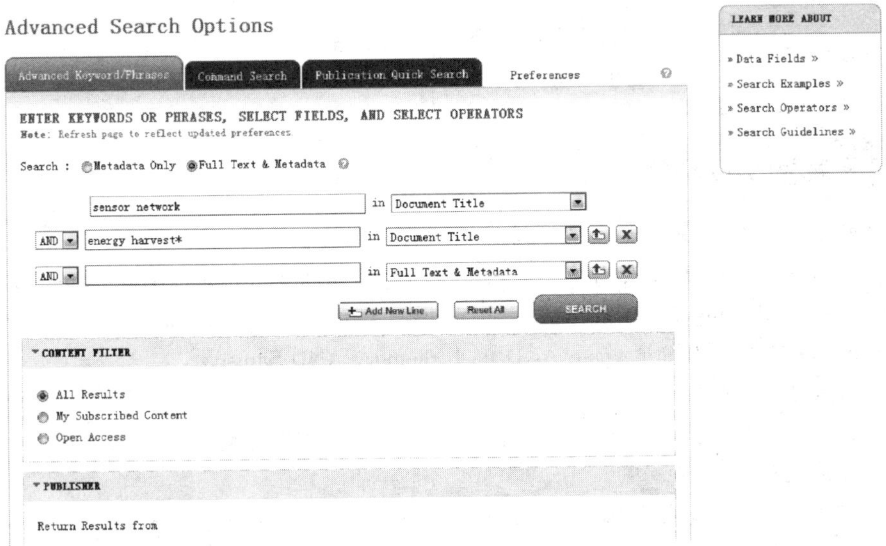

图 5-39　检索案例高级检索界面(5)

第四步：查看及下载。检索结果如图 5-40 所示。单击文章标题，可以直接浏览文献的摘要、作者、关键词、参考文献等信息，也可以单击标题下方的 PDF 链接直接以 PDF 格式浏览文献。

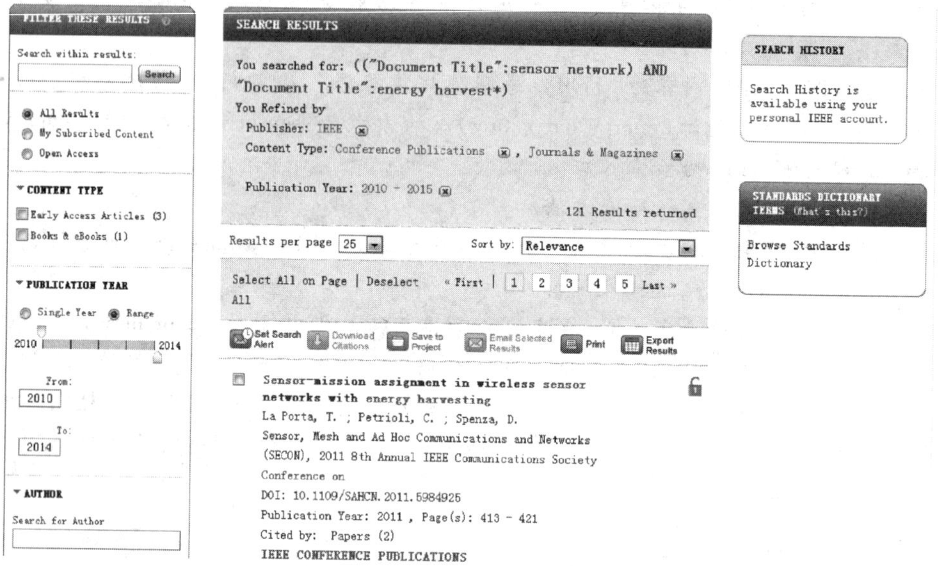

图 5-40 检索案例检索结果界面(6)

案例 5-10

检索三星公司在纳米晶体浮闸闪存方面的研究。

分析课题：根据检索内容，确定检索词：纳米晶体（nanocrystal nanocrystalline）、浮闸（floating gate）、闪存（flash memory）、三星（Samsung）。所以检索式：nanocrystal＊ AND floating gate AND flash memory AND Samsu＊。

检索方法：采用高级检索方法。

第一步：登录系统。通过图书馆主页登录进入 IEEE Xplore 全文数据库，单击“Advanced Search”。

第二步：输入检索表达式，在高级检索界面输入框中分别输入 nanocrystal＊、floating gate、flash memory、Samsu＊，选择检索字段分别为：Full Text & Metadata（前 3 个字段）、Author Affiliations，逻辑关系都选择 AND，并设置成检索全文和元数据。

第三步：选择文献来源、文献类型。选择文献来源：IEEE、IET 和 VDE；选择文献类型：期刊、会议、图书、标准，其他保持默认条件，单击“Search”开始检索，如图 5-41 所示。

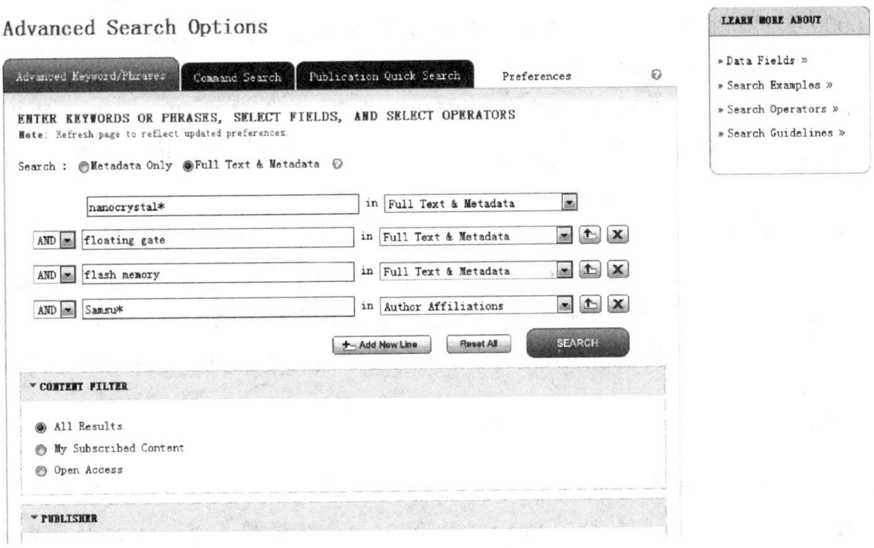

图 5-41　检索案例高级检索界面

第四步:查看及下载。单击文章标题,可以直接浏览文献的摘要、作者、关键词、参考文献等信息,也可以单击标题下方的 PDF 链接直接以 PDF 格式浏览文献。

小贴士

为了提高查全率,扩大检索条件,可调整检索字段,由题名字段改选文摘字段;如果对检索结果还不满意,可进一步改为所有字段。最终要根据检索需求评价检索结果,确定是否需要修改检索策略,是否要扩大到其他信息检索系统中去。

5.6　SciFinder

5.6.1　概况

SciFinder 是美国化学学会(ACS)旗下的化学文摘服务社(CAS—Chemical Abstracts Service)出版的一个一站式化学资料电子数据库。它是全世界最大的、最全的化学、科学信息数据库之一,是化学和生命科学研究领域中不可或缺的参考和研究工具,也是资料量最大、最具权威的出版物之一。

CAS 的网络版数据库 SciFinder 既包含化学文摘 1907 年创刊以来的所有内容,

也整合了 MEDLINE 医学数据库和欧洲、美国等近 63 家的专利资料等。该数据库收录了 10000 多种科技期刊、科技报告、专利、会议论文、学位论文、资料汇编、技术报告、新书及视听资料；收录的文献来自 180 多个国家，包括 50 多种不同的语言；涵盖的学科包括化学、化学工程、普通化学、物理、生物学、生命科学、医学、聚合体学、材料学、地质学、食品科学和农学等诸多领域；摘录了世界范围约 98% 的化学化工文献，所报道的内容几乎涉及化学家感兴趣的所有领域。

SciFinder Web 版提供了多种先进的检索方式，如化学结构式和化学反应式检索等；其强大的检索和服务功能，可以让用户了解最新的科研动态，帮助研究者确认最佳的资源投入和研究方向。根据统计，全球 95% 以上的科学家们对 SciFinder 给予了高度评价，认为其加快了他们的研究进程，并在使用过程中得到了很多启示和创意。

小贴士

- 在使用之前必须先用电子邮箱进行注册；
- 注册时的用户名必须是唯一的，且包含 5 ~ 15 个字符。它可以只包含字母或字母组合、数字和/或特殊字符。特殊字符包括：——（破折号）、_（下划线）、.（句点）、@（表示“at”的符号）；
- 注册时的密码必须包含 7 ~ 15 个字符，并且同时包含以下字符其中的 3 种——字母、混合的大小写字母、数字、非字母数字的字符（例如 @、#、%、&、*）；密码不要与账号有重复的字符，且最好为 abc@123 的形式；
- 完成注册之后，进入 https://scifinder. cas. org/，登录之后进行检索；
- SciFinder Web 版有并发用户限制，因此在检索完毕之后请点击 Sign out 退出，以便其他用户顺利使用。

5.6.2 检索方法

SciFinder Web 检索主界面如图 5-42 所示。它主要有 3 种检索方法：文献检索（References）、物质检索（Substances）、反应检索（Reactions）。下面结合案例详细介绍常用的检索方法。

① 文献检索（References）：通过主题（Research Topic）、作者（Author Name）、公司名称（Company Name）、文献标识符（Document Identifier）、期刊（Journal）、专利（Patent）等检索参考文献。

② 物质检索（Substances）：通过俗名、相似结构、化学结构（Chemical Structure）、分子式（Molecular Formula）、物性（Property）、标识符（Substance Identifier）等检索物质，可查看物质详情，获得物质的参考文献，获得物质的反应等。

③ 反应检索（Reactions）：通过反应结构（Reaction Structure）、亚结构及官能团等检索化学反应。

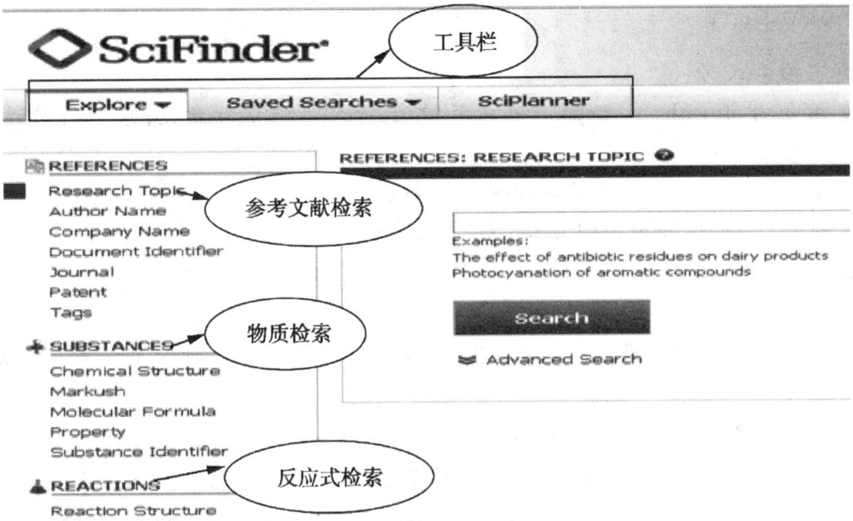

图 5-42　检索界面

案例 5-1

检索《具有抗癌作用的天然活性成分》的参考文献。

检索步骤如下：

① 分析主题并列出检索词及检索式“Natural Product with anti cancer”；

② 选择检索界面下 References 的“Research Topic”检索；

③ 在右侧检索框中输入 Natural Product with anti cancer，如图 5-43 所示；

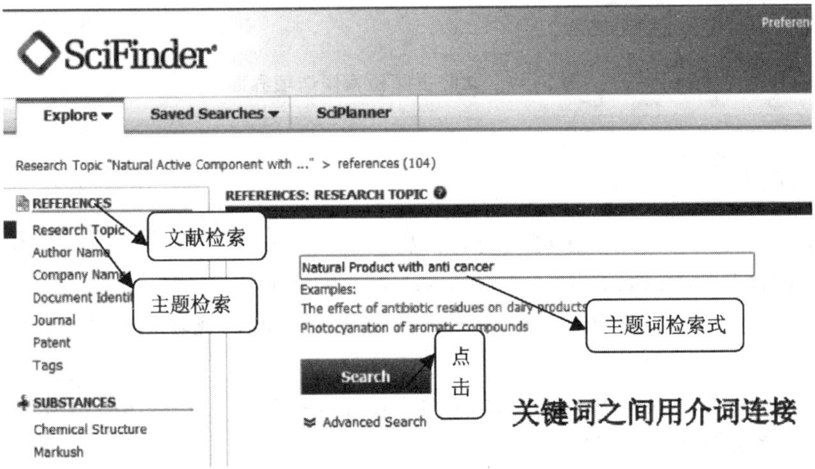

图 5-43　文献主题检索界面

小贴士

制定检索式时：

- 用介词 of、with、by、beyond 连接关键词，介词没有实际意义，只起到间隔作用，不要使用布尔逻辑算符；
- 不能用“＊”或“！”等截词符或通配符；
- 可用括号，括号内为同义词；
- 最好 3 个术语，不要超过 5 个。

④ 点击“SEARCH”，完成初步检索，并产生如图 5-44 所示主题检索候选项界面；

⑤ 在该界面下，选择有“Concept”和“closely associated with one another”的记录，如在图 5-44 主题检索候选项界面中勾选第二个 6968 进行结果分析；

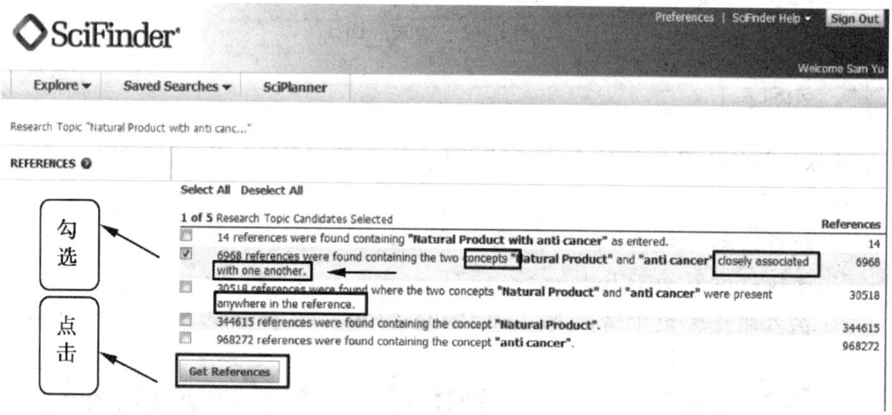

图 5-44 文献主题检索候选项界面

小贴士

- “Concept”表示进行了同义词的扩展；
- “Closely associated with one another”表示同时出现在一个句子中；
- “were present anywhere in the reference”表示同时出现在一段话中。

⑥ 点击“Get References”按钮，获得《具有抗癌作用的天然活性成分》的参考文献，完成文献主题检索；

⑦ 检索结果的分析与精炼：SciFinder 对检索结果提供了分析（Analyze）、精炼（Refine）、系统分类（Categorize）3 种文献分析工具，如图 5-45 所示。

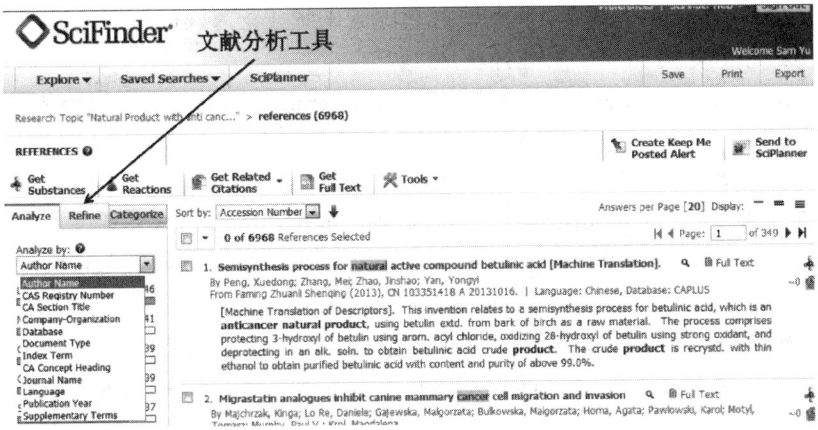

图 5-45　检索结果分析页面

a. 分析(Analyze)工具:可选择对检索结果的作者名、登记号、索引词、机构名、文献类型、期刊名称、出版年份等进行统计分析,从而帮助用户了解领域的主要专家、主要研究机构、合作伙伴、竞争对手、主要出版杂志,分析领域的发展趋势,对文献内容进行大致了解,并且修正检索词。图 5-46 为对检索结果的出版年份进行分析的结果。

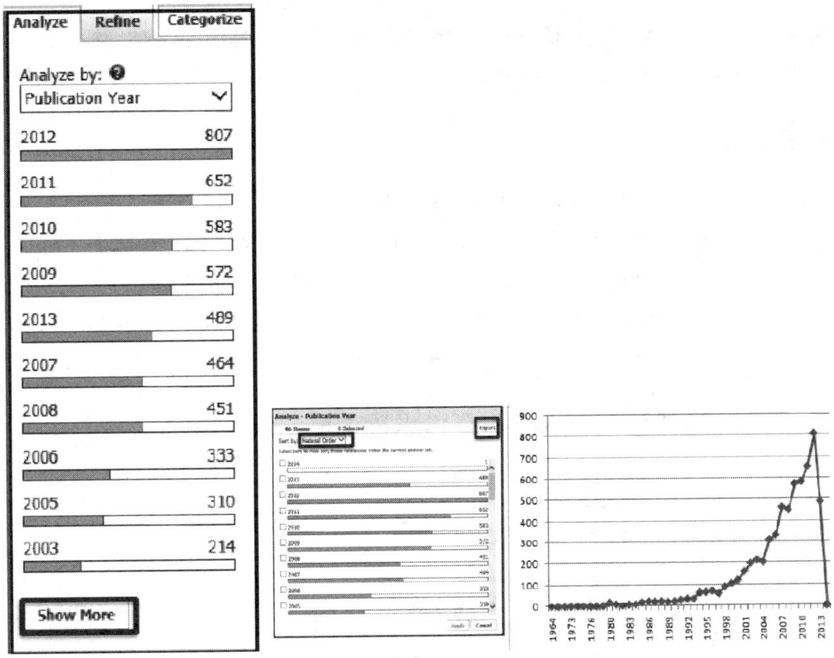

图 5-46　对检索结果出版年份的分析结果

b. 精炼(Refine)工具:可以帮助用户快速地通过主题、作者、机构、文献类型出版年份、语种等对检索结果进行精炼。

c. 系统分类(Categorize)工具:基于 Index Term,根据大学科方向对文献进行自动分类。

⑧ 检索结果的处理:提供检索结果的保存(Save)、打印(Print)、输出(Export)、引文管理(Citation manager)、脱机浏览(Offline Review)等功能。

a. 保存(Save):保存在服务器上,方便以后登录查看,每次可存 10000 条记录。

b. 打印(Print):打印成 PDF 格式。

c. 输出(Export):导出至本地电脑。

d. 引文管理(Citation manager):保存成 RIS 等格式,可导入 EndNote 等文献管理工具。

e. 脱机浏览(Offline Review):保存成 PDF、RTF 等格式,用于脱机浏览。

小贴士

- 主题检索时,使用介词作为连接;
- 尽量选择包含“Concept”和“Closed Associated with”的候选项;
- 通过 SciFinder 的 Analyze/Refine 功能来缩小检索的范围;
- 尝试将不同的 Analyze/Refine 功能组合起来用,会有更多的收获;
- 使用 Categorize 可以让系统实现自动分类。

案例 5-2

检索“三聚氰胺”(Melamine)的物质信息。

① 分析主题并选择物质检索(SUBSTANCES)方式下的标识符(Substance Identifier)检索:单击“Substance Identifier”按钮,进入检索界面。

② 在检索框中输入 CAS 号码或物质名称,如“Melamine”,如图 5-47 所示。

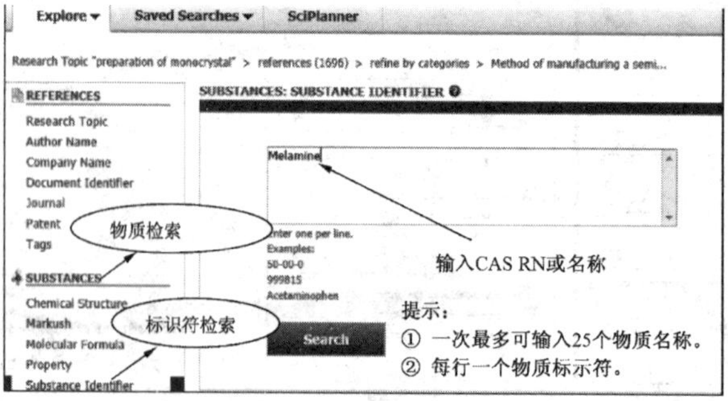

图 5-47 标识符检索界面

小贴士

- 化学名称可以是通用名称、商品名、俗名；
- 一行只能输入一个化学物质名称或登记号；
- 有多个化学物质名称或登记号时，分多行输入，最多可输入 25 条；
- 每个条目不要超过 200 个字符，可以有空格，不区分大小写。

③ 点击“SEARCH”，显示检索物质集。可查看物质的详细信息：CAS 号、分子式、结构式、化学名、别名、物质来源、相关文献篇数和类型；按照 CAS Role 分类的专利、非专利文献列表。若对某类文献感兴趣，仅需点击即可方便快捷地获取该文献数据；可观看预测数据与实验数据、实验谱图等信息。图 5-48 为标识符检索结果。

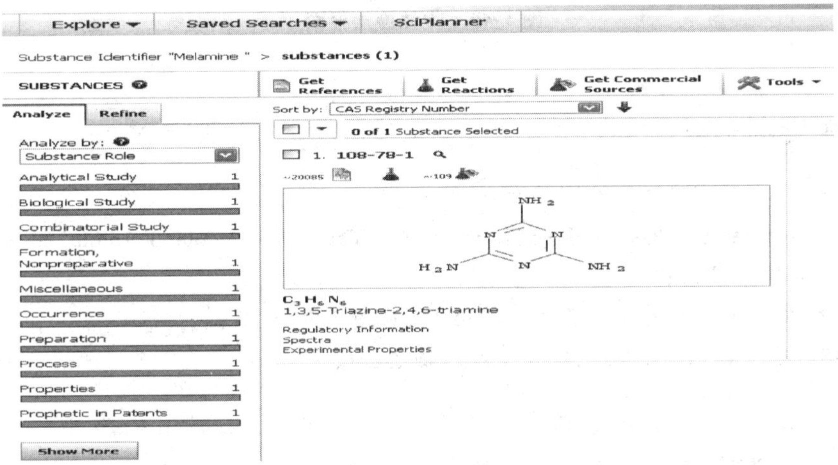

图 5-48　标识符检索结果

案例 5-3

检索“分子量在 200 ~ 450 之间的物质”。

① 分析主题并选择物质检索(SUBSTANCES)的物性(Property)途径；

② 选中“Predicted”，并在下拉列表中选择“Molecular Weights”；

③ 在检索框中输入“200 ~ 450”，如图 5-49 所示；

④ 点击“SEARCH”，完成分子量的物质检索。

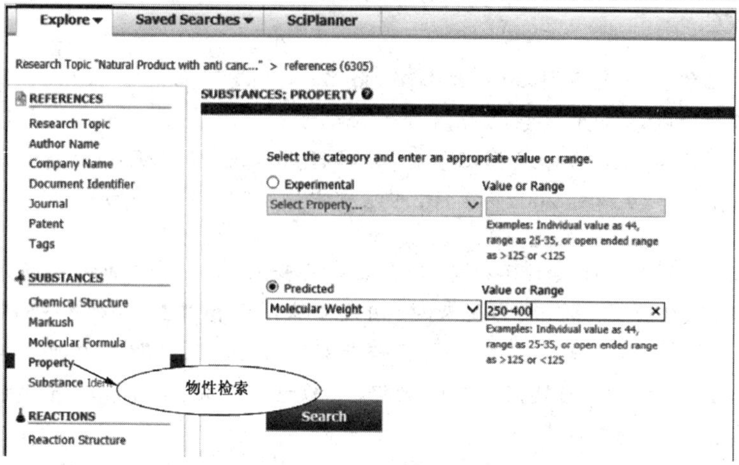

图 5-49　物性检索界面

案例 5-4

检索“分子式为 C2H6O”的物质。

① 分析主题并单击物质检索(SUBSTANCES)的“Molecular Formula”链接,进入分子式检索界面;

② 在检索框中输入分子式“C2H6O”,如图 5-50 所示;

③ 点击“SEARCH”,完成分子式的物质检索。

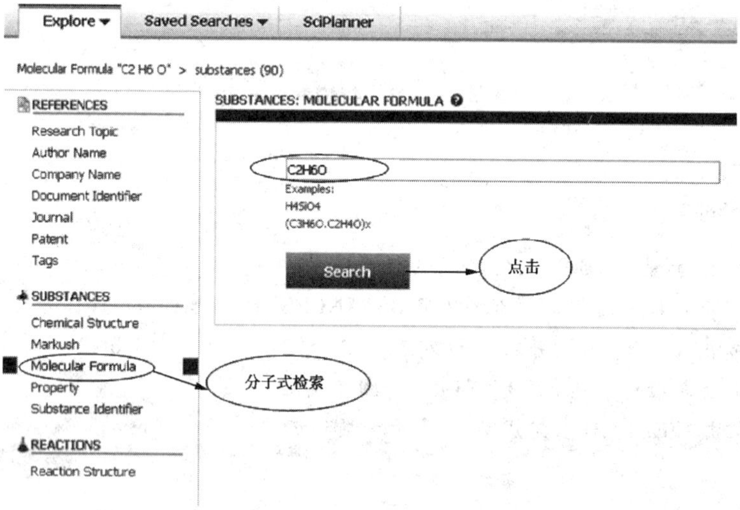

图 5-50　分子式检索界面

小贴士

分子式输入原则：

- 同一组分中的元素必须有明确分割符，可以用数字和空格进行分割；
- 对于不含 C 的物质，按照字母顺序书写；对于含 C 的物质，CH 写在前面，其他按照字母顺序写；
- 如果是多组分的物质（如聚合物、盐类等），则各个组分之间以英文的句号“.”隔开；排列顺序按照 C 的数量的降低排列；C 数量相同的，则按 H 的数量降序排列；H 数量相同的，则按照第 3 个元素的字母顺序排列，依此类推；
- 聚合物则输入单体组成以括号加 X，如（C8h8. C4H6）X[1]；
- 聚合物括号表示，括号外用 n 表示的是最终产物的重复结构单元，括号外用 X 表示起始物；
- 区分大小写。

案例 5-5

检索 3 个苯环化学结构的物质。

① 在物质检索（SUBSTANCES）下单击化学结构（Chemical Structure）链接，进入结构检索界面。

② 化学结构检索需调用结构式绘图系统，绘制待检化学物质的结构式。单击“Structure Editor”中的“Click to Edit”，绘制结构式：应用绘图系统的工具栏确定环、链、取代物、烷基等，得到所要求的 3 个苯环结构式，如图 5-51 所示。

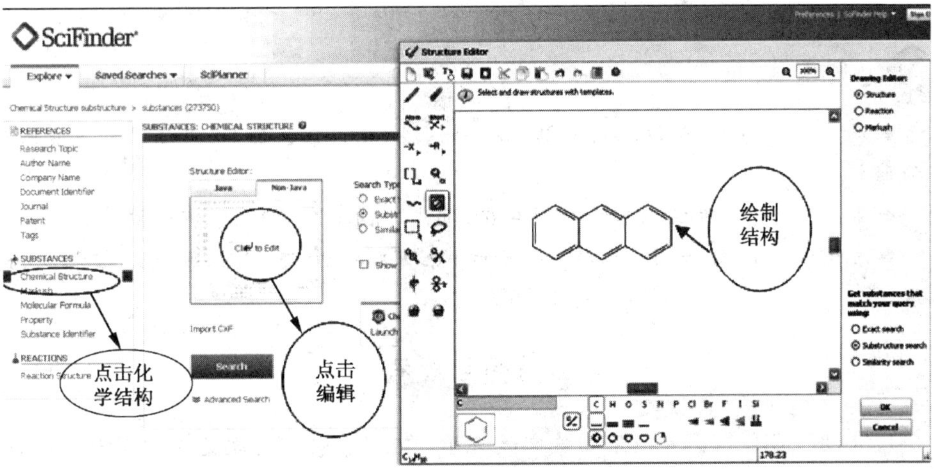

图 5-51 绘制化学结构式的界面

③ 单击“OK”，即在结构编辑对话框里得到该化学物质的图形，如图 5-52 所示。

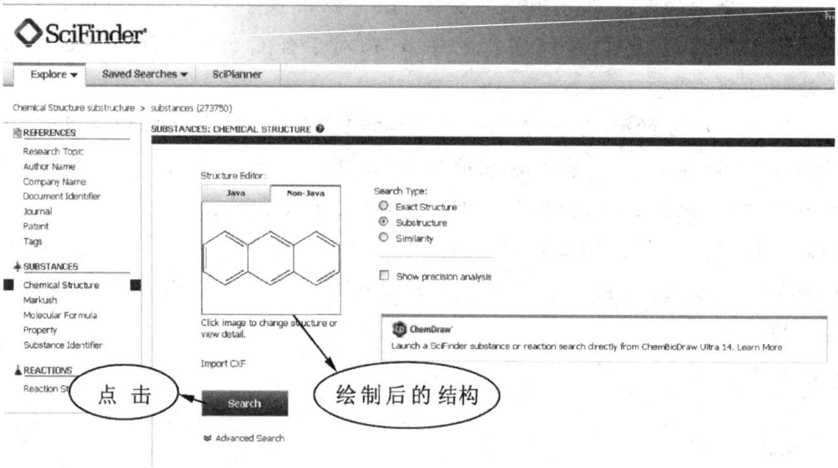

图 5-52　化学结构检索界面

④ 选择检索类型(Search Type)。分为 3 种检索类型：

a. 精确结构(Exact Structure)检索：获得结构本身、盐及混合物；

b. 亚结构(Substructure)检索：获得包含全部片段结构的所有物质；

c. 相似结构(Similarity)检索：帮助获得在结构上存在相似的物质。

⑤ 点击 SEARCH，可得到含该化学结构的物质、化学反应以及商业信息等。

小贴士

● 精确结构检索：获得物质的盐、聚合物、混合物、配合物等，母体结构不能修改，不能修饰。

● 亚结构检索：所画的结构必须存在，母体结构不能修改，但可以被修饰。

● 相似结构检索：母体结构可以修改，也可以被修饰，用相似度来控制获得的结果。

练习与思考

1. 利用 SCIE 数据库检索相关文献有几种方式？如何查找论文的被引用情况？

2. 请利用 SCIE 数据库查询有关抗癌药物方面的文献。

要求：年限：2004—2014 期间发表的，检索词均限制在标题字段。

① 共检索出多少条检索结果？

② 给出被引频次最高的1篇文献:论文信息应包括著者、题名来源、出版日期等。

③ 这篇被引频次最高的文献被其他文献引用了多少次?请列出其中的3篇。

④ 利用系统的分析功能,在所查到的结果中分析哪几个国家在这方面的研究比较多(前5名)?这方面发表内容最多的是什么杂志?该杂志2014年的影响因子是多少?

3. EI数据库的Refine Search有什么作用?

4. 利用EI Village数据库检索相关文献有哪几种方式?

5. 请在EI中检索两名作者2000—2013年,在江苏大学工作期间所发表的论文篇数?(作者名字自定)

6. 在EI数据库,请检索篇名为"*Microbial community and population dynamics of single-stage autotrophic nitrogen removal for dilute wastewater at the benchmark oxygen rate supply*"的文章,并指出发表该文章出版物的类型、作者涉及的机构、文章语种,以及涉及的国家和地区。

7. 请在EI数据库中检索与"matlab仿真技术"课题相关的文献,并拷贝其中两条记录。

8. 在ScienceDirect数据库中点击查看"最热门文章排行",选择你感兴趣的学科,查看排名首位文章的篇名、来源出版物、作者、卷期号、页码。

9. 在EBSCO数据库检索期刊名称为:"Harvard Business Review"(哈佛商业评论)的期刊,并在该刊中检索有关题名中含有"market"(市场)的期刊文章1篇,列出篇名、作者、出处(刊物名称、卷期)。

10. 在各外文全文数据库中检索与专业课题相关的文献,写出其中1篇文献的篇名、作者、刊名、年、卷、期,写出检索式,并注明分别用篇名、关键词和全文检索所得文献的篇数。

第6章

专利与标准文献的检索

学习目标

- ⊙了解专利与标准文献的概念、特点和类型；
- ⊙掌握专利与标准文献的检索技巧；
- ⊙掌握国内外常用专利与标准文献检索网站的使用方法。

开篇案例

“草根发明家”的专利纠纷案例

2012年，不同地区的两位草根发明人同时发明了一种水上发电装置，而两人都认为自己的专利技术被窃取，从而引发纠纷。

贵州凯里的陈晨和黎平的肖玉环都是“草根发明家”，两人均发明了一种水上发电装置，并且都获得了发明专利。“无坝、低坝水力发电船装置”是陈晨的专利发明，申请专利的时间是在2012年的3月15日，7个多月后即2012年10月24日获得了专利证书，其装置目前只有图纸，还没有用于实验的“样机”。肖玉环的专利名称为“水利发电机”，其申请专利以及获得专利的时间相对较晚，分别是2012年7月30日和2013年3月13日，但已制出了“样机”，并多次演示过，获得了一些试验的数据。

两个专利的工作原理基本一致，然而肖玉环的专利无论是申请还是授权的时间都比陈晨的更迟。若是根据“先申请原则”来盘点的话，肖玉环显然处于劣势，但最终结果怎样还需进一步调查取证。

在这起纠纷中，若专利权人肖玉环在专利申请前进行专利检索，就可以避免重复专利的申请，同时可以获得一些相关的对比文件，用来比较现有技术，描述本申请所具有的创造性、新颖性以及所有对该专利有利的效果，其中很有可能包含着规避相同点以及可借鉴之处，这将有助于申请人完善技术方案，以更好地提出技术方案，获得最佳的保护效果，进一步区分与陈晨的发明专利的本质区别。

如果申请人不在申请专利前进行初步的专利检索，一旦专利没有获得授权或保护范围减少，失去的不仅仅是申请的费用，更重要的是浪费宝贵的时间和精力。据国外专利机构调查，有66%以上的发明专利最后不能获得授权，其中绝大多数都因为存在在先公开的文献，缺乏新颖性而致。

简言之，专业的专利检索完全可以避免以上纠纷。在个人或企业的生产研发过程中，通过专利检索分析可以避免重复科研，减少资源浪费。事实上，专利检索贯穿整个技术开发过程，从立项前的论证，到具体的研发过程，以及最后形成知识产权，都需要不断地跟踪检索，以保证整个研发过程的有效性和实用性。

6.1 专利文献及其检索

6.1.1 专利文献的基本知识

1. 专利的含义

世界知识产权组织给“专利”下的定义是：专利是“由政府机构或代表几个国家的地区机构根据申请而发给的一种文件，文件中说明一项发明并给予它一种法律上的地位，即此项得到专利的发明，通常只能在专利持有人的授权下，才能予以利用（制造、使用、出售、进口）……”。由此可见，“专利”包含三层意思。

专利的第一层意思是从法律角度来阐述，专利就是专利权的简称。专利权是由国家专利主管机关依法授予专利申请人或其权利继受人在一定期限内对其发明创造享有的专有权或独占权。即专利权是一种专有的、排他性的权利，是国家授予发明人对其发明创造所享有的一项独占实施权，其他人未经专利人许可，不得实施其专利，否则就是侵权，要赔偿损失，严重的要受法律制裁。

专利权是一种知识产权，与有形产权不同，它具有时间性和地域性限制。专利权的时间性限制是指专利权只在一定期限内有效，期限届满后专利权就不再存在，它所保护的发明创造就成为全社会的共同财富，任何人都可以自由利用。专利权的有效期由专利法规定。我国专利法规定，发明专利有效期为20年（自申请日算起），实用新型专利和外观设计专利的有效期为10年（自申请日算起）。专利权的地域性限制是指一个国家授予的专利权，只在授予国的法律有效管辖范围内有效，对其他国家没有任何法律约束力。每个国家所授予的专利权，其效力是相互独立的。

专利权并不是伴随发明创造的完成而自动产生的，需要申请人按照专利规定的程序和手续向专利局提出申请，经专利局审查，认为符合专利法规定的申请才能授予专利权。如果申请人不向专利局提出申请,无论其发明创造如何重要,如何有经济效益都不能授予专利权。

专利的第二层意思是从技术角度来阐述的,即指受专利保护的技术发明,简称“专利技术”。专利技术有两个特点:一个特点是它必须具备专利法中规定的“三性(新颖性、创造性、实用性)”条件,这“三性”是授予专利权的实质条件。另一个特点是它必须把发明技术内容详细记述于专利说明书。专利说明书由各国专利局公开出版发行,任何人均可购买、订阅。因此,“专利技术”是不保密的,人人都可以得到,但又是不能随意使用或仿造的技术。

专利的第三层意思是从文献角度来阐述,即指专利说明书。专利说明书中记载有发明内容的详细说明和受保护的技术范围。

人们在谈到专利概念时,可泛指上述含义的任何一种。例如人们通常说:我有三项专利——就是指他拥有三项专利权;这项产品包括三项专利——就是指这项产品使用了(拥有)三项受到专利权保护的发明创造;我要去查专利——就是指去查阅专利文献。

2. 专利的类型

各国对申请专利的发明创造按其技术上的深度和范围分为若干类型。我国专利法将专利分为发明专利、实用新型专利、外观设计专利三种类型。

发明专利是技术上改革较大的发明,提供新的、先进的、经济效果好的解决方案,是专利的主体。实用新型专利是指对产品的形状、构造或者其结合所提出的适于实用的新的技术方案,是小改小革的小发明,多为对设备的零部件的革新设计。外观设计专利是指对产品的形状、图案或者其结合,以及色彩与形状、图案的结合所做出的富有美感并适于工业应用的新技术。

以圆珠笔为例,圆珠笔芯的原理、结构与钢笔和铅笔不同,可以申请发明专利;圆珠笔操纵结构(旋转的、按揿的)的发明,使其使用更方便,可以申请实用新型专利;圆珠笔的外形设计美观大方,可以申请外观设计专利。

3. 专利的法律状态

专利的法律状态信息涉及专利申请公开、实质审查请求的生效、专利权的无效宣告、专利权的终止、权利的恢复、专利权的转移、专利实施许可合同的备案、专利权的质押和保全及其解除、著录事项变更、通知事项等诸多内容,其贯穿权利的诞生到消亡的整个过程,是对一项专利的有效性、地域性以及当前权属情况的反映。专利法律信息具有时间性、地域性、独占性的特点,专利权只有在法律规定的时间和领土范围内有效,超过规定的时效或超出该国领土范围或管辖范围后专利权信息随之改变,且专利权人以外的个人或单位未经专利权人允许,不得为工商业目的实施其发明创造。

专利作为技术成果的主要载体,始终贯穿于技术创新、生产和技术贸易等过程中。由于专利从申请到审查、审查过后获得的专利权在保护期内维持,以及专利权的转让等一系列的专利程序所涉及的专利法律状态是动态的,因此,通过专利法律状态检索掌握专利的即时法律状态,对于技术创新及技术贸易等方面的决策具有相当重要的现实意义。

专利法律状态的检索分为主动和被动检索。主动检索主要应用于新产品投放市场(包括产品出口)、涉及专利的贸易以及技术引进等活动;被动检索主要应用于被控侵权等。值得一提的是,近年来,许多主管部门日益重视专利法律状态,要求单位在申报项目、引进技术时检索相关专利的法律状态,主要有以下几方面。

(1) 新产品(采用新技术生产的特定产品)投放市场前。这主要是为了预防被动侵权,涉及专利的有效性及地域性检索,通常首先通过专利信息检索,追溯检索与该新产品或新技术的主题相关的所有专利,再按照新颖性和创造性判断标准找出相似或相近的专利,然后针对相似或相近的专利进行专利法律状态检索,确定相似或相近专利的有效性及地域性,从而判断是否侵权。

(2) 涉及专利的贸易等活动。例如以专利投资、专利资产评估、利用专利权质押贷款等。

(3) 专利技术的引进过程。为了避免上当受骗,也需进行专利法律状态检索,以确定欲引进的专利技术是否为有效专利。

(4) 侵权诉讼。在单位或个人被控侵权时,也应通过专利法律状态检索,以确定被控侵权的专利是否有效,或者提供相关专利法律状态的检索报告作为诉讼或应诉材料。

(5) 项目立项。主管部门要求单位在项目立项、引进技术等时提交相关专利的法律状态检索报告。例如,国家知识产权局制定的"企事业单位专利工作管理制度制定指南"。

(6) 失效专利确认。确认失效的专利便可以免费使用。

4. 专利说明书

专利说明书是对发明或者实用新型的结构、技术要点、使用方法作出清楚、完整的介绍,它应当包含技术领域、背景技术、发明内容、附图说明、具体实施方法等项目。

专利说明书广义上是指各国工业产权局、专利局及国际(地区)性专利组织出版的各种类型专利说明书的统称。它包括授予发明专利、发明人证书、医药专利、植物专利、工业品外观设计专利、实用证书、实用新型专利、补充专利或补充发明人证书、补充保护证书、补充实用证书的授权说明书及其相应的申请说明书。狭义而言,这是指授予专利权的专利说明书。

专利说明书的主要作用:一是清楚、完整地公开新的发明创造,二是请求或确定法律保护的范围。

专利说明书属于一次文献，是指含有扉页、权利要求书、说明书等组成部分、用以描述发明创造内容和限定专利保护范围的一种官方文件或其出版物。扉页是揭示每件专利的基本信息的文件部分。扉页揭示的基本专利信息包括：专利申请的时间、申请的号码、申请人或专利权人、发明人、发明创造名称、发明创造简要介绍及主图（机械图、电路图、化学结构式等）、发明所属技术领域分类号、公布或授权的时间、文献号、出版专利文件的国家机构等。

5. 国际专利分类法(IPC)

专利文献数量很大，目前全世界每年出版的专利说明书达100多万件，全世界的专利文献总数已达3000万件。如何科学地管理专利文献，才能既便于专利审查员查新检索，又便于广大公众从技术主题查找呢？通常人们用分类的方法管理专利文献，即按照专利文献中的发明创造技术构成，分门别类地组织专利文献，从而揭示每一件专利说明书的基本内容，揭示某一技术领域都有哪些专利技术，以及各类专利技术之间的相互关系。

各国的专利分类法主要采用两种分类原则，一是按功能分类，二是按应用分类。International Patent Classification（国际专利分类表，简称IPC）则综合这两种分类原则的优点，确定采用功能分类和应用分类相结合，以面向功能为主的分类原则。

（1）国际专利分类表及其结构

国际专利分类表（国际专利分类表，简称IPC）第一版于1968年9月1日开始实行。目前已有50个国家和国际组织采用。我国于1985年也采用了此分类表。

IPC从等级结构形式，将全部技术内容按部、大类、小类、大组、小组逐级细分，组成完整的分类系统。

① 部（Section）

整个分类表共分为8部。用英文大写字母A～H表示每一个部的类号。每个部类号相对应的类名都概括地指出该部所包含的技术范围，通常对陈述主题不作精确的定义，往往仅简要表明该部所包括主题范围的概括性特点。8个部的类号和类名如下：

A部：人类生活必需（农、轻、医）

B部：作业、运输

C部：化学、冶金

D部：纺织、造纸

E部：固定建筑物（建筑.采矿）

F部：机械工程（机械工程；照明；加热；爆破）

G部：物理

H部：电学

② 大类（Class）

每一个部按不同的技术主题范围分成若干个大类,每一个大类的类号由部的类号及在其后加上两位数字组成。每一大类号对应的类名表明该大类包括的主题内容,是对所从属的各个小类包括的技术主题的全部说明。例如:

G 部:物理

G01　测量;测试

G02　光学

G03　摄影术;电影术;利用光波以外其他波的类似技术;电刻术;全息摄影术

G04　测时学

G05　控制;调解

G06　计算;推算;计数

……

在某些大类类名后有一个大类索引,它只是对该大类内容的一种情报性概要。帮助使用者尽快查找有关的技术主题位置。

③ 小类(Subclass)

每一个大类包括一个或多个小类。每一个小类类号由大类类号加上一个大写字母组成。每一个小类号对应的类名尽可能确切地表明小类的技术主题内容。例如:

G01　测量;测试

G01B　长度、厚度或类似线性尺寸的计量;面积的计量;不规则的表面或轮廓的计量

G01C　测量距离、水准或者方位;勘测;导航;陀螺仪;摄影测量

G01D　非专用于特定变量的测量;不包括在其他单独小类中的测量两个或多个变量的装置

……

在某些小类类名后有一个小类索引,以便使用者根据索引直接进入所需的技术主题分类位置。国际专利分类的设置原则是通过各小类的类名,并结合小类的有关参见或附注尽可能精确地定义该小类所包括的主题范围。

④ 大组(Main Group)

每一个小类细分成许多大组,每一大组的类号由小类类号加上一个 1～3 位的数、斜线“/”及数字“00”组成。每一大组号对应的类名明确表示可检索发明的技术主题范围。例如:

G01K　温度测量;热量测量;未列入其他类组的热敏元件

G01K1/00　非专用于特殊类型温度计的零部件(用于减小热惯性的电路入 7/42)

G01K3/00　给出除温度瞬时值外其他结果的温度计(7/42 优先)

G01K5/00　以材料的膨胀或收缩为基础的温度测量(9/00 优先;给出除温度瞬

时值外的其他结果的入 3/00；由液体产生蒸汽的入 11/00；热启动开关入 H01H）

……

⑤ 小组（Subgroup）

每一大组可以细分成若干小组。每一个小组的类号由小类类号加上一个 1 ~ 3 位数，后面跟着斜线“/”符号，再加上一个除“00”以外的至少有两位的数组成。每一小组号对应的类名明确表示可检索属于该大组范围之内的一个技术主题范围，小组的类名前加一个或几个圆点表示该小组的等级位置，两个圆点从属于其紧靠着的一点，三个圆点从属于其紧靠着的两点的类，以此类推。圆点越多，表示分类越细，专指度越高。例如：

G01K1/02　· 指示或记录装置的符殊应用，例如：用于远距离指示

G01K1/04　· · 标度

G01K1/06　· · · 方便读数的装置。例如：照明，放大镜

G01K1/08　· 保护装置，例如外壳

G01K1/10　· · 防止化学腐蚀的

G01K1/12　· · 防止过热损坏的

……

大组和小组的等级不是由编号数字来决定的，而是由 IPC 表中类名前的圆点数决定。一个完整的 IPC 分类号由代表部、大类、小类、大组或小组的符号结合构成。例如：

F	部：	机械工程
F02	大类：	内燃机
F02D	小类：	内燃机控制
F02D1	大组（主组）：	燃料喷射泵控制
F02D1/18	小组（分组）：	具有控制脉冲装置的定时喷射调节

（2）IPC（国际专利分类法）的作用

① IPC 是各国专利文献统一分类的工具，依据 IPC 表对专利文献进行分类标引后，便于对专利文献进行分类管理、检索、使用，有利于全球专利资源的共享；

② 按分类途径检索专利信息时，IPC 表是用以确定分类号的工具；

③ 利用 IPC 分类编排专利文献，可方便地从中获得技术上和法律上的信息；

④ 借助 IPC，可对专利信息进行选择性报道；

⑤ 借助 IPC，对某一个技术领域进行现有技术水平的调研；

⑥ IPC 可作为进行专利统计工作的基础，从而对各个技术领域的技术发展状况做出评价。

6.1.2 中国专利文献检索

1. 中国专利文献的结构体系与编号

专利说明书是专利文献的主体内容。专利说明书有相对稳定的结构与编号系统,掌握这些知识有助于查找了解专利文献的内容。

(1) 结构体系

专利说明书一般由扉页、权利要求书、说明书及附图组成。

扉页主要包括发明名称、申请人(专利权人)、申请号(专利号)、专利代理情况及发明内容的摘要等内容。权利要求书表明申请人请求专利行政部门对其发明或者实用新型给予的法律保护范围。说明书是专利文献的核心文件,它将发明创造的内容完整、清楚地表达出来。附图是对说明书的补充,便于用户理解实施,我国专利制度要求实用新型专利必须有附图。

(2) 编号系统

我国自正式出版中国专利说明书以来,说明书的编号体系经历了 4 次变化。1985—1988 年为第一阶段,1989—1992 年为第二阶段,1993—2003 年 9 月为第三阶段,2003 年 10 月以后为第四阶段。该编号体系包括以下几种。

① 申请号。

申请号是申请人在提交专利申请时专利行政部门给予的编号,三种专利均有申请号。申请号构成:年份 + 专利申请种类 + 流水号 + 计算机校验码。

现阶段我国的专利申请号采用国际通行的 12 位阿拉伯数字表示法,其包括申请年号、申请种类号和申请流水号 3 部分。按照由左向右的次序,第 1 至第 4 位数字表示受理专利申请的年号;第 5 位数字表示专利申请的种类,“1”代表发明,“2”代表实用新型,“3”代表外观设计;第 6 至第 12 位数字(共 7 位)为申请流水号,表示受理专利申请的相对顺序。专利申请号中使用的每一位阿拉伯数字均为十进制。申请号中的年号采用公元纪年,例如“2004”表示专利申请的受理年份为公元 2004 年。申请流水号一般按照升序使用,从 0000001 开始,顺序递增,直至 9999999。例如,戴科有限公司申请了名为“氮氧化物去除装置”的发明专利,其申请号为 CN201310586011,12 位阿拉伯数字中前 4 位“2013”表示申请年份,第 5 位数字“1”表示其为发明专利,“0586011”为申请流水号。

② 专利号。

这是专利申请经审查合格后,专利局授权时给的号码。一项发明创造被授予专利权后,申请号即变为专利号,并在专利号前冠以 ZL 两个汉语拼音字母,如 ZL201210202308.5。为便于管理,专利号和申请号相同。

小贴士

小数点后面一位数是计算机的检验号，用于计算机输入时的校验，以防止人工输入号码发生错误的情况。如果前面的某一个数字输错了，则电脑系统计算的校验位和最后一位不相符，就录入不成功，并提示输入人员可能输入错误。

③ 公开号。

这是对发明专利申请公开说明书的编号，也就是发明专利申请经形式审查合格后，公开其申请说明书时给的号码，只有发明专利有此号码。

④ 公告号。

这是对发明专利和实用新型专利批准授权后出版的专利说明书的编号，以及对外观设计专利授权公告的(无专利说明书)编号。

公告号构成：国别 + 专利申请种类 + 流水号(6 位数字) + 阶段代码。

例如：CN1020584C 表示发明专利授权公告号；CN2013635Y 表示实用新型专利授权公告号；CN3012543D 表示外观设计专利公告号。

2. 中国专利文献的手工检索

《中国专利公报》和《中国专利索引》是查找中国专利文献、检索中国最新专利信息和了解中国专利局专利审查业务活动的主要工具书。

当人们知道分类号、申请人名、申请号或专利号时，可以直接以它们为入口，从索引中查出公开(公告)号，根据公开(公告)号就可以查到专利说明书，从而了解某项专利的全部技术内容和要求保护的权利范围。若要了解该专利的法律状态，可以通过索引查出它所刊登的公报的卷期号，再根据卷期号查公报，获得该专利的法律状态。如果想了解某一技术领域的现有技术状况(既不知道申请人，又不知道专利号，但又想了解自己所从事的发明创造项目的专利技术状况)，可以根据该项目所属技术领域或者关键词去查阅国际专利分类表，确定其分类号，从分类索引中的公开(公告)号、申请人所申请的专利名称以及公报的卷期号查出专利的摘要，通过阅读摘要决定是否索取专利说明书或者直接根据索引查出的公开(公告)号查阅其专利说明书。

若根据所属技术领域或者关键词难以选定国际专利分类表时，可先利用《国际专利分类表技术用语索引》或《关键词索引》(即 Official Catchword Index)，按字顺查出所选主题词(关键词)相对应的 IPC 号，再根据初步查出的 IPC 号选用 IPC 表确定详细的 IPC 号，按确定的 IPC 号查出所需专利。

3. 中国专利文献的光盘检索

国家知识产权局知识产权出版社从 1992 年起便开始出版专利文献的 CD-ROM 光盘，种类齐全，每种光盘同时装载检索系统，操作较其他形式检索更加方便、快捷，并可形成自己的资源数据系统。目前，光盘已经成为中国专利文献的主要载体(共有《中国专利数据库光盘》《中国专利说明书光盘》《中国专利公报光盘》《中国失效专利数据库光盘》《中国专利文献检索系统(局域网版)》《外观设计》光盘六大类十几种光盘)向国内外发行。各光盘数据库的检索方法大同小异,此处不再赘述。

4. 中国专利文献的网络检索

检索中国专利文献的网站很多,此处仅介绍3个具有权威性、检索功能较全的专利检索系统。

(1) 中国国家知识产权局专利检索系统(http://www.sipo.gov.cn)

该系统由中国国家知识产权局和中国专利信息中心创建维护。从2001年11月1日开始对社会公众提供专利检索服务。用户可以免费获得1985年我国颁布《专利法》以来公布的所有专利文献。系统每周三更新。

选择中文版进入该网站的主页,单击页面上的"专利检索与查询"子航条,即进入专利检索界面,它共分为4个部分:专利检索与服务系统(公众部分)、专利公布公告、中国专利查询系统和专利查询。

① 专利检索与服务系统(公众部分)

该系统上线时间为2011年4月26日,提供专利检索和专利分析服务,包括常规检索、表格检索、概要浏览、详细浏览、批量下载等,收录了中国、美国、日本、韩国、英国、法国、德国、瑞士、俄罗斯以及欧洲专利局和世界知识产权组织等103个国家、地区和组织的专利数据。

表格检索:表格检索共有14个检索字段,在一个或多个字段的文本框中输入关键词,各检索字段之间为逻辑"与"运算;每一个检索字段可以输入多个关键词,各关键词之间允许使用布尔逻辑运算符(AND、OR和NOT等)。页面下方还提供高级检索,直接使用命令编辑进行检索,这对字段和逻辑算符较为熟悉的用户显得更为方便。

案例6-1

查找广西柳工机械股份有限公司申请的名称中包含挖掘机的专利。

第一步,在"申请(专利权)人"字段输入"广西柳工机械股份有限公司"。

第二步,在"发明名称"字段输入"挖掘机",如图6-1所示。

第三步,单击"检索"按钮。检索结果显示共有45项两件发明专利。

以上检索步骤可以在"命令编辑区"使用检索式直接表达:发明名称=(挖掘机) AND 申请(专利权)人=(广西柳工机械股份有限公司)。

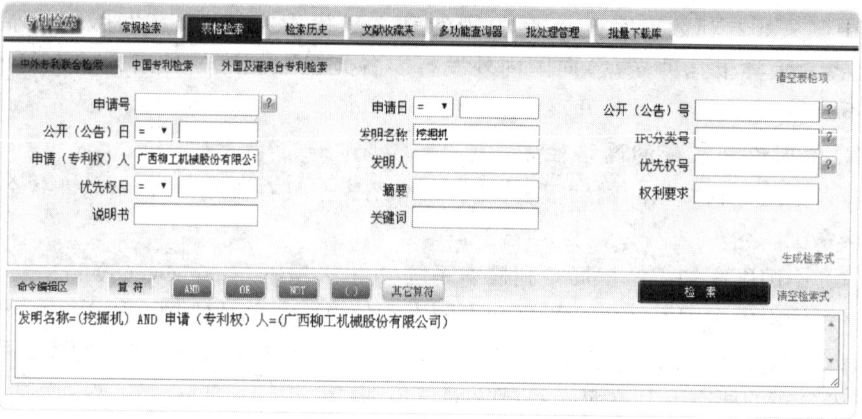

图 6-1　中国国家知识产权局专利检索系统表格检索界面

多功能查询：除“表格检索”以外，“多功能查询”也是常用的检索手段之一，其内容包括 IPC 分类号查询、法律状态查询、申请（专利权）人别名查询、国别代码查询、双语词典、分类号关联查询、关联词查询等。

IPC 分类检索在很大程度上提高了查全率，同时兼容了关键词检索功能，缩小检索范围，提高查准率。单击表格检索界面 IPC 分类号字段右侧的“?”按钮，或者直接进入“多功能查询器”，系统便可进入“IPC 分类号查询”检索界面，如图 6-2 所示，此时可以按照分类号和中英文含义相互检索。分类号检索界面显示 IPC 8 个部的分类号及类名（从类名的说明文字中可以了解该类的分类思想），单击分类号，逐步缩小检索范围。

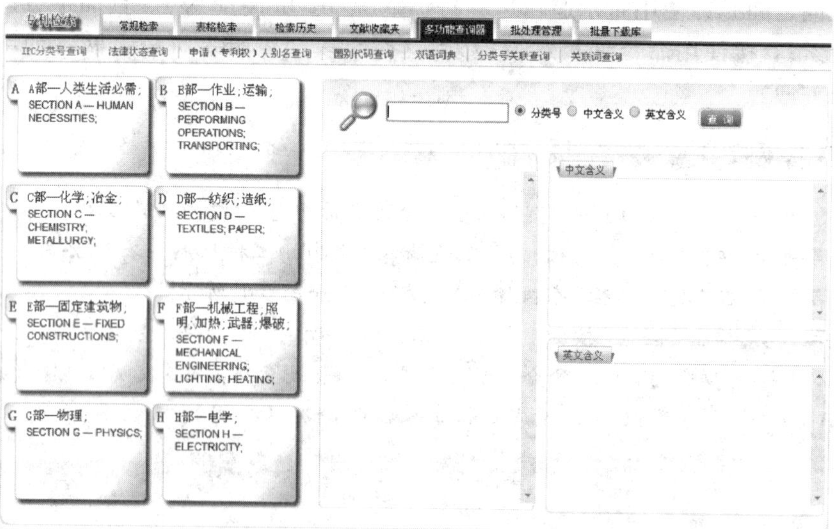

图 6-2　中国国家知识产权局专利检索系统多功能查询器界面

案例 6-2

查找“氮氧化物污染控制技术”的中国专利信息。

第一步，在分类号检索中采用中文关键词“氮氧化物”进行检索，共发现 5 个相关 IPC 分类号 B01D53/56、B01D53/60、C01D9/06、C07C253/02 和 C07C291/02。

第二步，查询分类号含义：B01D53/56（从气体中分离氮氧化物）、B01D53/60（同时除去硫氧化物和氮氧化物）、C01D9/06（用气态硝酸或氮氧化物制备碱金属）、C07C253/02（由氮氧化物与有机化合物反应制备无环或碳环化合物）和 C07C291/02（含有氮氧化物键无环或碳环化合物），可以清楚得知，前两个分类号下的专利是我们检索需要得到的结果，其余几个分类号则与本检索不相关。

第三步，在“常规检索”或“表格检索”中以分类号 B01D53/56 和 B01D53/60 进行检索，则可以准确地得到理想的结果。

案例 6-3

查看发明专利 CN201110004912 的法律状态。

在“多功能查询器”页面标签下点击进入“法律状态查询”，在“号码”框中输入所需查询的号码“CN201110004912”，并选择号码类型为“申请号”，点击“查询”按钮，得到该专利的法律状态查询结果。图 6-3 显示了该专利的法律状态变化过程，共 3 个阶段：公开、实质审查的生效和授权。

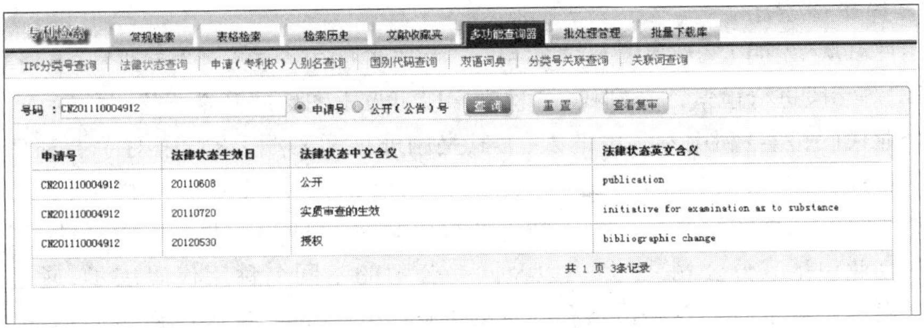

申请号	法律状态生效日	法律状态中文含义	法律状态英文含义
CN201110004912	20110608	公开	publication
CN201110004912	20110720	实质审查的生效	initiative for examination as to substance
CN201110004912	20120530	授权	bibliographic change

图 6-3 中国国家知识产权局专利检索系统法律状态查询

② 专利公布公告

服务内容为中国专利公布公告，可以按照发明公布、发明授权、实用新型和外观设计 4 种公布公告数据进行查询。查询类别分为：高级查询、IPC 分类查询、LOC（国际外观分类表）分类查询、事务数据查询。其中“事务数据查询”可按中国专利公布公告信息，以及实质审查生效、专利权终止、专利权转移、著录事项变更等各种事务

数据信息进行查询

③ 中国专利查询系统

本部分包括两个查询系统：电子申请注册用户查询、公众查询系统。电子申请注册用户查询是专为电子申请注册用户提供的每日更新的注册用户基本信息、费用信息、审查信息（提供图形文件的查阅、下载）、公布公告信息、专利授权证书信息；公众查询系统是为公众（申请人、专利权利人、代理机构等）提供每周更新的基本信息、审查信息、公布公告信息。

④ 专利查询

专利信息查询包括7个查询系统：收费信息查询、代理机构查询、专利证书发文信息查询、通知书发文信息查询、退信信息查询、事务性公告查询、年费计算系统，为公众（申请人、专利权人、代理人、代理机构）提供每周更新的专利公报信息、法律状态信息、事务性公告信息、缴费信息、专利证书发文信息、通知书发文信息、退信信息，以及代理机构备案信息、年费缴纳与减缓信息。

（2）上海市知识产权信息平台（http://www.shanghaiip.cn/Search/login.do）

该平台具有功能强大的专利检索和知识产权管理系统，以个性化、智能化的专利信息服务网站为支撑，提供专业化、高水平、快捷、便利的专利检索、分析、评估、管理和延伸服务。该信息平台于2009年6月9日上线，专利检索数据库中包含了70多个国家、国际组织和地区的专利文摘数据，其中中国专利数据包括了代码化全文数据，可实现全文检索，提供批量下载文摘和全文的工具。上海市知识产权信息平台在传统的专利检索基础上除提供一般的简单检索、表格检索和逻辑检索外，还支持有专利分类统计检索和企业代码检索两项新的检索方法。

① 简单检索。

用户可从“发明人/专利权人”“题目/文摘”“说明书全文”和“专利号/申请号/优先权号”等字段进行检索，“专利权人”检索字段可点击图标展开企业代码检索。

企业代码检索：利用专利申请人（尤其是国外公司）来检索竞争对手专利情况是比较困难的一件事，因为它涉及企业不同名称、语言翻译、企业分支机构、公司专利申请战略等一系列的问题。上海市知识产权信息平台具有企业代码库功能，将主要的一些企业包括其分公司、子公司以及同一公司的不同名称用代码表示，通过代码检索来确保对竞争对手专利检索和分析的准确性。该企业代码库还可以添加、补充和修改，通过全社会用户的使用不断加以积累和完善。

② 表格检索。

如图6-4所示，用户可从18个专利主要字段进行组配检索，表格上方可勾选所需专利类型并约定检索时间范围，表格下方显示历史检索表达式。此处通过“表格检索”所生成的检索表达式可直接在“高级检索”中复制使用。

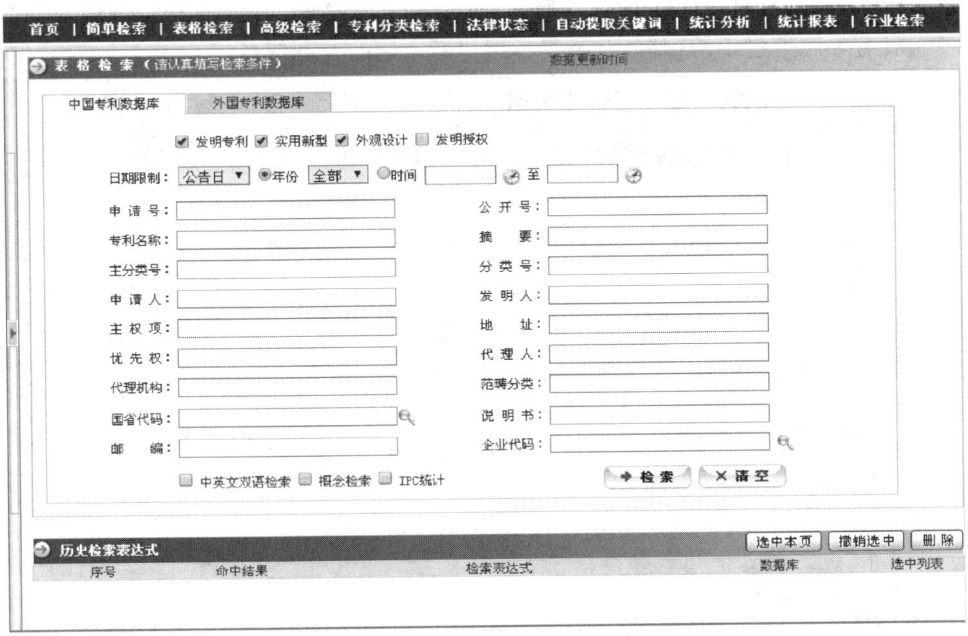

图 6-4　上海市知识产权信息平台表格检索界面

③ 高级检索。

该检索方式使用方便，功能强大，可利用多重逻辑关系词构建表达式。“检索表达式”框下方显示了常用的检索逻辑词，并在页面中提供检索示例，下方提供每个检索字段的缩写代码，以供用户对照使用。总体来讲，该部分可实现高复杂度、高精确度的检索，适用于经验丰富的用户。

④ 统计分析功能。

上海市知识产权信息平台一个非常大的特色就是其专利统计分析功能。该平台通过计算机智能技术，针对有意义的专利字段进行定量统计，并以图形或表格的形式直观展现出来。统计分析功能具体包括专利申请类型分析、趋势分析（申请日、公开日和生命周期）、申请人分析、技术领域分析、区域分析、发明人分析和代理机构分析等，如图 6-5 所示。

（3）专利之星（http://www.patentstar.com.cn/）

专利之星（patentstar）是北京新发智信科技有限责任公司旗下专利产品的品牌，包含专利检索系统、图像检索系统、机器翻译系统。其中专利检索系统作为核心产品，以提供专利检索服务为主，是集统计分析、机器翻译、定制预警等功能为一体的综合性专利信息服务系统。专利检索系统是在我国第一个专业专利文献检索系统 CPRS 的基础上，经过改进和优化而成的全新多功能专利检索系统，于 2012 年 7 月上线对外服务。其功能特色为：著录项目信息与全文 PDF 批量导出快速便捷；汉英、英汉、日汉机器翻译，可以跨越语言障碍，快速理解外文专利文献；专利定制服务与数据更新同步，可通过手机、邮件及时提示用户所定制的专利信息。

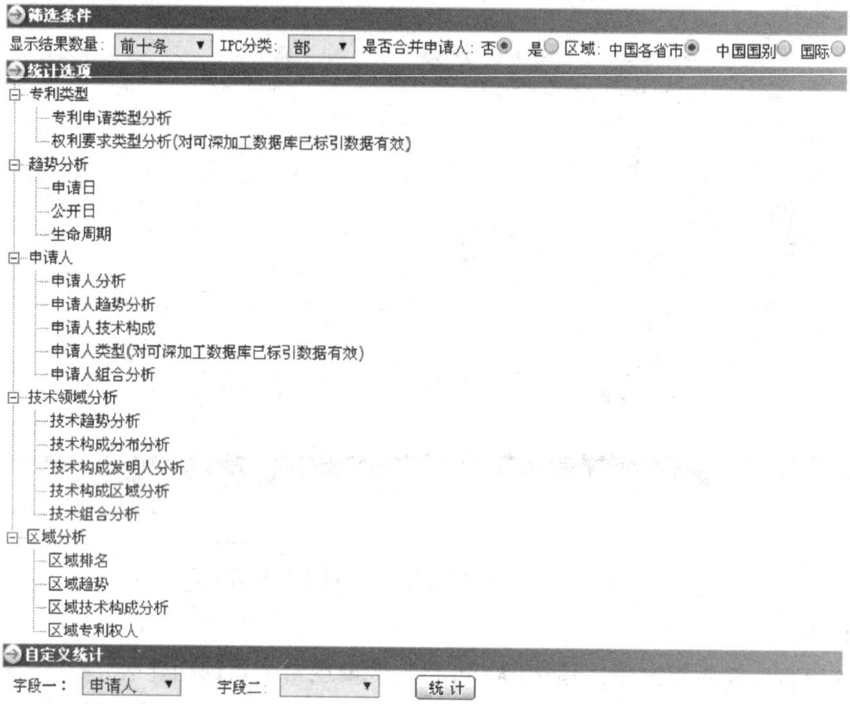

图 6-5　上海市知识产权信息平台统计分析界面

检索系统包括智能检索、表格检索、专家检索和法律状态检索 3 项，这里只介绍前 3 项。

① 智能检索。

该部分是文本智能检索，默认范围为所有可检索字段，用户可直接输入专利号或关键词等进行检索。如果输入的是专利号码，则无须分辨是属于申请号、公开号还是优先权号。

② 表格检索。

该部分共提供 22 个可检索字段，每个字段右侧对应的“灯泡”按钮，是检索应用示例，用户将鼠标停留其上，可查看检索使用说明和示例。表格下方则是“命令行检索”，用户可根据示例编辑检索式。

案例 6-4

查找中国石油化工股份有限公司在“氮氧化物污染控制技术”方面的相关专利。

第一步，在“申请人”字段中输入“中国石油化工股份有限公司”。

第二步，在“关键词”字段中输入“氮氧化物”，然后点击“检索”按钮，得到检索结果列表，共 87 条记录。

以上检索可在输入检索内容后点击“生成检索式”按钮，如图 6-6 所示，得到命令行检索式“F XX（氮氧化物/TX）*（中国石油化工股份有限公司/PA）”，该命令实际效果等同于上述表格检索步骤。

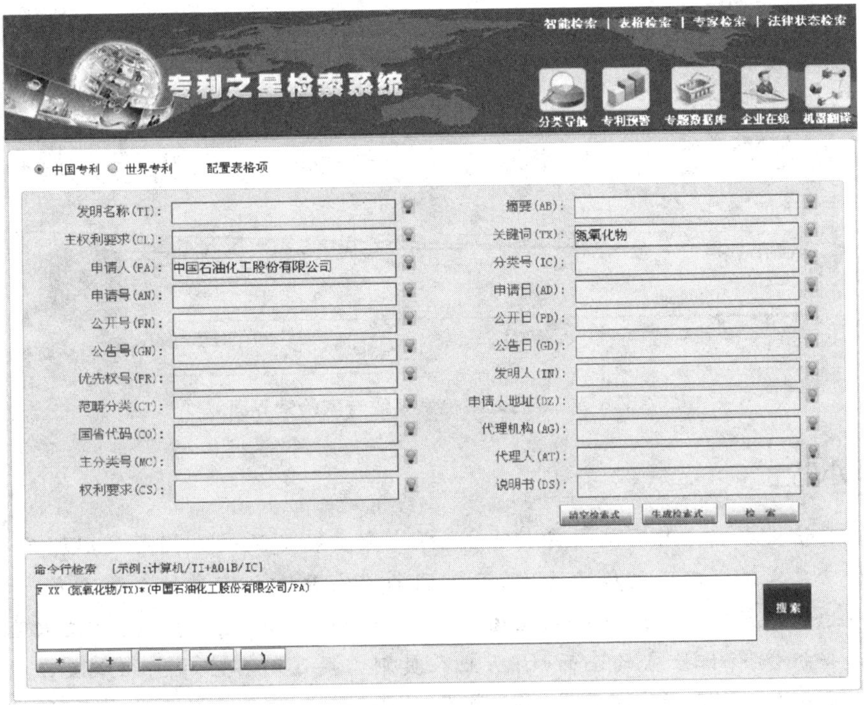

图 6-6 专利之星检索系统表格检索界面

③ 专家检索。

该检索界面整齐、易懂，检索功能全面精准，对不懂专利的人也有向导提示的作用。专家检索的最大特点在于对每个字段的检索项单独进行检索，再通过对之前检索结果进行复杂的逻辑运算以获得最终的检索结果，如图 6-7 所示。检索过程中可根据检索结果的理想程度及时调整检索项的关键词和其他检索项的检索范围，达到对检索目标步步逼近并且不断优化检索式的目的。

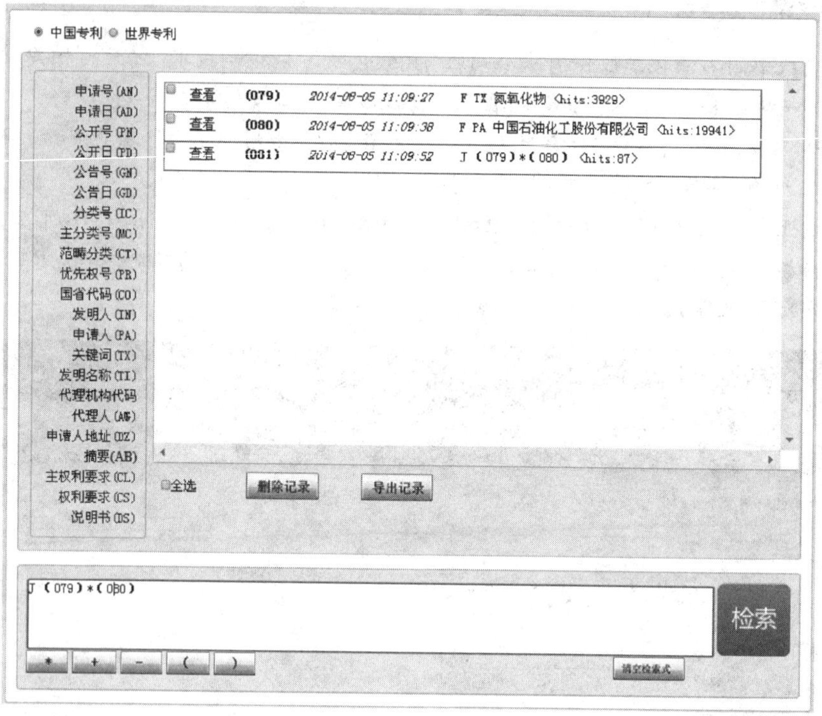

图 6-7　专利之星检索系统专家检索界面

小贴士

每种检索数据库都有其自身特点，选择检索主题合适的数据库可以避免漏检。不同检索需求造成不同的检索方式，而不同的检索要素也有多种表达方式，如何将主要表达的形式都覆盖到是一种检索技巧。非专业人员检索时需要注意对查询词进行适当拆分，保证检索的全面性；从业人员则需要了解各字段间组成复杂的逻辑检索式来进行精确搜索。专利从业人员常常需要花费很多时间去检索文献、查看文献，这是一件很枯燥的事情，要求从业人员有一定的耐心，舍得付出时间和精力去浏览文献。从业人员因觉得无聊而放弃是导致漏检的一个重要原因。

6.1.3　世界专利文献检索

1. 德温特《世界专利索引》(WPI)

(1) 概况

英国德温特出版公司(Derwent Publication Ltd)是一家专门从事专利文献搜集、摘录、标引、报道和提供原文等服务的商业性出版机构。它所编辑出版的《世界专利索引》(World Patent Index, WPI)是一种查找世界各国专利文献的检索工具。德温特公司从1951年创办第一种刊物《英国专利文献》之后，经过50多年的变革、补充和完善，其出版物在刊名、专业划分、编排著录格式、载体种类等方面经历了多次变化。发展至今，它共收录报道了世界上28个国家、两个国际专利组织及两种刊物上的文献，内容包括自然科学的一切学科领域。德温特公司为了突出报道重点，根据这些国家和组织的专利制度发达程度、专利文献的数量和质量以及语种等因素，把这些来源国家和组织划分为“主要”国家和“次要”国家。

“主要”国家：澳大利亚（AU）、比利时（BE）、加拿大（CA）、瑞士（CH）、德国（DE）、法国（FR）、英国（GB）、日本（JP）、荷兰（NL）、瑞典（SE）、苏联（SU）、美国（US）、南非（ZA）。此外欧洲专利组织（EPO）和专利合作条约组织（PCT）两个组织，英国《研究公开》（Research Disclosure）和美国《国际技术公开》（International Technology Disclosure）两种刊物也被列入主要国家之列。

“次要”国家：奥地利（AT）、巴西（BR）、中国（CN）、前捷克斯洛伐克（CS）、丹麦（DK）、西班牙（ES）、芬兰（FI）、匈牙利（HU）、以色列（IL）、意大利（IT）、韩国（KR）、卢森堡（LU）、挪威（NO）、葡萄牙（PT）、罗马尼亚（RO）。

（2）特点

德温特专利检索工具是一种使用价值颇高的多国专利检索工具，与其他各国的专利检索工具相比，具有如下特点：

① 德温特专利检索体系报道了28个国家、两个国际专利组织及两种刊物的文献，既有周报，又有齐全的累积索引，检索范围广，查全率高。与各国专利局出版的只可用于查找本国专利文献的检索工具相比，其使用更加方便、范围更广。

② 德温特公司对世界上众多国家出版的专利文献统一用英语编写。因此，只需要用英语一个语种就可以检索28个国家、两个国际专利组织及两种刊物的专利题录和文摘，在很大程度上解决了工程技术人员的语言障碍问题，方便人们普查世界性的专利文献。

③ 德温特专利检索工具除报道申请者在某一主要国家或某一国际性专利组织所申请的基本专利外，还报道与该基本专利内容相同的、在其他国家申请的相同专利，并附有查同族专利的索引。这极大方便了检索人员按适合自己的语种选用专利文献，解决未收藏的专利的利用问题，同时也可了解某一发明专利的专利权的国际垄断范围。

④ 出版速度快。一般在专利说明书发表一个月左右，即可在德温特出版物中加以报道。德温特出版物除印刷型检索刊物外，还有缩微胶卷、光盘产品和网络数据库，可以满足不同用户需要。

2. WPI的检索途径及使用方法

德温特专利检索体系刊物众多，体系庞大，发展至今已形成现在的由两大部分（索引与文摘），6个系统（WPI、WPA、CPI、EPI、EPA、Others），约20个支系、347个分册组成的相当完备的世界专利文献检索体系。

由于订阅条件所限,我国大部分馆藏都不能揭示德温特专利检索体系的全貌,实际上也没有必要对其347个分册一一介绍。根据目前我国有关图书馆和科技信息所收藏情况及实际工作中用户检索的要求,在这里只介绍《世界专利索引》。

《世界专利索引》由4种索引组成,即专利权人索引、国际专利分类索引、登记号索引和专利号索引。这实际上是检索各国专利文献的4条途径。

(1) 专利权人索引(Patentee Index)

所谓专利权人,是指获得并占有某项发明专利权的人。专利权人大多是公司(企业)、团体机构,也有少部分专利权为个人所占有。专利权人索引的主要用途是查找某一公司(企业)或个人在各国的专利申请情况。为了便于查检,德温特公司把它报道的专利公司或个人一律用4个英文字母编成代码,出版了《公司代码手册》(Company Code Manual),其编码规则主要是:取其名称中具有实质意义的前4位字母作为该专利权人的代码。例如 M and H Plastics Ind 公司,其代码为 MHPL;G. B. Murphy,其代码为 MURP。

"专利权人索引"先按专利权人的代码字顺排,代码相同时,再按优先申请日期顺序排列。使用专利权人索引时,关键是确定专利权人代码和德温特分册分类号。其检索步骤为:

① 确定要查找的专利权人的原文名称。如果专利权人是非英语语种国家的公司和个人,则需要把其原文名称译成英文。

② 按专利权人原文名称的字母顺序,在《公司代码手册》中查出其相应的4字代码,或根据编码规则自行确定代码。

③ 用已查得的或自编的专利权人代码,在《世界专利索引》有关分册(分册按专业领域而划分)的"专利权人索引"中,按代码字顺即可逐期查检该专利权人在各国所申请的专利。

④ 通过专利权人索引查得所需专利题录后,如欲再查阅专利说明书原文,凭专利号即可向有关收藏单位索取说明书原文。

案例6-5

查找 G. BOSSERT 有关液体加热或冷却装置方面的专利。

第一步,确定专利权人代码。因为 G. BOSSERT 系个人,所以要自行编制代码,根据规定应取姓氏中前4位字母,即以 BOSS 作为该专利权人代码。

第二步,用已编制的代码 BOSS,在 WPI 的机械分册(WPI Section Q, wk. 9403)的"专利权人索引"中按代码字序查到有关专利。

第三步,检索者若需查阅专利说明书原文,则利用专利号 DE59003671-G 直接去收藏单位借阅即可。

（2）国际专利分类索引（IPC Index）

“国际专利分类索引”是利用国际通用的专利分类法来查找文献的检索途径。它是 WPI 的第二种索引，该索引按《国际专利分类表》中的字母顺序和阿拉伯数字大小排列。其检索步骤为：

① 确定 IPC 类号。确定所查专利的关键词；按确定的关键词字顺，在《关键词索引》（Official Catchword Index）中查出相应的前 3 级类号；按已查得的 IPC 类号在《国际专利分类表》的相应部类中再细查其主组和分组的类号，得到与所查专利相应的完整的 IPC 分类号。

② 确定德温特分册分类号。可参考《世界专利索引》的附录 1《国际专利分类与德温特分类对照简表》，由已确定的 IPC 类号确定德温特分册类号，然后利用该分册的 IPC 索引进行检索。

③ 查得所需专利题录后，可根据专利号向有关收藏单位索取专利说明书。

案例 6-6

查找“发动机冷却式活塞”方面的有关专利文献。

第一步，确定关键词。根据课题要求，可选 Piston（活塞）和 Engine（发动机）作为关键词。

第二步，查《关键词索引》确定大类类号。按关键词（Piston）字顺查《关键词索引》（以 engine 为限定词）可知发动机活塞方面的专利所在类的大类号为 F01 到 F04。

第三步，确定细分类号。根据第二步查得的分类号可知，应查《国际专利分类表》F 分册。查简表得知，发动机活塞的分类号是 F02F。再查后面的详表得到冷却式活塞的详细分类号为 F02F3/22。为防止漏检，一般确定到四级类目为好。对于此例，确定到 F02F3/00 即可。

第四步，确定 WPI 分册。利用 WPI 后面的附录 1《国际专利分类与德温特分类对照简表》，确定与 IPC 分类号 F02F 相对应的 WPI 分册。查得与 F02F 相对应的德温特分类号为 Q52，所以应查 WPI 的 Q 分册。

第五步，查题录。根据 IPC 分类号，查阅 WPI 的 Q 分册的《国际专利索引》，选取切题的专利文献。

第六步，查阅文摘，索取专利说明书。

（3）登记号索引（Accession Number Index）

登记号索引是德温特公司的独创，它为每一基本专利都分配一个登记号。德温特公司用完全相同的登记号刊出由不同国家批准的同一内容的发明专利，即基本专利和相同专利的登记号为同一个，通过登记号就可以查找同族专利。由于同族专利收录了许多国家的专利，语种不同，因此掌握一件专利的同族专利可以帮助检索人员按外语语种选用文献，解决未收藏的专利的利用问题，了解一件发明专利的专利权的国际垄断范围。

登记号索引是按德温特登记号的年份和登记号的大小顺序编排的，其查找方法是：

① 先在WPI《题录周报》中查得相同专利的德温特登记号。

② 在同册同期的WPI《题录周报》的“登记号索引”中，按查得的登记号年份字母代号的字顺和登记号的大小顺序即可查得其同族专利。

案例6-7

已知专利号EP403767-B，查找它们的同族专利。

第一步，按照专利号EP403767-B的字顺在“专利号索引”中查得该专利的德温特登记号是91－000565。

第二步，根据同册同期的“登记号索引”，按登记号的顺序查得其同族专利。

（4）专利号索引（Patent Number Index）

专利号由国别代码和阿拉伯数字组成，“专利号索引”按专利国家的英文字母顺序排列，同一国家下面再按专利号大小顺序排列。

小贴士

“专利号索引”可以配合其他索引使用：由专利号在“专利号索引”中查得它的登记号，据此可转查“登记号索引”，从中查得全部相同专利；根据在“专利号索引”中查得的专利权人代码，在“专利权人索引”中查得有关专利的题目、专利号和报道该专利的分册分类号，这样就可在《文摘周报》中查阅文摘。

3. Internet上的其他国外专利数据库

目前在Internet上可以检索到的国外专利数据库比较多，且大多是免费使用的。下面介绍互联网几个主要国外专利数据库的概况。

（1）USPTO网站专利检索（http://patft.uspto.gov/）

USPTO是The United States Patent and Trademark Office（美国专利和商标局）的简称，是美国专利和商标局提供的基于Web的网上免费专利信息数据库检索系统。该网站允许用户检索自1790年以来所有美国专利的全文和图像资料。USPTO网站有两个数据库可供检索：Issued Patents（已通过实质审查的授权专利数据库）和Published Applications（待审查的申请公开专利数据库），每个库都有3种检索方式：布尔逻辑检索、高级检索、专利号检索。

（2）esp@cenet网站专利检索（http://ep.espacenet.com/）

esp@cenet是Europe's Network of Patent Databases的简称，是欧洲专利组织通过

其18个成员国的专利机构局在因特网上免费向用户提供专利信息检索的站点。该网站服务的具体内容包括可供检索最近两年内由欧洲专利局和欧洲专利组织成员国出版的专利，世界知识产权组织出版的PCT专利的著录信息以及专利的全文扫描图像。esp@ cenet还提供欧洲专利局所收集的1920年以来世界各国专利信息的检索，其中1970年以后所收集的专利都有英文的标题和摘要可供检索。

(3) IPDL网站专利检索(http://ipdl. wipo. int)

它是由世界知识产权组织建立的知识产权电子图书馆，主要提供专利信息的检索服务，其中包括PCT国际专利数据库、马德里专利快报数据库和JOPAL专利相关文献杂志数据库。该数据库提供有两种检索方式：简单检索和高级检索，其检索规则与美国专利全文数据库相似，用户可在网上免费获得专利说明书。此外，在其主页的Links中列出了近20个国家知识产权机构的网址。

(4) PCT网站专利检索(http://pctgazette. wipo. int/)

PCT是Patent Cooperation Treaty(专利合作条约)的简称，是由WIPO(世界知识产权组织)提供的基于Internet的免费专利数据库检索系统。目前该数据库可检索自1997年1月以后公开的所有PCT国际专利说明书的扉页、题录、文摘和图形。数据库数据在每周公开日及时更新著录项、摘要等内容，并提供英语与法语两种工作语言。

(5) 日本专利数据库检索(http://www. ipdl. inpit. go. jp/homepg_e. ipdl)

日本专利数据库是由专利局提供的基于Internet的免费查询专利检索系统，该数据库收集了各种公报的日本专利(特许和使用新案)，采用英语和日语两种工作语言，收录了1994年至今的日本专利的题录和摘要，并定期更新。它由专利文献(说明书)图像、书目数据以及专利文献的文本组成，通过对书目数据库和文本数据进行检索时所命中的专利列表，可调出相应专利说明书的图形文件进行查看或下载。

(6) 加拿大专利数据库检索(http://patents1. ic. gc. ca/intro-e. html)

加拿大专利数据库是由CIPO(加拿大知识产权局)专门为从Internet上检索加拿大专利而建立的Web站点。该数据库收录了自1920年以来近150万件加拿大专利，包括专利的著录项目数据、专利的文本信息、专利的扫描图像。该数据库提供有4种检索途径：专利号查询、基本文本查询、布尔查询、高级文本查询。

扩展阅读1 同族专利

同族专利是指基于同一优先权文件，在不同国家或地区，以及地区间专利组织多次申请、多次公布或批准的内容相同或基本相同的一组专利文献。有时候，人们也会将这个概念扩展为包括对同一技术提出的所有相关专利申请所产生的专利文献，比如人工专利族，但容易与专利簇的概念混淆。

由至少一个共同优先权联系的一组专利文献，称一个专利族(Patent Family)。

在同一专利族中每件专利文献被称作专利族成员(Patent Family Members),同一专利族中每件专利互为同族专利。在同一专利族中最早优先权的专利文献称基本专利。

6.2 标准文献及其检索

6.2.1 标准文献基本知识

我国国家标准 GB 3935.1—83《标准化基本术语第一部分》将标准定为:"标准是对重复性事物和概念所做的统一规定。它以科学、技术和实践经验的综合成果为基础,经有关方面协商一致,由主管机构批准,以特定形式发布,作为共同遵守的准则和依据。"它不仅是从事生产建设工作的共同依据,而且是国际贸易合作、商品检验的依据。

1. 标准文献的特点

① 标准是由权威机构制定和颁布的。

② 标准文件都有标准号,标准号的组成是:标准代号 + 顺序号 + 颁布年份。标准号是管理和检索标准的重要依据。

③ 标准具有一定的法律约束力,有生效、未生效、试行和失效之分。

④ 以单行本形式发行,一项标准一册。

⑤ 标准文献采用专门的技术分类体系。

2. 标准文献的类型

标准的体系繁杂,可以从以下几种不同的角度对标准进行分类。

(1) 按标准的使用范围分类划分

① 国际标准:由国际上权威性的标准化组织制定并为国际上所承认和适用的标准。例如,国际标准化组织 ISO(International Organization for Standardization)标准和国际电工委员会 IEC(International Electrotechnical commission)标准。

② 区域标准:由世界某一区域性标准化组织召集参与标准化活动的区域团体所制定、审批、通过并实施的标准。例如,欧洲标准化委员会 CEN(European Committee for Standardization),欧洲电工标准化委员会 CENELEC(European Committee for Electrotechnical Standardization),经济互助委员会标准化常设委员会(Standing Committee for Standardization of Council for Mutual Economic Assistance)。

③ 国家标准:由国家标准化主管机构批准、发布,在全国范围内统一实施的标准。

④ 行业(专业)标准:在没有国家标准而又需要在全国某个行业范围内统一技术要求的情况下制定和实施的标准。行业标准不得与有关国家标准相抵触,在相应国

家标准实施之后，原行业标准即行废止。

⑤ 地方标准：在没有国家标准和行业标准，而又需要在省、自治区、直辖市范围内具备统一的产品安全、卫生要求和环境保护、食品卫生、节能等要求的情况下所制定的标准。它由省级标准化行政主管部门统一组织制定、审批、编号和发布。

⑥ 企业标准：在企业范围内对需要统一的技术要求、管理要求和工作要求所制定的标准，是企业组织生产和经营活动的依据。

（2）按标准的内容划分

① 基础标准：它是在现代工业生产和技术活动中，对那些最基本的、具有广泛指导意义或作为统一依据的技术规定。它涉及名词术语、符号、代号、计量单位、机械制图、命名标志、结构要素等。此类标准的有效期限较长。

② 产品标准：它是对产品的质量和规格所作的统一规定，是衡量产品质量的依据。如对某类产品的形状、尺寸、质量、性能、检验、维修等方面制定的各项标准。

③ 方法标准：它是为试验、分析、检验、抽样、测定等操作方法和程序而制定的标准。

④ 安全与环境保护标准：它为保护或利用人、物、环境而制定的标准。

⑤ 原材料标准：它规定产品分类、规格、牌号、化学成分、理化性能、使用范围、保管及验收标准等。

（3）按标准的执行程度划分

① 强制性标准：具有法律效力，必须遵守的标准。

② 推荐性标准：由制定和颁布标准的机构建议优先遵守的标准。

3. 标准文献分类法

1992 年，国际标准化组织情报委员会（ISO/INFCO）推出了一部标准文献专用分类法，称为国际标准分类法（International Classification for Standards，简称 ICS）。ICS 分类法是一部专供标准文献使用的等级制分类方法。

ICS 类目的设置以专业划分为主，适当结合科学分类，分类体系原则上由 3 级组成。一级类按标准化所涉及的专业领域，设 41 个大类（Fields），见表 6-1，387 个二级类（Groups）和 789 个三级类（Sub-groups）。为便于从主题途径进行检索，ICS 分类表正文后面附有按字顺排列的题内关键词（KWIC）索引。

表 6-1　ICS 一级类目

类　号	类目名称	类　号	类目名称
01	综合、术语、标准化、文献	11	医疗卫生技术
03	社会学、服务公司组织与管理、行政、运输	13	环境保护与卫生、安全
		17	计量学与测量物理现象
07	数学、自然科学	19	试验

续表

类　号	类目名称	类　号	类目名称
21	机械系统与通用部件	61	服装工业
23	流体系统与通用部件	65	农业
25	制造工程	67	食品技术
27	能源与传热工程	71	化工技术
29	电气工程	73	采矿与矿产
31	电子学	75	石油及有关技术
33	电信	77	冶金
35	信息技术、办公设备	79	木材技术
37	成像技术	81	玻璃与陶瓷工业
39	精密机械、珠宝	83	橡胶与塑料工业
43	道路车辆工程	85	造纸技术
45	铁路工程	87	涂料与颜料工业
47	造船与船用设备	91	建筑材料与建筑物
49	航空与航天工程	93	民用工程
53	物料搬运	95	军事工程
55	货物包装与分发	97	家政、文娱、体育
59	纺织与制革技术	99	（备用）

ICS各级类目均采用纯阿拉伯数字作为标识符号，即每一大类以两位数字表示；二级类以三位数字表示；三级类以两位数字表示。为了醒目易读，各级类号之间用一个小圆点隔开。例如：

一级类：　43　道路车辆工程

二级类：　43.040　道路车辆系统

三级类：　43.040.20　照明与信号设备

4. 标准文献的作用

采用标准可以简化设计、提高功效、降低成本和提高工作效益。标准文献几乎涉及国民经济的所有领域，通过标准文献的分析既可了解一个国家各个领域内的技术工艺水平、技术改革情况，又可预测技术发展的趋势。此外，标准文献往往附有大量的数据、工艺参数与图表，实用性强，具有较大的参考价值，可以促进科学技术的发展，提高产品的工艺、技术及生产管理水平。

6.2.2 中国标准文献及其检索

1. 中国标准文献

1989 年 4 月 1 日,《中华人民共和国标准化法》开始实施。至今已基本上形成了以国家标准为主导,行业标准、地方标准和企业标准相配套的标准体系。

(1) 标准代号及标准号

① 国家标准号:我国国家标准的标准号由标准代号与发布顺序号及制定或修订年代号组成。如,GB 1806—1986,GB 为标准代号,1806 是顺序号,1986 是制定或修订年份。我国国家标准代号见表 6-2。

表 6-2 国家标准代号

序号	代号	含义	管理部门
1	GB	中华人民共和国强制性国家标准	国家标准化管理委员会
2	GB/T	中华人民共和国推荐性国家标准	国家标准化管理委员会
3	GB/Z	中华人民共和国国家标准化指导性技术文件	国家标准化管理委员会

② 行业标准号:行业标准号由行业标准代号加发布顺序号及制定或修订年代号组成。行业标准代号由两个代表行业的大写汉语拼音字母构成(见表 6-3)。行业标准代号加“/T”表示推荐性行业标准。

表 6-3 行业标准代号

行业标准名称	标准代号	主管部门	行业标准名称	标准代号	主管部门
农业	NY	农业部	医药	YY	国家医药管理局
水产	SC	水产部	化工	HG	化学工业部
林业	LY	林业部	机械	JB	机械电子工业部
轻工	QB	轻工业部	通信	YD	邮电部
纺织	FZ	纺织工业部			

③ 专业标准号:专业标准代号为“ZB”,标准代号加一级类目号(用《中国标准文献分类法》分类)再加二级类目号与标准顺序号,再加年号,组成专业标准号,如 ZB E91003—91石油测井图件格式。

④ 部标准号:部标准号由标准代号加顺序号、年代号组成。部标准代号以国务院所属部名称的两个汉语拼音大写字母表示,如“SY”代表石油,SY—2631—85 为石油沥青质含量测定法。

⑤ 地方标准号:在《中华人民共和国标准化法》实施之前,地方标准代号用原省(直辖市、自治区)代号加 Q 组成。现在,地方标准代号由“DB + 省(自治区、直辖市)

行政区代码前二位”组成。例如,江苏省强制性地方标准代号为“DB32”,推荐性地方标准代号为“DB32/T”,标准号为“DB32 + 顺序号 + 制定或修订年份”或“DB32/T + 顺序号 + 制定或修订年份”。

⑥ 企业标准号:企业标准代号为“Q”,标准号为:Q/企业代号 + 顺序号 + 制定或修改年份。

(2) 中国标准文献分类法(CCS)

1984 年,国家标准局编制了适合我国国情的标准文献专用分类法——《中国标准文献分类法(试行)》(China Classification for Standards 简称 CCS),它用于除军工标准外的各级标准和有关的标准文献的分类,于 1989 年正式出版。其类目的设置以专业划分为主,适当结合科学分类。序列采取从总到分、从一般到具体的逻辑系统。类目结构采用二级编制形式。其一级类目共 24 个(见表 6-4),用拉丁字母表示。二级类目用双位数表示,每个大类下设 00 ~ 99 共 100 个二级类目。

表 6-4 CCS 大类类目

A 综合	B 农业、林业	C 医药、卫生、劳动保护
D 矿业	E 石油	F 能源、核技术
G 化工	H 冶金	J 机械
K 电工	L 电子元器件与信息技术	M 通信、广播
N 仪器、仪表	P 工程建设	Q 建材
R 公路、水路运输	S 铁路	T 车辆
U 船舶	V 航空、航天	W 纺织
X 食品	Y 轻工、文化与生活用品	Z 环境保护

2. 中国标准文献的检索

我国标准文献的检索工具分印刷型和网络版。

(1) 印刷型检索工具

① 中华人民共和国国家标准目录

该目录由国家标准化管理委员会编,中国标准出版社出版,收录了 2008 年底前批准发布的现行国家标准信息条目共 22918 项。2010 年,修订国家标准 2694 项,其中新制定标准 1990 项,修订标准 704 项。该目录同时补充载入被代替、被废止国家标准的目录及国家标准修改、更正、勘误通知等相关信息。

② 中国国家标准分类汇编

它由中国标准出版社编辑出版,收集全部现行国家标准,按专业类别分卷。1993 年开始陆续出版。

该汇编按《中国标准文献分类法》分类,其一级类设定为卷(有些一级类合并出版),二级类按类号编成若干分册,二级类号下按标准号排列,汇编共有 15 卷。

③ 中国标准化年鉴

它原由国家标准局编,现为中国国家技术监督局编,中国标准出版社出版,1985 年创刊。1985 年的年鉴收集了截至 1984 年 9 月底国家标准的全部,以后每年一册。年鉴的内容分两部分,第一部分介绍上一年度新批准发布的国家标准,正文按中国标准文献分类法分类编排,每个类目内再按标准顺序号排列,书后附有以顺序号编排的标准号索引。

④ 中国强制性国家标准汇编

本汇编按中国标准文献分类法大类分类,原则上按类设卷。对于标准多的类别,每卷又分若干分册。标准少的类别则合卷编排,每册按标准编号从小到大顺序排列,全书包括 18 卷 43 分册。

⑤ 中华人民共和国国家标准目录及信息总汇

该目录总汇始于 1999 年,每年上半年出版,收录截至上一年度批准发布的全部现行国家标准信息,同时补充报道国家标准清理整顿、复审、补充、修改和更正的相关信息。

该目录由 4 部分组成:国家标准专业分类目录(中、英文),被废止的国家标准目录,国家标准修改、更正、勘误通知信息以及索引。其中国家标准专业分类目录收录截至 2002 年底前批准发布的现行国家标准信息,条目共 20055 项,按中国标准文献分类法(CCS)编排。

(2) 网络标准信息

因特网的发展为检索标准信息提供了很多便利。目前,报道和检索中国标准信息的网站很多,可以通过网络免费检索并购买标准文献全文。

① "万方数据资源系统"国内外标准数据库(http://www.wanfangdata.com.cn)

该数据库由国家技术监督局等单位提供,可检索中国标准、国际标准、各国标准。中国标准包含自 1964 年以来发布的全部国家标准和行业标准,并包括中国台湾地区的标准;国际标准包括国际标准化组织(ISO)发布的所有标准,以及国际电工委员会制定的国际电工标准;各国标准主要是英、美、德、法、日各国发布的标准及欧洲标准。

数据库提供标准编号、标准名称、中文主题词、英文主题词、分类号等检索途径,并可进行逻辑组配,但只能检索到标准号、中英文标准名称及发布日期等信息。如果需要全文,可根据标准号到图书馆、中国科技信息所、标准所及其他标准收藏单位索取。

② 中国标准服务网(http://www.cssn.net.cn)

中国标准服务网是国家级标准信息服务门户,如图 6-9 所示,也是世界标准服务网在中国的分支网站,可以检索到我国的全部国家标准,70 多个国内行业标准和地方标准,国际标准,美、英、德、法、日等国的国家标准和美国的专业标准。网站搭建了面向全国用户运行服务的“国家标准文献共享服务平台”，提供多种检索入口，包括标准号、主题词、国际标准分类号、中国标准分类号、采用关系等。

③ 国家标准化管理委员会网站（http://www.sac.gov.cn）

国家标准化管理委员会网站除了报道国内外标准化工作、标准的制定和修改等信息外，还在主页的“办事大厅”栏目中提供“国家标准目录查询”“强制性国家标准电子全文查询”和“废止国家标准目录查询”3 个检索入口供用户免费使用，可在线浏览强制性国家标准全文。

案例 6-8

查找标准名称中含有“防火门”关键词的强制国标。

第一步，点击“资源检索”菜单中的“标准文献”栏目，进入标准检索的主页面；

第二步，点击专类检索中的“强制国标”分类；在“中文标题”框中输入关键词“防火门”，点击下方“搜索”按钮，如图 6-8 所示。

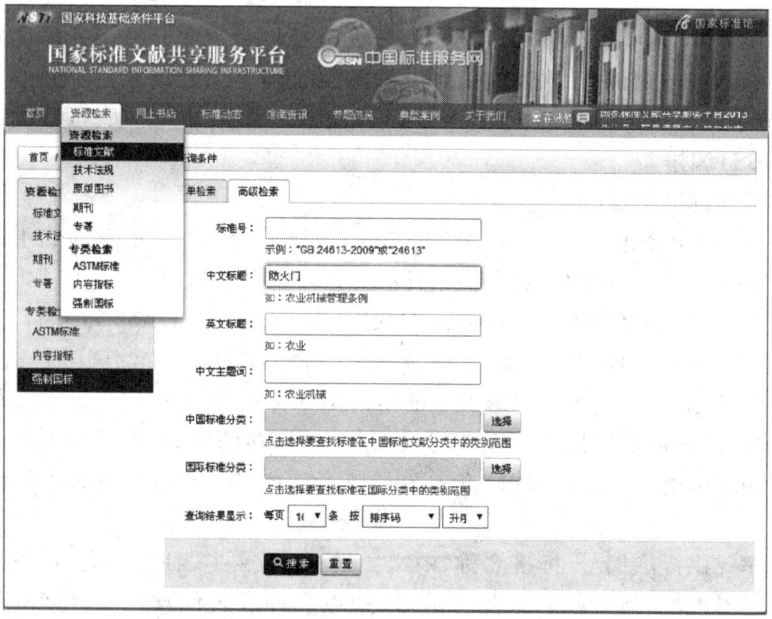

图 6-8　中国标准服务网强制国标检索界面

第三步，在检索结果列表中选取所需标准文献，点击右侧“阅览”按钮，若是已注册用户，可浏览并下载标准全文，如图 6-9 所示。

图 6-9　中国标准服务网强制国标检索结果列表

④ 中国航空综合技术研究所(http://www.cape.cn/)

中国航空综合技术研究所是国家军用标准和航空行业标准的归口单位,有全套国家军用标准、海军标准、航空行业标准和国家标准以及大量的国外先进标准和译文,其中包括美国军用标准、ASTM 标准、ARINC 标准、SAE 标准、波音公司标准、俄罗斯标准等。除提供检索服务外,该研究所还负责对外发行国家军用标准和航空航业标准,代销国家标准、计量标准以及国内各大标准出版社的出版物,并且还是美国 ASTM 标准在中国的代理商。进入该网站主页后,单击导航栏“信息服务”栏目,即可进入“信息服务与档案管理室”的首页,点击有关标准数据库的标志,即可打开该标准库的检索界面。此外,也可单击“信息服务与档案管理室”首页导航栏中的“标准查询”,然后在检索界面左方选择标准数据库,其检索结果为题录,欲索取标准原文可利用订购车服务,按提示进行。

⑤ 上海标准化服务信息网(http://www.cnsis.info)

上海标准化服务信息网由上海市标准化研究院组建,拥有国内一流的标准馆藏资源,可提供世界上 400 余个标准化组织的标准信息(包括 LR 劳氏船级社标准、IMO 国际海事组织标准等)。此外,为突破发达国家的技术贸易壁垒,在导航栏中还提供有“境外市场准入”“WTO/TBT 案例”等咨询服务。

⑥ 中国标准咨询网(http://www.chinastandard.com.cn)

中国标准咨询网由北京中工技术开发公司等单位组建,是我国首家标准全文网站,网站收录的主要标准有 GB、GBJ、HB、ISO、IEC、EN、ANSI、BS、DIN、JIS、ASTM、ASME、UL 等国外标准题录信息。

6.2.3 国际标准文献及其检索

国际标准主要是指 ISO 标准和 IEC 标准,此外还包括国际标准组织认可的其他 27 个国际标准组织制定的标准,其数量达 1200 个之多。

1. ISO 标准

ISO 是国际标准化组织(International Organization for Standardization,简称 ISO)的简称。该组织成立于 1947 年 2 月 23 日,是世界上最大且最具权威性的国际标准化组织机构,现有成员国近百个。我国于 1978 年加入该组织。

(1) ISO 标准代号及标准号

ISO 的标准代号为“ISO”,标准号为“ISO + 顺序号 + 发布年份”。

(2) 检索 ISO 标准的印刷型工具

《ISO 标准目录》是检索 ISO 标准的主要工具。该目录为年刊,用英、法两种文字出版,此外每年还出版 3 次目录补充本。

该目录有分类索引、作废标准顺序号索引、现行标准顺序号索引、ISO 出版物索引、ISO 指南索引、ISO 标准手册索引、ISO 技术委员会顺序号索引和主题索引等。

分类索引是该目录的主要部分。其著录项目包括分类号、范围名称(英法文对照)、国际十进制分类法分类号、标准号、标题(英法文)、TC 号、标准版本、页数、价格代码等。款目按照自编分类体系编排,再按标准号顺序排列。

主题索引则是该目录提供的最重要的索引,按主题词字顺排列,其后给出分类号和页数。

《ISO 通报》(ISO Bulletin):该通报由国际标准化组织编辑出版,为月刊。该刊主要报道各种专题会议消息、技术委员会的活动、各成员国消息以及新出版的国际标准,是最重要的国际标准化杂志之一。

《ISO 标准手册》(ISO Standards Handbook):该手册是一种 ISO 标准汇编,按专业分册出版。

(3) 检索 ISO 标准的网站(http://www.iso.org/iso/home.htm)

该网站提供该组织标准化活动的背景及最新信息,各技术委员会(TC)、分委会(SC)的目录及活动,国际标准目录(包括各种已出版的国际标准、撤销标准和其他标准出版物),还有对其他标准化组织机构的链接及多种信息服务。用户可以按国际标准分类法、标准名称、关键词、文献号、委员会代码等多种途径进行检索。显示检索结果的项目有标准的国际标准分类号、类号、标准号、标准名称、版次、页数、编制机构、价格等信息。

2. IEC 标准

IEC 是国际电工委员会(International Electrotechnical Commission)的简称,主要负责制定和批准电工、电子技术领域的各种国际标准。IEC 成立于 1906 年,是世界上最早的国际标准化机构，1947 年并入 ISO。我国 1957 年加入该组织。

(1) IEC 标准代号及标准号

IEC 的标准代号就是“IEC”，其标准号的基本结构为“IEC + 标准序号 + 发布年份”。常见有以下几种形式：①IEC + 顺序号 + 年代号，如 IEC230—1966；②IEC + 顺序号 + 第一部分 + 年代号，如：IEC268—1—1985；③IEC + 顺序号 + 补充标准 + 年代号，如 IEC127A—1980。

(2) 检索 IEC 标准的印刷型工具

IEC 标准的主要检索工具是《IEC 标准目录》(IEC Catalogue of Publications)，该目录为年刊，以英、法两种文字出版。《IEC 标准目录》由 IEC 标准序号目录和主题索引两部分组成。标准序号目录是其正文部分，按标准号顺序排列，著录项目包括标准号、标准制定(修订)年份、标准名称、页数、价格、版次等，有的还有文摘。主题词索引按主题词字顺排列，其后列有相应标准号。

(3) 检索 IEC 标准的网站(http://www.iec.ch)

该网站可通过输入主题词、标准号、年代、TC(技术委员会)等项目进行模糊检索，可浏览标准号、英文标题、版本、页码、TC、语种、出版日期、文摘、ICS 号等信息。另外还可通过浏览 ICS 列表选择所需标准分类，进入一级类目后可继续选择二级类目，可浏览标准顺序号查找所需标准。同时，IEC 网站还提供新出版标准信息、标准作废替代信息等。

6.2.4 世界主要发达国家标准文献及其检索

1. 美国标准

美国标准主要有两种：国家标准和专业标准。

(1) 美国国家标准(ANSI)(http://nssn.org/)

美国国家标准由美国国家标准学会(American National Standards Institute，简称 ANSI)负责制订、审定、颁发。

由 ANSI 制定的标准编号为：ANSI + 分类号 + 顺序号 + 制定年份 + (修订年份)。如：ANSI A3715—48(R1972)。由专业标准经审批后提升为国家标准的标准编号为：ANSI/专业标准代码 + 分类号 + 序号 + 制定年份 + (修订年份)。如：ANSI/UL 541—1998。

检索 ANSI 标准的检索工具主要是《美国国家标准目录》(ANSI Catalogue)。该目录每年出版一次，由主题索引、分类索引、序号索引 3 部分组成。主题索引按产品名称字母顺序编排，其后列出美国国家标准号；分类索引按 ANSI 制定的标准分类号编排；序号索引按 ANSI 采用的各专业标准序号编排。用户可以从分类、主题及序号途径查找美国国家标准。

(2) 美国材料与试验协会标准(ASTM)(http://www.astm.org)

美国专业标准由各专业标准机构制定、颁布,其中最著名的为ASTM标准。ASTM是美国材料与试验协会(American Society for Testing and Materials)的简称,成立于1898年,主要致力于制定各工程材料性能、技术条件、标准化、质量检查方法、可靠性试验方法等方面的研究,并制定相应的标准。标准包括标准规格、试验方法、分类、定义、操作规程以及有关建议。

ASTM标准编号为:标准代号(ASTM)+字母分类代码+标准序号+制定年份。标准号前左上角注有"*"号的标准表示其已提升为国家标准。年份后有"T"的为试行标准。年代号后有小写字母(a,b,c,…)的,表示修订或补充的次数。

ASTM标准的主要检索工具是《美国材料与试验协会标准年鉴索引》。

(3) 美国电气与电子工程师协会标准(IEEE)(http://standards.ieee.org)

美国电气与电子工程师协会(Institute Electronical and Electronic Engineers,简称IEEE)于1963年由美国电气工程师学会(AIEE)和美国无线电工程师学会(IRE)合并而成,是美国规模最大的专业学会,由大约17万名从事电气工程、电子和有关领域的专业人员组成,分设10个地区和206个地方分会,设有31个技术委员会。

IEEE的标准的内容包括电气与电子设备、试验方法、源器件、符号、定义以及测试方法等。该网站所发布的有关标准的信息主要有:标准协会、标准产品、开发资源、信息数据库、图书馆、FAQ、标准委员会等,用户可免费进入查询。

(4) 美国机械工程师协会标准(ASME)(http://www.asme.org/)

美国机械工程师协会(American Society of Mechanical Engineers,简称ASME)成立于1881年12月24日,主要从事发展机械工程及其有关领域的科学技术,鼓励基础研究,促进学术交流,发展与其他工程学、协会的合作,开展标准化活动,制定机械规范和标准。

2. 英国国家标准(http://bsonline.techindex.co.uk)

英国国家标准由英国标准学会(British Standard Institution,简称BSI)制定,标准代号为BS。标准号为:BS(+专业代号)+顺序号+制(修)订年份。如果没有专业代号,则表明为一般标准。

英国标准一般为推荐性质,除少数由政府引用且具有法律性质外,一般无法律约束力。

BSI标准的主要检索工具是《英国标准学会目录》(BSI Catalogue),为年刊,由标准号目录、主题索引、ISO标准和IEC标准对照表3部分组成。其中,标准号目录是其正文部分,除航天专业按专业分类编排外,其余标准均按标准号字顺编排。

英国标准学会也提供网上标准服务,该网站主要提供标准目录、标准检索、英国标准在线、管理系统登记、产品试验和证明等服务,标准信息的检索有快速检索和扩展检索途径,可以从标准号、关键词、题目等途径进行检索。

3. 德国国家标准(DIN)(http://www2.beuth.de/)

德国国家标准由德国标准化学会(Deutsches Institute fur Normung,简称 DIN)负责制定。标准号为:标准代号 DIN + 顺序号 + 制定年份。检索 DIN 标准的检索工具主要是《联邦德国标准目录》,每年出版一次,包括分类目录、标准号索引和关键词索引。

4. 日本标准(JIS)

日本工业标准 JIS 是日本的国家标准,由日本工业标准调查会(Japanese Industrial Standard,简称 JIS)制定,日本规格协会(JSA)发行。

JIS 标准采用字母与数字相结合的混合制号码,用一个字母表示一个大类,共有 17 个大类,在大类下再用数字细分为 146 个小类。日本工业标准号的编号形式为:JIS + 分类号 + 顺序号 + 制(修)订年份。

JIS 标准的检索工具主要是《日本工业标准总目录》(JIS 总目录)和《日本工业标准年鉴》(JIS Yearbook)。《日本工业标准总目录》由日本标准协会编辑,每年出版一次,提供分类途径和主题检索途径。

5. 法国标准(NF)

法国标准(Norme Francais,简称 NF)由法国标准化协会(Association Francaise de Normalisation,简称 AFNOR)负责制定。

法国国家标准号的编写结构为:标准代号 NF + 分类号 + 顺序号 + 年份。

检索法国标准的检索工具主要有《法国标准化协会目录》(AFNOR Catalogue),由法国标准化协会编辑出版,每年出版一次。内容包括现行的正式、非正式标准和部分专业标准,提供分类和主题检索。

小贴士

大多标准检索网站为题录检索,难以获取全文。如需下载全文,可尝试通过 Google 和 Baidu 等搜索引擎,以特定格式文件进行查找(如"关键词 + DOC""关键词 + PDF"),则很有可能查找并获取到所需标准全文。

练习与思考

1. 简述专利的概念、种类及其特点。
2. 专利的"三性"是什么?
3. 专利号为 200420011414.6 的专利是何种类型的专利?请利用本章中介绍的专利检索工具查出该专利的名称和专利权人。
4. 简述专利文献的特点和作用。
5. 专利说明书由哪几部分组成?

6. 简述国际专利分类法的分类体系。

7. 在上海知识产权信息平台中检索“氮氧化物污染控制技术”相关专利，分析专利区域分布、申请人排名和技术分布。

8. 简述标准文献的概念，标准号的组成，按使用范围分可分为哪几种？

9. 简述ISO、IEC的含义。

10. 请指出下列号码所表示的文献类型及所属国家或组织：

（1）IEC 61375-2-2007　（2）US20050316762　（3）BS EN 50163—2005　（4）WO2007016407　（5）GB20050017333　（6）YS/T 318—94　（7）GB/T 2973—2004

第7章

网络信息的检索

学习目标

⊙了解网络信息资源的检索方法；
⊙掌握搜索引擎的使用方法；
⊙了解本专业的学术网站、开放资源及特点；
⊙了解在线开放课程 MOOC 概念及平台。

开篇案例

互联网中的"人肉搜索"现象

"人肉搜索"是近年来继传统的搜索工具之后，在互联网搜索领域所出现的新型网络搜索工具。一般来讲，广义上的"人肉搜索"泛指一切由信息"征集者"提出问题、信息"应征者"回答问题的信息搜索与提供方式。人们利用现代信息科技，变传统的网络信息搜索为"人找人""人问人"的关系型网络社区活动，变枯燥乏味的查询过程为一人提问、八方回应，一石激起千层浪，一声呼唤触动万颗心的人性化搜索体验，是通过集中网民的力量去搜索信息和资源的一种方式，把从互联网上寻找网页和信息答案变成从网民身上找寻答案。而狭义上的"人肉搜索"是指以网络为平台，以网民为资源，逐渐获取某个人或某些人信息，然后整理分析这些信息，最后找出这个人并确认某个人信息的过程。

溯源：人肉搜索从猫扑发迹

"人肉搜索"最早出自于猫扑论坛，是一种人工参与的信息搜索机制。它利用现代信息科技，变传统的网络信息搜索为人找人、人问人的网络社区活动，达到一人提问八方回应的效果。论坛中经常会有人询问这样那样的问题，或求人帮忙查找一些资料、文章，或者一首歌。求助的人往往会用猫扑上一种叫作 Mp 的虚拟货币，悬赏帮助其获取答案的人，也因此出现了大量追求 Mp 的“赏金猎人”。

2001 年，有网民在猫扑网贴出一张美女照片，声称是自己的女朋友。但随后有网友指出，照片中美女的真实身份是微软公司的女代言人陈自瑶，并公开了她的个人资料。由此，这种搜索方式真正向人展开。

发展：虐猫事件初显“肉搜”威力

人们真正感受到“人肉搜索”的强大力量，应该来自发生在 2006 年的“虐猫事件”。该事件堪称人肉搜索的经典案例。

2006 年 2 月 26 日，网民“碎玻璃渣子”在网上公布了一组虐猫视频截图：一名时髦女子用漂亮高跟鞋踩踏一只小猫，直至将其脑袋踩爆。很快，愤怒的网友将虐猫女的头像制成“宇宙 A 级通缉令”。不到 6 天，虐猫地点、虐猫录像制作、传播的组织者之一郭某、踩猫女王某、进行虐猫录像拍摄贩卖活动的李某，即被网友从茫茫人海中如剥茧抽丝般揪了出来。

沉重的沉思：女高中生事件

2013 年底因怀疑中学生徐某在服装店试衣服时偷了一件衣服，被告人蔡某将徐某在该店的视频截图上传到其微博上。一个多小时后，网上的人肉搜索就将徐某的个人信息，包括姓名、所在学校、家庭住址和个人照片全部曝光，并且这些信息也被服装店主蔡某用微博发出。两日后，18 岁的徐某跳河自杀。

在网络上，众多网友为逝者点亮了蜡烛，反思“人肉搜索”的合法性和公正性。对于如何廓清法治和道德的界限，遏制网友“人肉”的冲动，更是引发了网友的热议。律师朱宇：网络曝光是一把双刃剑，可以曝光黑幕，让恶人得到应有惩罚，但另一方面也可能严重侵犯个人隐私。

个人隐私禁“人肉”曝光

2014 年 10 月 9 日，最高人民法院公布了《最高人民法院关于审理利用信息网络侵害人身权益民事纠纷案件适用法律若干问题的规定》（以下简称《规定》），该司法解释于 10 月 10 日起施行。

根据《规定》内容，网络用户或者网络服务提供者利用网络公开自然人基因信息、病历资料、健康检查资料、犯罪记录、家庭住址、私人活动等个人隐私和其他个人信息，造成他人损害，被侵权人请求其承担侵权责任的，法院应予支持。

四川大学法学院教授顾培东认为，当前在互联网上，基于私人目的的“人肉搜索”行为时有出现，被侵权人的个人信息很可能在网上被公布，这给很多被侵权人造成困扰。《规定》的这项条款实际上从法律层面对这种行为进行了约束，另一方面又对这种行为进行了规范。

7.1 网络信息资源概述

网络信息资源是指以数字化形式记录、以多种媒体形式表达、分布式存储在互联网不同主机上，并通过计算机网络通信方式传递的信息资源的集合，具体来说即指所有以电子数据形式把文字、图像、声音、动画等多种形式的信息存储在光、磁等非纸介质的载体中，并通过网络通信、计算机或终端等方式再现出来的资源，是由计算机技术、通信技术、多媒体技术互相融合而形成的，在互联网上可查找、利用的信息资源。

网络是当今获取信息的最主要途径，已经成为全球范围内传播科研、教育、商业和社会信息的最主要渠道。从时间和空间上来说，网络对用户没有任何限制，其覆盖全球，24 小时不间断；就信息符号而言，网络采用宽频传输文字、图像、影视、音频等多种媒体；就服务而言，网络提供的信息服务包括数据库、文本、电子邮件、文本传输、电子公告牌、电子论坛、博客等；就检索技术而言，网络采用人工智能、专家系统、超文本、友好交互界面等，使用户可方便地访问网上的各种信息资源。因此，无论在服务内容、方式、深度、广度、效果和效益方面，网络信息资源几乎胜过了以往所有传统的信息资源，成为人们查找信息的首选目标。

7.1.1 网络信息资源的特点

网络信息资源在数量、结构、分布、传播范围、类型、载体形态、内涵、控制机制、传输手段等方面，都与传统的信息资源有着明显的差异，呈现出许多新的特点，这些特点包括以下几个方面。

1. 数字化存储和传递

网络信息资源以数字化形式存储在互联网不同网络主机上，并通过互联网广泛传播，其上传的数字化信息主要是跨国界的数据流。

2. 数量巨大，增长迅速

受网络用户驱动，网上信息资源的数量迅速增长。

3. 内容丰富，形式多样

互联网是一个巨大的信息资源库，其内容包罗万象，覆盖了不同学科、不同领域、不同地域、不同语言的信息资源；在形式上，互联网信息包括了文字、图像、影视、音频、软件、数据库等，堪称多媒体、多语种、多类型的信息集合体。

4. 信息新颖，不断更新

大多数网站内容是定期更新的，许多搜索引擎的更新时间很短，可以说，几乎每时每刻都在更新内容。这样，网络信息一经发布，可以迅速传播到各处，人们可以方便、快捷、及时地从互联网获取所需要的新信息。

5. 免费信息资源丰富

网上免费资源丰富，用户可以使用免费的电子邮箱，免费下载软件和浏览网页新闻，几乎可以免费使用互联网上的大部分信息资源。

6. 信息稳定性差、变化频繁

在互联网上，信息地址、信息链接、信息内容都处于经常性的变动中，信息资源的更迭、消亡难以预测。

7. 信息资源结构复杂、分布广泛

各网站虽然实现了本站点信息组织的局部有序性，但从整体上来看，互联网上的信息仍然处于无序状态。网络信息资源在组织和管理上尚无统一的标准和规范，网上信息呈全球化分布结构，分别存储在不同国家、不同地区、不同地点上的服务器中，而不同服务器之间缺乏统一的管理机制。

8. 信息质量参差不齐、价值不一

由于网络信息发布具有很大的自由度和随意性，缺乏必要的质量控制和管理机制，因此，网络信息资源鱼龙混杂，信息质量参差不齐。

7.1.2 网络信息资源的类型

关于网络信息资源的种类，许多人从各个不同的角度给予了不同的分类。按照信息加工层次可分为网络资源指南和搜索引擎、联机馆藏目录、网络数据库、电子出版物、参考工具书和其他动态信息。

1. 网络资源指南和搜索引擎

各种各样的 Internet 网络信息检索工具有数千个，根据其提供检索与否可分为资源指南和搜索引擎。

资源指南是按主题的等级排列的主题类目索引，类别目录按一定的主题分类体系组织，排列方法有字顺法、时序法、地序法、主题法等，或是各种方法综合使用。用户通过逐层浏览类别目录、逐步细化的方式来寻找合适的类别直至具体资源。资源指南是人工编制和维护的，在信息的收集、编排、HTML 编码以及信息注解上要花大量的人力、物力。常见的有美国国会图书馆编辑的 WWW Meta Index and Search Tools、美国伊利诺大学的国家超级电脑应用中心编辑的 Internet Resources Meta Index。

搜索引擎强调的则是其检索功能，能提供布尔逻辑检索、短语或邻近检索、模糊检索、自然语言检索等方式查询信息。搜索引擎的数据库主要是由机器人自动建立的，不需人工干预。常见的搜索引擎有百度、Google、Alta Vista、Yahoo 等。

2. 联机馆藏目录

网络上有许多机构提供馆藏书目信息、中外文期刊联合目录信息，其中包括各图书馆和信息机构提供的公共联机检索(OPAC)馆藏目录、地区或行业的图书馆的联合目录等。例如中国国家图书馆(原北京图书馆)、中科院图书馆和许多高校图书馆都有自己的OPAC,全国高等教育文献保障体系(CALIS)(http://www.calis.edu.cn)提供61所高校的馆藏期刊、书目和学位论文联合查询。

3. 网络数据库

网络数据库包括综合性和专业性期刊数据库、专利数据库等信息资源。这类信息资源可分为商业性和非商业性的数据库。

许多著名的国际联机数据库检索系统(Dialoc、STN、OCLC)都开设了与Internet的接口,用户可通过远程登录或WWW方式进行付费检索。另外,有许多从事传统信息服务的机构开发了网络数据库,如ISI公司推出的Web of Science、美国工程信息公司开发的EI Village、英国的INSPEC数据库、EBSCO公司提供的BSP(商业资源数据库)、UMI公司的PQDD(硕士、博士论文数据库)、中国科技信息所与万方数据公司开发的万方数据资源系统等。这些数据库由专门的信息机构或公司专业制作和维护,信息质量高,是专业领域内常用数据库。

非商业性数据库可免费使用,用户以较低的成本可获得所需的信息,所以具有很大的吸引力。例如,IBM公司的免费专利文献数据库提供大量专利的免费检索,用户可检索到1971年以来的美国专利说明书的内容,包括专利书目和专利项,浏览1974年以来的专利文献中的附图。美国SPO(http://www.spo.eds.com/patent.html)提供免费电子邮件专利服务,可查到美国专利与商标局自1972年以来的专利。美国的Questel-Orbit公司的QPAT-US专利数据库提供美国专利扉页的免费检索和全文的收费检索。

4. 电子出版物

由于网上信息传播速度快,越来越多的出版商开始注重网上报刊发行。目前国内外已有很多出版商和信息服务商介入电子出版行业。电子出版物有电子图书、电子期刊和电子报纸。

5. 参考工具书

网络中许多参考资料是可以免费使用的,如英国大不列颠百科全书、汉语词典、学校或企业名录、中国国家统计局统计资料等大型工具书已加入因特网。

6. 软件资源

Internet上的软件资源十分丰富,大部分可供免费下载使用,还有许多的共享软件在一定时期内提供免费试用,也有很多需要在线注册购买的软件。此外,很多程序代码供用户使用或二次开发,对广大的计算机用户有较大的吸引力。

7. 其他动态信息

其他动态信息包括各级政府机构、高等院校、团体、公司在网上发布的消息、政策法规、会议消息、研究成果、产品目录、出版目录和广告等。

总之,Internet是信息的海洋,通过它可以了解发生在世界各地的国际大事与生活趣闻。我们应充分利用这个巨大的信息资源以获取所需要的信息。

7.2 网络搜索引擎

随着网络技术的飞速发展和 Internet 的商业化运作,网上的信息量几乎呈指数级增长。单凭简单的浏览工具很容易迷失在信息的海洋中,这就需要一种在信息海洋中航行的导航系统,即搜索引擎。

网络搜索引擎(Search Engine)是指按照一定的策略、运用特定的计算机程序搜集互联网上的网页信息,再对信息进行组织索引和相关处理后,为用户提供检索服务的检索系统。它通过对搜集到的互联网上的信息资源(如网站、网页、URL 等)进行整理、组织、加工、处理,建立起管理和存储这些信息的索引数据库,并为用户提供基于该索引数据库的检索,从而起到信息导航的目的。

7.2.1 搜索引擎的工作原理

搜索引擎起源于传统的信息全文检索理论,即计算机程序通过扫描每一篇文章中的每一个词,建立以词为单位的倒排文档,检索程序根据检索词在每一篇文章中出现的频率和每一个检索词在一篇文章中出现的概率,对包含这些检索词的文章进行排序,最后输出排序的结果。因特网搜索引擎除了需要有全文检索系统之外,还要有"Spider"系统,即能够从互联网上自动收集网页的数据搜集系统。Spider 系统将搜集所得的网页内容交给索引和检索系统处理,就形成了因特网搜索引擎系统。当然,一个完整的搜索引擎系统还需要有一个检索结果的页面生成系统,也就是要把检索结果高效地组装成 Web 页面。当系统的访问量(Page View)变大时,页面生成系统往往会成为整个系统的瓶颈。

真正意义上的搜索引擎,通常指的是收集了互联网上几千万到几十亿个网页,并对网页中的每一个文字(即关键词)进行索引,建立索引数据库的全文搜索引擎。当用户查找某个关键词时,所有在页面内容中包含了该关键词的网页都将被搜出来。在经过复杂的算法进行排序后,这些结果将按照与搜索关键词的相关度高低依次排列。

关键词检索已是一种过时的技术,现在的搜索引擎已普遍使用超链分析技术。它除了分析索引网页本身的文字外,还分析索引所有指向该网页的链接的 URL、AnchorText,甚至链接周围的文字。超链分析技术是新一代搜索引擎的关键技术,已被世界各大搜索引擎普遍采用。超链分析的基本原理是:在某次搜索的所有结果中,被其他网页用超链指向得越多的网页,其价值越高,就越应该在结果排序中排到前面。

搜索引擎必须解决的两个关键问题是如何建立索引数据库以及如何分析、匹配用户的查询。搜索引擎的原理，见图 7-1，可以看作三步：抓取网页、建立索引数据库、提供检索服务。

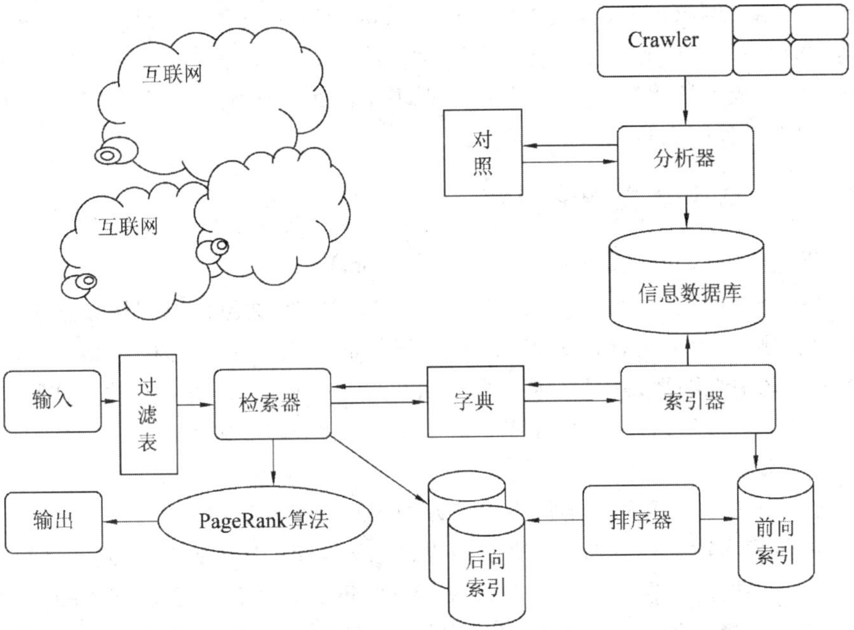

图 7-1　搜索引擎基本工作原理

1. 抓取网页

利用能够从因特网上自动收集网页的 Spider 程序自动访问因特网，并沿着任何网页中的所有 URL 爬到其他网页，重复该过程并把爬过的所有网页收集回来。搜索引擎的 Spider 程序一般要定期重新访问所有网页（各搜索引擎的周期不同，可能是几天、几周或几月，也可能对不同重要性的网页有不同的更新频率），更新网页索引数据库，以反映出网页文字的更新情况，增加新的网页信息，去除死链接，并根据网页文字和链接关系的变化重新排序。这样，网页的具体文字变化情况就会反映到用户查询的结果中。

2. 建立索引数据库

搜索引擎抓到网页后，还要做大量的预处理工作，才能提供检索服务。由分析索引系统程序对收集的网页进行分析，提取相关网页信息（包括网页所在 URL，编码类型，页面内容包含的所有关键词、关键词位置、生成时间、大小、与其他网页的链接关系等），根据一定的相关度算法进行大量复杂计算，得到每一个网页针对页面文字中及超链中每一个关键词的相关度（或重要性），然后用这些相关信息建立网页索引数据库。

3. 提供检索服务

当用户输入关键词搜索后，由搜索系统程序从网页索引数据库中找到符合该关键词的所有相关网页，并按相关网页针对该关键词的相关度数值排序，相关度越高，排名越靠前。

用页面生成系统将搜索结果的链接地址和页面内容摘要等内容组织起来返回给用户，搜索过程即宣告结束。

7.2.2 常用全文搜索引擎

1. 百度——Baidu (http://www.baidu.com)

百度是全球最大的中文搜索引擎，其不断为网民提供包括以网络搜索为主的功能性搜索、以贴吧为主的社区搜索、针对各行业的垂直搜索等各种产品。百度支持搜索近1.3亿中文网页，并且每天都会增加几十万的新网页，对重要的中文网页每天都进行更新，用户通过百度可以搜到世界上最新、最全的中文信息。

(1) 检索方式

① 基本检索。百度的基本检索简捷方便，只需在搜索框中输入关键词，单击“百度一下”或按回车键，符合要求的检索结果便会被查询出来，并按相关度进行排序。同时，用户可根据需要在不同的功能模块（新闻、网页、贴吧、知道、音乐、图片、视频、地图等）进行切换。如用户需要选择更多模块，可单击主页面搜索框下方的“更多”标签进入全功能模块（百度产品大全）显示页面，如图7-2所示。

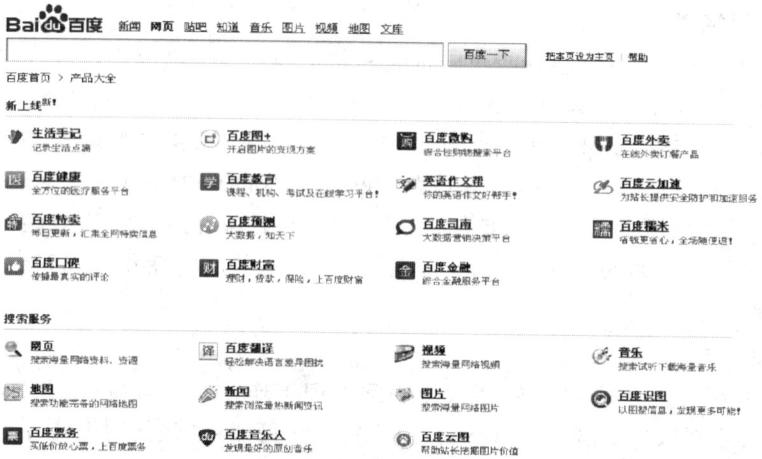

图7-2 百度功能显示

② 高级检索。如果对百度的各种查询语法不熟悉，可使用高级检索功能。高级检索是一个多条件的组合搜索，通过各种条件限制（包括时间、语言、文档格式、关键词位置、搜索结果、站内搜索等）可以满足用户的一些特殊需要，从而提高检索的查

准率。在百度结果页面下方输入网址(http://www.baidu.com/gaoji/advanced.html)即可进入高级检索界面,如图 7-3 所示。在检索框或下拉菜单中直接输入或选择检索限定范围即可。

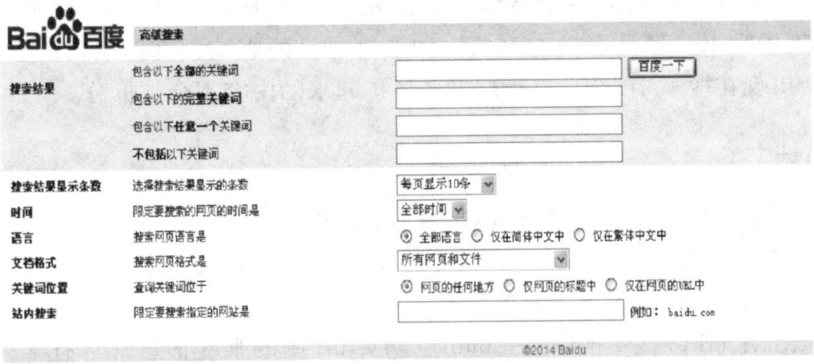

图 7-3　百度高级检索界面

(2) 检索语法及技巧

① 使用多词检索。要获得更精确的检索结果的简单方法就是添加尽可能多的检索词,检索词之间用一个空格隔开。例如:想了解北京奥运会开幕式的相关信息,在搜索框中输入“2008 北京奥运会开幕式”会获得理想的检索结果。这里空格的作用相当于布尔逻辑“与”的作用。

② 在指定网站内搜索——site。如果知道某个站点中有自己需要找的东西,就可以将搜索范围限定在这个站点,提高查询效率。使用的方式是在查询内容的后面加上“site:站点域名”,例如,“世界杯 site:sohu.com”。

③ 指定文档类型搜索——filetype。很多有价值的资料在互联网上并非是普通的网页,而是以 Word、PowerPoint、PDF 等格式存在。百度支持对 Office 文档(包括 Word、Excel、Powerpoint)、Adobe PDF 文档、RTF 文档等的全文搜索。在百度中搜索这类文档很简单,在普通的查询词后面加一个“filetype:”文档类型限定即可。“filetype:”后可以跟以下文件格式:DOC、XLS、PPT、PDF、RTF、ALL。其中,ALL 表示搜索所有这些文件类型。

小贴士

语法中的冒号中英文皆可,但检索词和 filetype 之间一定要加一个空格。另外,filetype 语法可以与 site 语法混用。例如在中国农业大学网站内搜索有关“中国”的文档,就可以用“site:www.cau.edu.cn filetype:all 中国”格式。

④ 限定在标题中搜索——intitle。网页标题通常是对网页内容提纲挈领式的归纳。将查询内容范围限定在网页标题中,有时能获得良好的效果。使用的方式是把查询内容特别关键的部分用“intitle:”引起来。

⑤ 精确匹配——双引号和书名号。如果输入的查询词很长，百度在经过分析后，给出的搜索结果中的查询词可能是拆分的。如果用户对这种情况不满意，可以尝试让百度不拆分查询词。给查询词加上双引号，就可以达到不拆分词的效果。

书名号是百度独有的一个特殊查询语法。在其他搜索引擎中，书名号会被忽略，而百度中文书名号是可被查询的。加上书名号的查询词有两层特殊功能：一是书名号会出现在搜索结果中；二是被书名号扩起来的内容不会被拆分。

小贴士

书名号在某些情况下特别有效果，例如，查名字很通俗、常用的电影或者小说。比如，查电影《手机》，如果不加书名号，很多情况下出来的信息是通信工具——手机，而加上书名号后，搜索结果就都是关于电影方面的了。

⑥ 限定在 url 链接中搜索——inurl。网页 url 中的某些信息常常有某种有价值的含义。如果对搜索结果的 url 作某种限定，可以获得良好的效果。使用方式是在“inurl:”后跟需要在 url 中出现的关键词。例如，找关于 photoshop 的使用技巧，可以查询“photoshop inurl:技巧”。上面查询串中的“photoshop”，是可以出现在网页的任何位置的，而“技巧”则必须出现在网页 url 中。

小贴士

注意：“inurl:”语法和后面所跟的关键词，不要有空格。

（3）百度的特殊功能

① 百度快照。如果无法打开某个搜索结果，或者打开速度特别慢，用户可以借助“百度快照”解决此问题。每个被收录的网页在百度上都存有一个纯文本的备份，称为“百度快照”。用户可以通过“快照”快速浏览页面内容。不过，百度只保留文本内容，对于图片、音乐等非文本信息，快照页面还是直接从原网页调用的。如果无法连接原网页，那么快照上的图片等非文本内容将无法显示。

② 百度的硬盘搜索功能。它跟 Windows 自带的搜索引擎区别很大，Windows 自带的搜索引擎只能在文件名中搜索用户输入的词，而百度的硬盘搜索却可在文件里进行搜索。比如用户忘记关于“先进性教育”的文章存放到电脑的位置，那么可以利用百度的硬盘搜索系统。

③ “百度知道”。“百度知道”是由百度自主研发、基于搜索的互动式知识问答分享平台。用户可以根据自身的需求，有针对性地提出问题；同时，这些答案又将作为搜索结果，满足有相同或类似问题的用户需求。“百度知道”的最大特点就在于和搜索引擎的完美结合，让用户所拥有的隐性知识转化成显性知识，用户既是百度知道内容的使用者，同时又是“百度知道”的创造者，在这里累积的知识数据可以反映到搜索结果中。“百度知道”通过用户和搜索引擎的相互作用，实现搜索引擎的社

区化。

④ 专利搜索。百度目前提供国家知识产权局中国专利信息中心拥有的所有登记备案的中国专利信息。从主页面搜索框下方的"更多"标签进入全功能模块显示页面，点击"专利搜索"即可，或直接输入网址（http://zhuanli. baidu. cm）。百度专利搜索提供专利的基本著录项目，包括专利的名称、申请号/专利号、摘要、申请日、公开日、申请人/专利权人、发明设计人、专利代理机构、专利类型、分类号等。点击内容页下方的"主附图/公开说明书/授权说明书"可链接到中国专利信息中心的网站查看相关内容。

除以上功能外，百度还提供相关搜索、拼音提示、错别字提示、英汉互译词典、计算器和度量衡转换、货币换算、法律搜索等相关查询。

2. 谷歌——Google（http://www. google. com. hk）

Google 成立于 1997 年，是由创始人拉里·佩奇和赛吉·布尔在斯坦福大学的学生宿舍内共同开发完成的。"Googol"是一个数学术语，表示 1 后面带有 100 个零。Google 公司对这个词作了微小改变，借以反映公司的使命，意在组织网上无边无际的信息资源。Google 拥有 100 多种语言界面和 35 种语言搜索结果，目前被公认为全球规模最大的搜索引擎，它提供了简单易用的免费服务，用户可以在瞬间得到相关的搜索结果。2010 年新开发的网络索引系统 Caffeine 比上一个版本索引结果的时效性提高 50%，每秒钟 Caffeine 能平行处理几十万个网页，它能给用户提供最多、更及时的网络内容。

（1）检索方式

① 基本检索。Google 的网站设计简洁，基本检索方式简单明了，用户可根据需要选择"所有网页、中文网页、中文简体网页"中的一项，然后在检索框中输入关键词，单击"Google 搜索"或按回车键，符合要求的检索结果便会被查询出来，并按相关度进行排序。

在检索框的上方还有"视频、图片、购物、地图、音乐、翻译、265 导航等"不同功能模块供选择，用户也可点击主页面左上方"更多"标签进入搜索服务全部功能界面。

② 高级检索。Google 的高级检索可以使搜索更加精确并能获得更多有用的结果。它可以通过各种条件限制（包括语言、地区、文件格式、日期、字词位置、网站、使用权限、搜索结果、搜索特定网页等），满足用户的特殊需要，从而提高检索的查准率。单击主界面检索框右侧的"高级"，进入高级检索界面，如图 7-4 所示。在检索框或下拉菜单中直接输入或选择检索限定范围即可。

③ 分类浏览。在 Google 首页中选择"网页目录"（Directory），即可进入 Google 分类目录检索界面。Google 网页目录是依网页主题归类，分为艺术（Arts）、住房（Home）、宗教（Religion）、商业（Business）、青少年（Kids and Teens）、科学（Science）、

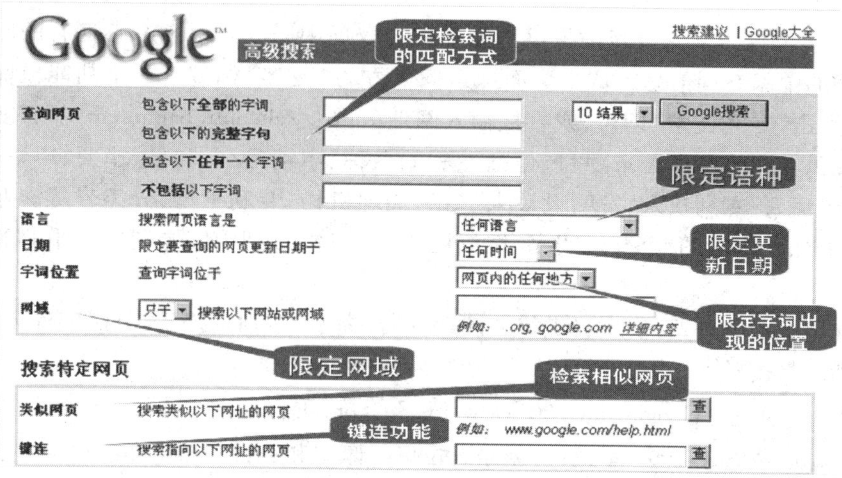

图 7-4　Google 高级检索

计算机(Computer)、新闻(News)、购物(Shopping)、游戏(Games)、休闲(Recreation)、社会(Society)、健康(Health)、参考(Reference)、体育(Sports)、世界(World)分为 16 个大类,每个大类又细分为若干小类。该目录里目前收录了来自 150 万个以上网站的网页。用户可按相关类目进行检索。例如,在 Google 目录的"Science" > "Astronomy "类别中搜索"Saturn",可以找到只与 Saturn(土星)有关的信息,而不会找到"Saturn"牌汽车、"Saturn"游戏系统或"Saturn"的其他含义信息。

(2) 检索语法及技巧

① 自动使用"and"进行查询。Google 只会返回那些符合用户的全部查询条件的网页。不需要在关键词之间加上"and"或" + "。如果用户想缩小搜索范围,只需输入更多的关键词,在关键词中间留空格。

② 不区分英文字母大小写。所有的字母均当作小写处理。例如,搜索"google"、"GOOGLE"或"GoOgLe",得到的结果都一样。

③ 忽略词。Google 会忽略最常用的词和字符,这些词和字符称为忽略词。Google 自动忽略"http",". com"和"的"等字符以及数字和单字,这类字词不仅无助于缩小查询范围,而且会大大降低搜索速度。使用英文双引号可将这些忽略词强加于搜索项。例如,输入"柳堡的故事"时,加上英文双引号会使"的"强加于搜索项中。

④ 简繁转换。Google 运用智能型汉字简繁自动转换系统,为用户找到更多相关信息。这个系统不是简单的字符变换,而是简体和繁体文本之间的"翻译"转换。例如简体的"计算机"会对应于繁体的"电脑"。当用户搜索所有中文网页时,Google 会对搜索项进行简繁转换,同时检索简体和繁体网页,并将搜索结果的标题和摘要转换成和搜索项一样的同一文本,便于用户阅读。

⑤ Google 不使用“词干法”，也不支持通配符“ * ”搜索。也就是说，Google 只搜索与输入的关键词完全一样的字词。例如，搜索“googl”或“googl * ”，不会得到类似“googler”或“googlin”的结果。

⑥“related”用来搜索结构内容方面相似的网页。例如，搜索所有与中文新浪网主页相似的页面（如网易首页、搜狐首页、中华网首页等），其检索式为“related：www. sina. com. cn/index. shtml”。

小贴士

Google 与百度同样具有特定文件格式查找、标题搜索、网站搜索、网页快照等功能。

（3）Google 的特殊功能

① 类似网页。单击“类似网页”时，Google“侦察兵”便开始寻找与这一网页相关的网页。Google“侦察兵”可以“一兵多用”。如果用户对某一网站的内容很感兴趣，但又嫌资料不够，Google“侦察兵”会帮您找到其他有类似资料的网站；如果用户在寻找产品信息，Google“侦察兵”会为您提供相关信息，以供参考。Google 侦察兵已为成千上万的网页找到了类似网页，但网页越有个性，能找到的类似网页就越少。

② 按链接搜索。有一些词后面加上冒号对 Google 具有特殊的含义，其中的一个词是“link：”，它用于显示所有指向该网址的网页。例如“link：www. google. com”将找出所有指向 Google 主页的网页。在 Google 中不能将“link：” 搜索与普通关键词搜索结合使用。

③ 指定网域。有一些词后面加上冒号对 Google 是有特殊的含义，另一个词是“site：”。例如，用户在某个特定的域或站点中进行搜索，可以在 Google 搜索框中输入“site：× × × × ×. com”，其中“ × × × × ×”代表某城或站点的名称。

④ 手气不错。按下“手气不错”按钮将自动进入 Google 查询到的第一个网页。用户将完全看不到其他的搜索结果。使用“手气不错”搜索可用于搜索网页的时间较少而用于检查网页的时间较多的情形。例如，要查找 Stanford 大学的主页，只需在搜索字段中输入“Stanford”，然后单击“手气不错” 按钮。Google 将直接带您进入 Stanford 大学的官方主页 http：//www. stanford. edu。

⑤ 集成化的工具条。为了方便用户，Google 提供了集成于浏览器中的工具条，用户无须打开 Google 主页就可以在工具条内输入关键字进行搜索。此外，工具条还提供了其他许多功能，如显示页面 PageRank 等。工具条最方便的一点在于用户可以快捷地在 Google 主页、目录服务、新闻组搜索、高级搜索和搜索设定之间切换。欲安装 Google 的工具条，可以访问“http：//toolbar. google. com/”，按页面提示自动下载并安装。

7.2.3 学术搜索引擎

学术搜索引擎，顾名思义就是搜索学术资源的引擎，资源以学术论文、国际会议、权威期刊、学者信息为主，随着新一代搜索引擎的快速发展，学术搜索引擎应具备个性化、智能化、数据挖掘分析、学术圈等特色。

1. Google 学术搜索（http://scholar.google.com/）

Google 学术搜索是一个可以免费搜索学术文章的 Google 网络应用。该项索引包括了世界上绝大部分出版的学术期刊，可广泛搜索学术文献。用户可以从一个位置搜索众多学科和资料来源，如来自学术著作出版商、专业性社团、预印本，各大学及其他学术组织的经同行评论的文章、论文、图书、摘要和文章。Google 学术搜索可帮助用户在整个学术领域中确定相关性最强的研究。

Google 学术搜索滤掉了普通搜索结果中大量的垃圾信息，排列出文章的不同版本以及被其他文章引用的次数。略显不足的是，它搜索出来的结果没有按照权威度（譬如影响因子、引用次数）依次排列。

2. CNKI 知识搜索（ http://search.cnki.net）

CNKI 知识搜索是 CNKI 推出的针对学术期刊、博硕士论文、会议论文、工具书以及报纸等的专业检索，提供近 8000 种期刊杂志，300 所大学、研究院所的博士、硕士论文，1000 种学术会议论文集，1000 种重要报纸文章的专业检索。同时，像 Google 学术搜索一样，CNKI 知识搜索也提供了高级搜索页面，可限定搜索位置，在指定的字段中进行搜索，通过文献链接（包括相似文献、引证文献等链接，进行深度的信息挖掘）形成一个知识链条。

3. 读秀学术搜索引擎（ http://www.duxiu.com）

读秀学术搜索引擎是超星电子图书推出的一款学术搜索引擎，也可以说是超星电子图书的升级版。读秀学术搜索后台是一个由海量全文数据及元数据组成的超大型数据库，能够为读者提供 260 万种图书、6 亿页全文资料等一系列海量学术资源的检索及使用。同时，通过读秀学术搜索，用户还能一站式检索馆藏纸质图书、电子图书、期刊等各种异构资源，几乎囊括了图书馆内的所有信息源。读秀学术搜索提供全文检索、图书、期刊、报纸、学位论文、会议论文等 6 个主要搜索频道，涵盖的学科也比较全面，对学习、课题研究都有很大帮助。

4. 百度学术搜索（http://xueshu.baidu.com）

2014 年 6 月初，“百度学术搜索”上线。百度学术搜索是百度旗下的提供海量中英文文献检索的学术资源搜索平台，涵盖了各类学术期刊，会议论文。百度学术搜索可检索到收费和免费的学术论文，并通过时间筛选、标题、关键字、摘要、作者、出版物、文献类型、被引用次数等细化指标提高检索的精准性。

5. 雅虎奇摩(http://tw. search. yahoo. com/academia)

雅虎奇摩学术搜索是雅虎与台湾大学图书馆合作建立的学术搜索引擎,将大陆权威学术数据库——万方期刊全文600多万条资料以及可查询图书馆藏书的书目信息网纳入原有数据库中,并新增"机器判读"(Machine Learning)功能,能更快速地累积网络上具学术价值的一般资料进入学术搜索数据库中。再加上原有的四大数据库(台湾地区博硕士论文、中文期刊篇目、台大学术资源网和数字典藏联合目录),雅虎奇摩是目前支持繁体中文学术搜索的最大的搜索引擎。雅虎奇摩搜寻社群服务事业部产品总监康芳菁表示,有别于其他搜寻模式,雅虎奇摩学术搜索更强调品质和正确性,而其搜索即是在此原则下整合了台湾地区的主要学术资源,以提高学术搜寻的精准度。

6. Socolar(http://www. socolar. com)

Socolar是由中国教育图书进出口公司历时4年自主研发的Open Access(OA)资源一站式服务平台。Open Access是不同于传统学术传播的一种全新机制,其核心特征是在尊重作者权益的前提下,利用互联网为用户免费提供学术信息和研究成果的全文服务。通过Socolar,用户可以检索到来自世界各地、各种语种的重要OA资源,并提供OA资源的全文链接。它收录了11739种开放获取期刊,134多万篇文章,1048个开放获取机构仓储,约103多万条记录(数据统计截至2011年12月12日);其内容涵括人文社会科学、自然科学和技术全部学科领域。

7. BASE(http://www. base-search. net/)

BASE是德国比勒费尔德(Bielefeld)大学图书馆开发的一个多学科的学术搜索引擎,提供对全球异构学术资源的集成检索服务。它整合了德国比勒费尔德大学图书馆的图书馆目录和大约160个开放资源(超过200万个文档)的数据。BASE侧重数学文献资源,兼收多学科学术资源,并可利用DDC对所标引学科文献进行3级分类,为从学科的角度进行浏览文献提供方便,也为编制搜索工具提供了借鉴。BASE,以都柏林标准著录格式提供文献目录和标目,形成自己的标引文献的体系,建有自己的免费学术信息资源数据库。

8. PubMed(http://www. pubmed. com)

PubMed是因特网上使用最广泛的免费MEDLINE,是美国国家医学图书馆(NLM)所属的国家生物技术信息中心(NCBI)于2000年4月开发的,基于Web的生物医学信息检索系统,位于美国国立卫生研究院(NIH)的平台上。该系统通过网络途径免费提供包括MEDLINE在内的自1950年以来全世界70多个国家4300多种主要生物医学文献的书目索引和摘要,并提供部分免费和付费全文链接服务,同时包含提供期刊全文的出版商网址的链接、来自第三方的生物学数据、序列中心的数据等。

9. ResearchIndex(http://citeseer.ist.psu.edu/)

ResearchIndex 检索互联网上 Postscript 和 PDF 文件格式的学术论文,目前在其数据库中可检索到超过 50 万篇论文,主要涉及计算机科学领域,涉及的主题包括互联网分析与检索、数字图书馆与引文索引、机器学习、神经网络、语音识别、人脸识别、元搜索引擎、音频/音乐等。ResearchIndex 在网上提供完全免费的服务(包括下载 PS 或 PDF 格式的全文)。

10. Information Bridge(http://www.osti.gov/bridge/)

Information Bridge 是由美国能源部(DOE)下属的科学与技术信息办公室(OSTI)开发维护的搜索工具,提供美国能源部 1994 年以来研究成果的全文文献和目录索引,涉及的学科领域包括物理、化学、材料、生物、环境科学、能源技术、工程、计算机与情报科学和可再生能源等。检索功能有基本检索和高级检索两种。

7.3 开放存取

根据 Association of Research Libraries 的解释,"开放存取"是在基于订阅的传统出版模式以外的另一种选择。通过新的数字技术和网络化通信,任何人都可以及时、免费、不受任何限制地通过网络获取各类文献,包括经过同行评议过的期刊文章、参考文献、技术报告、学位论文等全文信息,用于科研教育及其他活动,从而促进科学信息的广泛传播,学术信息的交流与出版,提升科学研究的共利用程度,保障科学信息的长期保存。这是一种新的学术信息交流的方法,作者提交作品不期望得到直接的金钱回报,而是希望这些作品可供公众在公共网络上利用。

按照布达佩斯开放存取先导计划(Budapest Open Access Initiative, BOAI)中的定义,开放存取是指某文献在 Internet 公共领域里可以被免费获取,允许任何用户阅读、下载、拷贝、传递、打印、检索、超级链接该文献,并为之建立索引,用于软件的数据输入或其他任何合法用途。用户在使用该文献时不受财力、法律或技术的限制,而只需在存取时保持文献的完整性,对其复制和传递的唯一限制是使作者有权控制其作品的完整性及作品被准确接收和引用。

7.3.1 开放存取的特征与类型

1. 开放存取的特征

通过对开放存取的定义和交流过程进行分析,考察开放存取的实际活动,编者认为开放存取具有下列基本特征:

① 在信息交流内容方面,开放存取提供学术交流平台,对具体交流的信息只有质量上的控制,而没有内容和形式方面的严格限制,可以是期刊论文、会议论文、图

书，也可以是专利文献、研究报告，可以是文本文件，也可以是多媒体文件。

② 在存取途径方面，强调开放传播，为此要使同一文献可以以多种途径检索与阅览，交流范围覆盖整个互联网，各系统间具有良好的互操作性，以免费或收取少量费用的方式减少获取障碍。

③ 在对文献的使用权限方面，读者对学术文献的使用权利大大扩充，可以为教学、研究、学习等目的而公开复制、打印、利用、扩散、传递和演示。

④ 在交流方式与交流效率方面，重视提高信源、信宿交流的直接性和交互性，可以实现作者、读者、编辑之间一对一、一对多、多对多的交互模式，重视提高学术交流的时效性，增进文献处理自动化程度，缩短出版周期。

2. 开放存取的类别

(1) OA 期刊

开放存取期刊是一种免费的网络期刊，旨在使所有用户都可以通过因特网无限制地访问期刊论文全文。此种期刊一般采用作者付费出版、读者免费获得、无限制使用的运作模式，论文版权由作者保留。在论文质量控制方面，OA 期刊与传统期刊类似采用严格的同行评审制度。开放存取期刊不再利用版权限制获取和使用所发布的文献，而是利用版权和其他工具来确保文献可永久公开获取。

(2) OA 存储

OA 存储也称为 OA 知识库，包括基于学科的存储和基于机构的存储。

学科 OA 存储最早出现在物理、计算机、天文等自然科学领域，采取预印本的形式在网上进行专题领域的学术交流。因此，一些学术组织开始自发地收集这些可共享的学术信息，将其整理后存放于服务器中供用户免费访问和使用。发展至今，很多学科 OA 仓储仍主要以预印本资源库的形式存在，对某一学科领域或多个学科领域中的所有研究者开放，提供免费的文献存取和检索服务，以供交流、学习。

机构 OA 存储的主体一般为高校图书馆、科研院所或学术组织，存储对象为组织或机构的内部成员在学术研究过程中产生的各种有价值资源，如项目研究成果（包括开题报告、中期报告、结题报告等）、调查研究报告、硕/博士学位论文、会议论文，甚至包括课程讲义、多媒体资料等。这些资料虽不一定曾正式发表出版，但它们作为学术研究活动过程中的产出，仍具有一定的学术价值。若能通过积极的存储与管理使其得到有效利用，必将对促进与推动组织内部其他学者的科研创新活动起到积极的作用。

(3) 其他 OA 资源

除上述两种形式外，各种其他形式的 OA 资源也陆续涌现，如个人网站、电子图书、博客、学术论坛、文件共享网络等。但这些资源的发布较为自由，缺乏严格的质量保障机制，较前两类开放存取出版形式而言，其随意性更强，学术价值良莠不齐。

7.3.2 国内开放存取数据库及系统

1. Socolar 统一检索平台

（1）简介

Socolar 统一检索平台（以下简称 Socolar）是中国教育图书进出口公司建设和维护的一个 OA 资源的一站式检索服务平台，旨在为用户提供 OA 资源检索和全文链接服务的公共服务平台，为非营利性项目。Socolar 在世界范围内收集和整理学术界重要的 OA 资源（包括 OA 期刊和仓储）。目前，Socolar 最主要的合作伙伴是国外著名的 OA 出版单位 BioMed。一般来说，Socolar 只对 OA 资源作整理并提供检索，用户要获取全文需要到刊物出版机构主页下载，但也有一小部分资源是 Socolar 全文收录的。

（2）检索方式

登录网址：http://www.socolar.com/，即可进入 Socolar 检索平台，界面如图 7-5 所示。

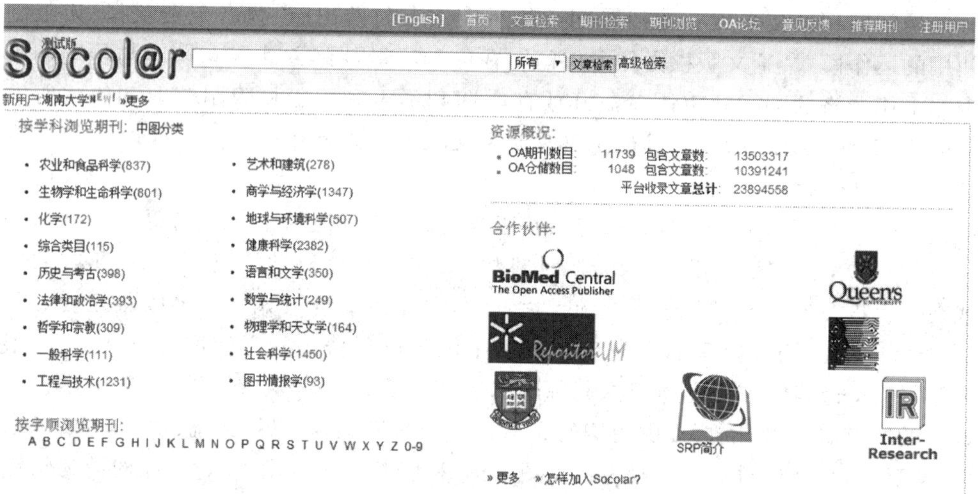

图 7-5 Socolar 检索平台界面

① 简单检索。Socolar 主页默认是文章简单检索。简单检索方式可供检索的字段有 5 个：所有、篇名、作者、摘要、关键词。平台默认检索所有字段。用户在检索框中输入检索关键词，点击“文章检索”按钮即可完成检索。Socolar 平台支持布尔逻辑检索、短语检索及截词检索。

在 Socolar 平台的任何一个栏目里，点击导航栏的“期刊检索”按钮即可进入期刊检索。Socolar 的期刊检索可供检索的字段有刊名、ISSN、出版社等，如需检索关键词、简介，只可以选用“所有”进行检索。期刊检索与文章检索相类似，也支持布尔逻辑检索、短语检索及截词检索。

小贴士

Socolar 平台还有一个非常人性化的设定，用户在文章检索与期刊检索之间切换时，系统会为用户保留原检索式，无须重新输入检索式。

② 高级检索。Socolar 提供了灵活的高级检索，在简单检索的页面，点击“文章检索”或“期刊检索”后面的“高级检索”按钮即可跳转到高级检索页面，如图 7-6 所示。

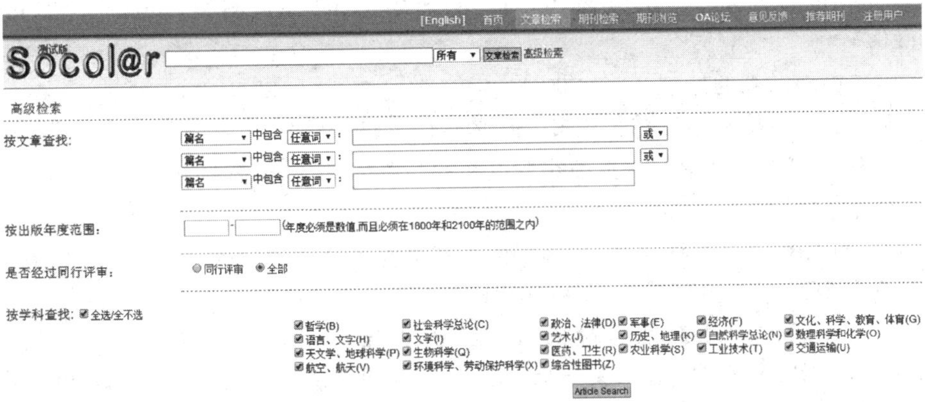

图 7-6　Socolar 高级检索

Socolar 高级检索提供 3 个条件进行限定。在每个检索条件中，用户可以根据需要选用篇名、作者、摘要、关键词、刊名/仓储名、ISSN、出版社这 7 个字段中的任意一个进行检索，也可以选用“所有”选项从所有字段范围进行检索。除了可以对检索字段进行限定外，用户还可以对第一个检索框中使用的检索词作进一步的限定，可供选用的限定方式有“所有词”“任意词”“短语”。相同的字段、相同的检索词，选用的限定方式不同也会造成结果的不同。Socolar 在此处对检索词的识别以空格为标志。

③ 期刊浏览。期刊浏览有两种方式：一种是按字母浏览；另一种是按学科浏览。

- 按字母浏览。按字母浏览期刊比较简单，用户只需点击相应的英文字母，Socolar平台即会提供以该字母为刊名首字母的期刊列表。列表提供期刊的简单信息，如出版社及相应的期刊首页链接等。
- 按学科浏览。Socolar 对期刊进行了学科分类，一共有 21 个大类。按学科浏览与按字母浏览相似，选择某一学科即可浏览相应学科内的期刊。Socolar 还对 21 个大学科进行了细分，每个学科根据学科内容细分为若干个级别及数目，并且在浏览过程中对学科下收录期刊数目进行提示。

（3）检索语法

① 布尔逻辑检索。Socolar 可以运用布尔逻辑技术，运算符号为 AND、OR、NOT，如 life AND science NOT analyser。

② 短语检索。它借鉴了一般搜索引擎的方法，Socolar 支持短语的精确检索。如

果两个检索词之间用空格来进行连接，相当于这两个检索词用“OR”来运算，是一个逻辑“或”的关系。例如，输入“open access”相当于输入“open OR access”。

③ 截词检索：Socolar 提供截词检索功能，运算符号使用“ * ”和“？”。“ * ”代表 n 个任意字符，“？”代表一个任意字符。Socolar 的截词检索只支持中截和后截，不能使用前截词。例如，输入“Librar* ”“L*brary”“Librar** ”“L**brary”“L? brary”“L?? rary”和“Librar?”均可检索出包含“Library”的记录，但命中记录数不一样。其中，在同一位置使用一个或更多的“ * ”的效果是相同的，例如“Librar* ”等同于“Librar** ”。

（4）检索结果的处理及原文获取

无论是简单检索还是高级检索，命中的目标都是论文。

① 用户可以在文章检索页面获取论文的简单信息，包括篇名、作者、出版刊物及相应卷期号。

② 可以由是否带“Peer-Reviewed”标志知道该论文是否经过同行评审。

③ 点击“Full Text”按钮可获取文章原文。

④ 如果用户想通过查看摘要进一步确认是否有必要获取其原文，可点击“Abstract”按钮或“篇名”进入文摘页面查看关键词及摘要信息等，由文摘页面链接获取原文。

⑤ 点击论文原刊物名称，可转到该期刊历史卷期列表，方便用户查阅。

⑥ 通过 Socolar 获取的论文的文档格式不尽相同，期刊出版者提供的文档保存格式大体上有 HTML 和 PDF 两种。用户可以根据自己的需要对原文进行在线浏览、存档或打印输出。

2. 中国科技论文在线(http://www.paper.edu.cn/)

（1）简介

中国科技论文在线是经教育部批准，由教育部科技发展中心主办的科技论文网站，该网站提供国内优秀学者论文、在线发表论文、各种科技期刊论文（各种大学学报与科技期刊）全文，此外还提供对国外免费数据库的链接。用户在网站上发布论文不收取任何费用，查阅、下载论文也不收取任何费用。越来越多的高校将在中国科技论文在线上发表的论文认可为符合研究生毕业、职称评定要求的论文，目前认可的高校达到了 23 所。

中国科技论文在线将服务对象分为注册用户和非注册用户两类。注册用户可以使用包括论文在线投稿在内的所有功能，而非注册用户则只能以访客的身份对该站进行部分检索、浏览和下载。目前中国科技论文在线主要有“在线发表论文”“优秀学者及主要论著”“名家推荐精品论文”“获奖项目及主要论著”“科技期刊”“论文库链接”等栏目。其中，“在线发表论文”栏目为科研人员提供了一个快速发表论文、交流创新思想的平台，“优秀学者及主要论著”栏目为众多优秀学者免费建立了个人学术专栏。网站定期对在线上发表论文数量、优秀学者专栏浏览次数及各单位优秀学者数进行统计排序，并在网站公布。

（2）论文检索

中国科技论文在线对在其站点发表及收录的论文进行整合，并提供快速搜索和全文检索两种方式，如图 7-7 所示。

图 7-7　中国科技论文在线主界面

7.3.3　国外开放存取数据库及系统

1. DOAJ——OA 期刊文献检索系统(http://www.doaj.org/)

（1）DOAJ 简介

DOAJ(Directory of Open Access Journals)是由瑞典 Lund 大学图书馆创建和维护的、专业的 OA 期刊文献检索系统，该系统收录的均为学术性、研究性期刊，大多是经过同行评审或者由编辑进行质量控制的期刊，具有免费、全文、高质量的特点，对学术研究有很高的参考价值。DOAJ 收录的 OA 期刊数量非常多，其对收录的期刊有着严格的质量控制，包括很多 SCI 收录的期刊，属于目前最好的 OA 期刊目录网站之一。DOAJ 还于 2005 年入选了美国 2005 年度最佳免费参考网站。该系统的论文可自由存取，任何人都可以使用，不反对商业用途。截至 2013 年，DOAJ 收录了 5691 份学术期刊，其中 2436 份期刊可以搜索到文章内容，大概有 48 万篇论文。

（2）DOAJ 的检索

DOAJ 的主页界面如图 7-8 所示。主界面的中间区域是检索区，可在检索框中输入检索词，进行期刊或论文的检索。

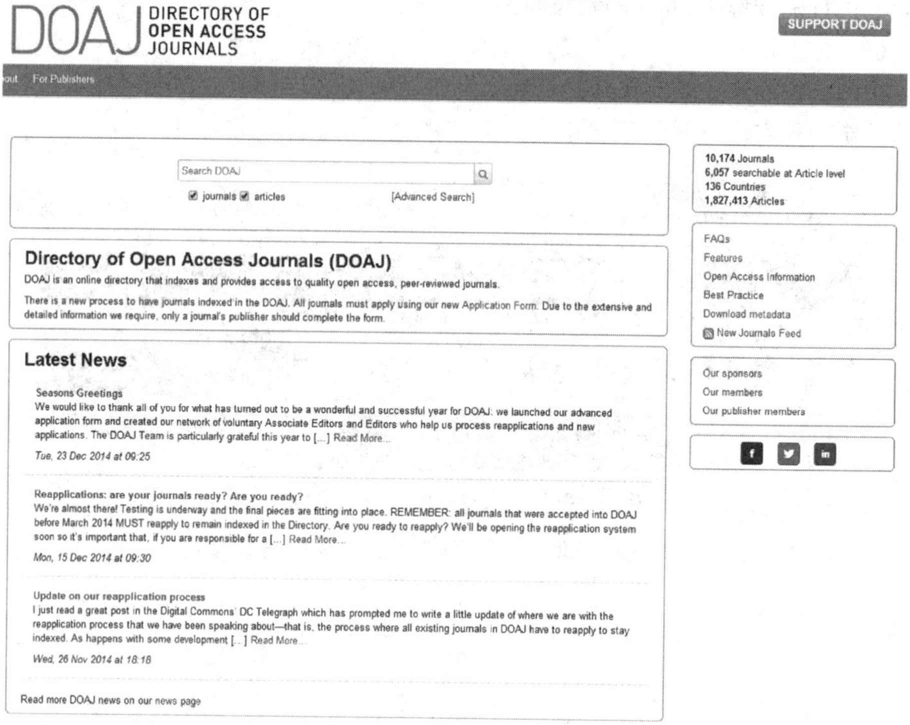

图 7-8 DOAJ 主界面

DOAJ 提供期刊检索和论文检索，只支持布尔逻辑检索，不支持截词检索和位置检索，而且只在检索论文时才能使用布尔逻辑检索。

① 简单检索：可在主界面单独或同时选择检索框下方的 journals、articles，进行期刊检索、论文检索。

② 高级检索：点击 Advanced Search 即可进入 DOAJ 的高级检索页面，如图 7-9 所示。页面左边是 DOAJ 的分类框，中间是检索区域，下面是检索结果显示。

在检索区域选择检索字段，输入检索词即可进行检索。可选择的检索字段有 Search All（所有字段）、Title（篇名）、Key words（关键词）、Subject（主题词）、ISSN（刊号）、Journal title（期刊名）、Author（作者）、Abstract（文摘）等。

③ For Publishers：面对论文作者，DOAJ 还提供专门的期刊检索，通过 For Publishers 可帮助作者查找和了解如何在开放存取期刊上发表自己的研究成果，作者所关心的期刊质量、所属学科及出版费用等信息都可以在这里了解到。

DOAJ 是一个重要的开放期刊平台，截至 2013 年已经收录了 5691 份学术期刊，并且期刊的品种仍在不断增加。

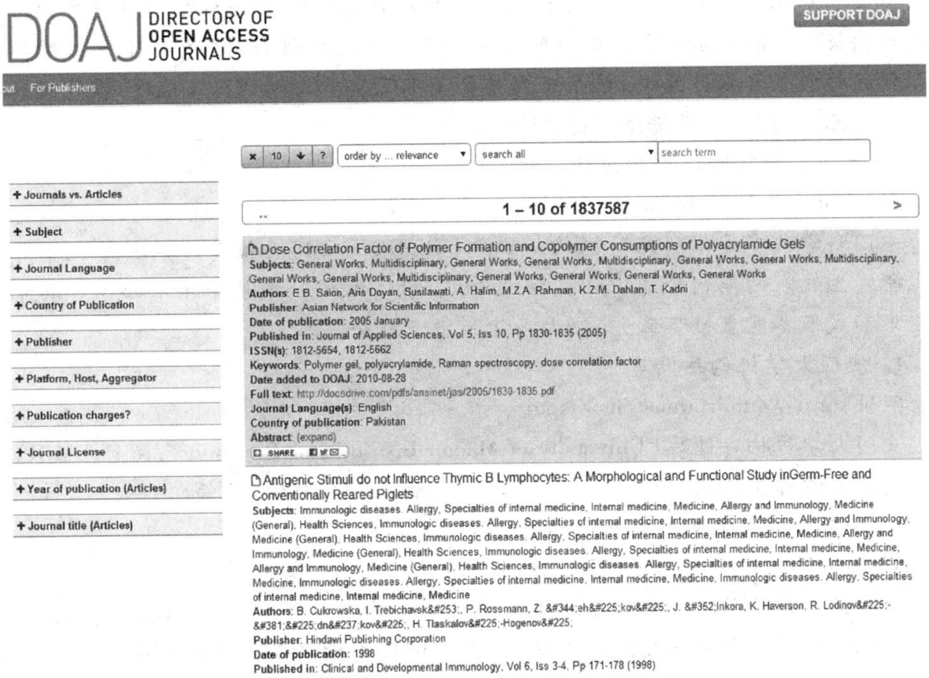

图 7-9　DOAJ 高级检索界面

2. OpenDOAR（http://www.opendoar.org）

OpenDOAR 是英国的诺丁汉（Nottingham）大学和瑞典的伦德（Lund）大学图书馆，在 OSI、JISC、CURL、SPARC 欧洲部等机构的资助下于 2005 年 2 月共同创建的。它是一个开放获取机构资源库、学科资源库目录检索系统，用户可以通过机构名称、国别、学科主题、资料类型等途径检索和使用这些知识库。它和开放获取期刊目录（DOAJ）一道构成当前网络免费全文学术资源检索的主要平台。

扩展阅读① 开放存取系统及网址

国内

1. 中国预印本服务系统

网址：http://prep.istic.ac.cn。

中国预印本服务系统提供国内科研工作者自由提交的科技文章，一般只限于学术性文章。系统的收录范围按学科分为：自然科学、农业科学、医药科学、工程与技术科学、人文与社会科学。

2. 中国学术论文开放存取平台

网址：http://www.paperopen.com。

中国学术论文开放存取平台(开放存取网),是由万方数据承担的科技部国际科技合作项目“中国—瑞典学术论文开放存取应用系统建设合作”支持下建立的学术资源开放存取整合服务系统,该系统内整合了102家中文期刊以及超过2000种的外文期刊资源,目前论文数据量已达52万多条。

3. 半导体研究所机构知识库

网址:http://ir.semi.ac.cn/。

中国科学院半导体研究所机构知识库(SEMIOpenIR)存储了中国科学院半导体研究所师生发表的期刊论文、专利、会议论文、学位论文和成果等学术知识。其中学位论文和成果不能直接下载,其他大多能免费下载全文。

4. 澳门大学机构存储库

网址:http://umir.umac.mo/jspui/。

澳门大学机构存储库(University of Macau Institutional Repository,简称UMIR)存储了澳门大学师生的期刊论文、会议论文和汇报总结等学术资料等。

5. 香港科技大学图书馆知识库

网址:http://repository.ust.hk/dspace/。

香港科技大学图书馆知识库是由香港科技大学图书馆用dSPACE软件开发的一个数字化学术成果存储与交流知识库,收录由该校教学科研人员和博士生提交的论文(包括已发表和待发表)、会议论文、预印本、博士学位论文、研究与技术报告、工作论文和演示稿全文共1754条。浏览方式有按院、系、机构(Communities & Collections),浏览按题名(Titles),浏览按作者(Authors)浏览和提交时间(By Date)浏览。检索途径有任意字段、作者、题名、关键词、文摘、标识符等。

6. 香港教育学院机构存储

网址:http://www.ied.edu.hk/web/index.php。

香港教育学院机构存储共存储了超过10500份各种记录,包括学术文章、会议文章、书籍等相关信息。绝大部分可以免费下载全文,只有个别只提供摘要。

7. 厦门大学学术典藏

网址:http://dspace.xmu.edu.cn/dspace/。

厦大学术库主要是用来存储厦门大学教学和科研人员的具有较高学术价值的学术著作、期刊论文、工作文稿、会议论文、科研数据资料,以及重要学术活动的演示文稿等。

国外

1. SPARC:Scholarly Publishing and Academic Resources Coalition(学术出版与学术资源联盟)

网址:http://www.arl.org/sparc/。

学术出版与学术资源联盟创建于1998年6月,它是由大学图书馆和相关教学、研究机构组成的联合体,本身不是出版机构,目前成员已经超过300多家,旨在致力于推动和创建一种基于网络环境真正为科学研究服务的学术交流体系。

2. ArXiv

网址:http://arxiv.org/。

此网站提供物理学、数学、非线性科学、计算机科学、植物学等方面的全文文献。

3. 约翰威立(Wiley)开放阅读期刊

网址:http://www.wileyopenaccess.com/view/journals.html。

John Wiley & Sons Inc.(约翰威立父子出版公司)1807年创立于美国,是全球历史最悠久、最知名的学术出版商之一,享有世界第一大独立的学术图书出版商和第三大学术期刊出版商的美誉。

该出版公司出版的学术期刊质量很高,尤其在化学化工、生命科学、高分子及材料学、工程学、医学等领域。

4. 剑桥大学机构收藏库

网址:http://www.dspace.cam.ac.uk/。

剑桥大学机构收藏库(DSpace@Cambridge)收藏了剑桥大学师生提供的众多资料,包括图书馆数字化的资料和本校其他机构产生的数字资源,如论文、预印本、学位论文、技术报告、各个学部和大学档案等。这些资料以不同的格式如多媒体、交互式课件、数据集、数据库等形式存储,其中的绝大部分可以免费下载。

5. 美国哥伦比亚大学学术存储

网址:http://academiccommons.columbia.edu/。

哥伦比亚大学学术存储主要存储了哥伦比亚大学师生的学术研究成果,其中的绝大部分内容可以免费下载,但是博士论文只有学校的师生才有权限阅读全文。研究成果包括论文、会议资料、工作报告、图片等多种形式。

6. HighWire Press(海威出版社)

网址:http://highwire.stanford.edu/。

HighWire Press是全球最大的提供免费全文的学术文献出版商,于1995年由美国斯坦福大学图书馆创立。最初仅出版著名的周刊"*Journal of Biological Chemistry*",目前已收录电子期刊710多种,文章总数已达230多万篇,其中超过77万篇文章可免费获得全文。这些数据仍在不断增加。用户通过该界面还可以检索Medline收录的4500种期刊中的1200多万篇文章,可看到文摘题录。

HighWire Press收录的期刊包括生命科学、医学、物理学、社会科学。

7.4 在线开放课程——慕课(MOOC)

大规模开放在线课程慕课MOOC是近两年在世界范围内兴起的一种新的在线教育形式,它在短时期内的井喷式发展以及给传统大学教育带来的巨大冲击引起了国际社会的广泛关注。作为教育史上的一场数字海啸，MOOC 不仅正在席卷传统大学，也为各国解决高等教育发展中的症结问题提供了现实路径。因此，包括中国 4 所顶尖大学在内的各国高水平大学纷纷加盟。

1. 慕课(MOOC)的基本内涵

MOOC 是 Massive Open Online Course 的缩写，中文意思是“大规模网络开放课程”。Massive(大规模的)是指对注册人数没有限制，用户数量级过万；Open(开放的)是指任何人均可参与并且通常是免费的；Online(在线的)是指学习活动主要发生在网上；Course(课程)是指在某研究领域中的围绕一系列学习目标的结构化(Structured)内容。MOOC 体现着技术和文化的融合正围绕着数字化学习创造出新的能量。MOOC 技术主要包括高质量的编目视频、数据采集与分析、带有社交功能的授递平台，使得基于网络的教学相比过去更加有效、更具规模。从文化角度看，MOOC 秉承一种基于网络的交流、协作和知识发现的学习文化。可以说，MOOC 既代表着一种新型技术系统也蕴含着一种新型的教/学范式。

2. 慕课(MOOC)的本质特征

(1) 开放式在线访问

“开放”是 MOOC 的首要特征。“开放”意味着公开、民主和自由的学术精神。意为即便学习者在人口、地域、经济和文化等方面存在差异，知识应该为人类共同创造和免费共享，每个人的学习愿望都应该得到最大限度的满足。因此，“开放性”除了具有免费共享之义外，还包含对资源重复利用、修改和传播的权利。

(2) 大规模参与

大规模参与(Massive participation)是 MOOC“开放性”的具体体现。由于 MOOC 平台一般不限制注册人数，来自世界各地的学员可以自由参与到自己偏爱的课程活动之中。比如，2011 年斯坦福大学史朗(Thrun)教授开设的《人工智能导论》课程免费放到上网，吸引了来自 190 多个国家的 16 万余学生注册，并有 2 万人完成了课程学习。到 2013 年，全球最大的 MOOC 平台 Coursera 的注册用户数已愈 500 万，开设课程超过 450 门，加盟院校 90 多所，这其中包括北京大学、复旦大学和上海交通大学。

(3) 真正精品化的微课程资源

就目前主流 MOOC 平台来看，核心的课程资源以短小的视频课程为主。这些微课程的主讲教师大都由一流学校的名师担任，名师效应成为 MOOC 风靡时下的重要动因之一。许多课程视频中还内嵌一些小测验(Quizzes)，帮助学习者即时评估学习效果。学生能够对这些短视频(Short Videos)进行步调控制、暂停、回倒等操作，对相关内容进行探究与重新利用。由于学习者注意力保持时间大约为 10 分钟，因此，5～15分钟的短视频还迎合了学生保持注意力的最佳时长需求。设计良好的短小视频可以很好地突出重点、要点和难点，减小认知负荷，提高学习质量和效率。如果在短视频中穿插习题测验、仿真实验操作、程序代码编写等互动检测,为学习者提供检索式学习(Retrieval learning)的机会,在短时记忆中频繁回忆和加工信息,将极大地增强学习效果。此外,这些内嵌式测验还可以调用自动评分系统为学习者及时呈现反馈信息。MOOC 平台还整合了社交网络、在线论坛、视频会议甚至维基(Wiki),将专家、导师、学伴连接起来,深深地吸引着每一位学习者参与其中,从而获得较强的目标感、归属感和成就感。

(4) 基于大数据的分析与评估

伴随着超大规模的学习访问、全球范围的协作交流和动态创生的信息资源,MOOC 教学必然产生复杂的大数据,这些海量的实时学习数据都将被 MOOC 平台记录在案。MOOC 学习过程中不仅要观看视频和回答问题,学习者还要利用社会网络、论坛、博客与教师和他人进行交互,从而留下又长又多的数据"痕迹"。此外,需要利用技术对大数据进行分析处理,让数据开口"说话"。大数据分析能够揭示出在传统教育的经验模式中所无法检测出来的趋势与模式,有助于洞察人是如何学习的,学生理解了什么,没有理解什么,什么原因导致学习者获得成功等关键问题。"智能分析(Smart Analytics)"意在对学习者所产生的大范围数据中的"隐含意义"进行挖掘,为评估学术过程、预测未来表现和发现潜在问题提供服务。

(5) 逐渐与学分学位认证和就业推荐相联系

学分和学位认证是对学习者的学习经历和学习能力的一种较为公允的评判标准。在美国,不少高校开始认可学生在 MOOC 上修得的学分。国内清华大学"学堂在线"MOOC 平台也正在积极探索学分互认问题。正如著名 MOOC 机构 edX 主席阿加瓦尔(Agarwal)所说,如果学生能取得在线学习的相关认证,无论是进入职场,还是选择国内外大学继续深造,都会起到很大的帮助作用。此外,Coursera 提供了职业发展服务,对平台记录的学习数据进行分析后,再与招聘公司的人才需求条件相匹配,为其推送最适合的专业人才。当然企业为此要支付一定的信息服务费。

3. 慕课(MOOC)的发展现状

MOOC 并非是由官方自上而下发起,而是由信誉高的名牌大学自主提供,课程讲授则由知名度高的教师担纲。美国的 MOOC 机构数量正呈指数级增长,几乎每周都有新的机构进入 MOOC 领域。美国 2003 年排名前 25 的一流大学中有 22 所已经提供了 MOOC 或类似的免费课程,其中包括著名的哈佛大学、耶鲁大学、麻省理工学院、斯坦福大学等。此外,加拿大、欧洲、亚洲、中东和澳大利亚的诸多名校也正在或者即将提供 MOOC。

(1) 国外 MOOC 三大主流机构

① Coursera

这是由斯坦福大学教授在 2011 年创立的营利性网站,目前已经有 30 多家大学加入了 Coursera 的阵营,这其中包括了美国的常青藤大学,以及杜克大学、约翰霍普金斯大学、莱斯大学、加州理工大学、伊利诺伊大学厄巴纳分校、伯克利音乐学院等。

● 课程:20 个科目的 204 门课程,包括计算机科学、数学、商务、人文、社会科学、医学、工程学和教育等。

● 评估:基于软件的测验、作业、习题集;安排另外的 5 名学生给 1 名学生的文字作业打分;有很多教授都允许学生多次参加测验,然后取最高分(当然,每次测验都不一样)。

● 互动模式:在线论坛和学习小组,已经有学生在 1400 个城市组织了线下见面会。

● 学习节奏:大部分课程都有开始时间和结束时间,不过可以中途加入一门课程,只要还未过注册截止日期即可。

● 学生能获得什么:有些教授会为学生颁发自己签署的结业证书,不过并非来自校方。安蒂奥克大学洛杉矶校区的学生可以通过 Coursera 获得学分。

② Udacity

它同样是由斯坦福大学教授创办的营利性网站,不过未与大学结成联盟。

● 课程:18 门课程,主要覆盖计算机科学、数学、物理、商务等。虽然只有 18 门课程,但是 Udacity 上面的每一门课程都做得非常用心,包含多个单元,每个单元又包含多个知识块,每个知识块都有对应的练习和可以打印的、非常详细的课堂笔记。

● 评估:基于软件的测试、习题集、跟编程相关的作业。另外,每个单元的每个知识块都有相应的习题和答案。而且,任意一个选择题都是教授自己手写的,每一个答案又单独做成了一个小视频。在习题集里面同样包含视频,学生可以在线输入代码并测试代码。

● 学术完整性:学生需支付 89 美元参加在各大 Pearson 考试中心的期末测试(有监考)。

● 互动模式:在线论坛和学习小组。已经有学生在超过 450 个城市组织了线下见面会。

● 学习节奏:学生自己把握。

● 学生能获得什么:网站将根据学生的学习表现颁发不同层次的证书,如结业、良好、优秀。另外,科罗拉多州立大学的环球学院已经认可 Udacity 上部分课程的学分。Udacity 还发布了一个免费的就业匹配计划,可以将学生的简历根据公司的招聘情况和学生的成绩发给包括 Google、Facebook、Twitter、美国银行在内的合作公司。

③ edX

这是由麻省理工学院和哈佛大学联合在 2012 年 5 月份推出的非营利性网站;加盟学校包括伯克利大学、德克萨斯大学系统(包括 9 所大学和 6 家医学院)等。除了为全世界的学生提供免费课程以外,这家网站的另外一个属性则更像是大学的一个实验基地，通过研究线上、线下混合教学的模式，提高线下传统校园的教学和学习效果。

● 课程：目前只有9门，主要覆盖化学、计算机科学、电子、公共医疗等，不过准备在合适的时候将课程扩大至20～30门。但据edX官网介绍，仅麻省理工学院其中的一门课程“电路与电子”就有超过160个国家的15万名学生报了名，这些学生的年龄从14岁到74岁不等。

● 评估：基于软件的测试、作业。未来还将包括在线论坛、基于Wiki的协作式学习、在线实验室和其他交互式学习工具。

● 学术完整性：有一些期末考试同样有监考，学生需支付不同的费用在各大Pearson考试中心完成考试。为了防止作弊和抄袭，他们的习题集编号都是随机产生的。

● 互动模式：该功能目前来说还相当简陋，现在只有哈佛大学公共卫生院教的一门关于定量方法的课程会有区域性聚会。

● 学习节奏：每门课程都有开始和结束的时间，课程开始的两周之后就停止报名。假如学生不能在截止日期前提交作业，还可以在后一周补上，但是会被扣掉一定的分数。

● 学生能获得什么：完成一门课程后可获得一个结业证书。目前有两种证书，一种是指定一个荣誉代码，还有一种是经过监考之后授予的。这两种证书上面都会印上edX和学校的名字，比如MITx、HarvardX、BerkeleyX、UTAustinX等。

（2）国内主要MOOC平台

① 清华的学堂在线

2013年10月10日，清华大学打造的大规模开放在线课程平台“学堂在线”（www.xuetangx.com）正式开放，这是全球首个中文版“慕课”平台。“学堂在线”由清华大学的技术团队历时4个月研发而成，它采用了一部分edX的开放源代码，与edX功能类似，支持在线播放课程视频、网上讨论、在线答疑等，是全球首个中文版MOOC平台，主要面向全球华人以及希望以中文为载体学习的人们。

② 慕课网（IMOOC）

慕课网（http://www.imooc.com/）是由北京慕课科技中心成立的，是目前国内慕课的先驱者之一，现设有前端开发、PHP开发、Java开发、Android开发及职场计算机技能等课程。其中课程均包含初级、中级、高级3个阶段。

③ 中国大学MOOC

中国大学MOOC（http://www.icourse163.org/）是爱课程网携手网易云课堂打造的在线学习平台，在这里学完大学课程后还能获得认证证书。中国大学MOOC拥有来自于39所985高校的顶级课程，全新完整的在线教学模式，定期开课、简短视频，并可提交作业，与同学、老师在线交流。

扩展阅读② 移动图书馆

随着信息技术的更新换代与网络的日渐普及，人们的阅读习惯发生了较大的变化，除了传统图书馆外，人们还可以选择流动图书馆、汽车图书馆等阅读方式，这种转变对传统图书馆造成了威胁，同时也促使图书馆在多年资源和信息网络建设的基础上突破传统运行模式，拓展智能化、个性化的移动服务。当前的移动图书馆主要是指使用手机、iPad等移动终端随时、随地可访问图书馆资源。

1. 移动图书馆内涵及特点

移动图书馆由Mobile Library翻译而来，原意是指汽车图书馆。随着手机、iPad等移动终端的普及，越来越多的读者使用移动终端访问图书馆资源，并阅读、下载、查询各类电子书、有声读物，以满足自身多种阅读需求。移动图书馆也是在无线网络的普及之上发展的，多数读者通过无线方式接受图书馆的各类服务，而手机等移动终端也不仅仅扮演以往资源载体的单一角色，而是逐渐成为读者和图书馆相互传递信息、交换资源的工具。从目前发展情况看来，国内移动图书馆主要指通过智能手机、PSP、iPad、MP3、MP4等手持移动终端设备对图书馆资源进行访问、查询和阅读所需资料的阅读方式。

移动性、便携性是移动图书馆的主要特点，这一特性与图书馆完善的服务体系及丰富的资源紧密相关。另外，移动图书馆还具有主动性、实时性的特点。

2. 移动图书馆服务模式

目前国内移动图书馆的服务模式主要有SMS、WAP网站、App 3种模式，部分图书馆结合其中2种或3种模式向用户提供移动服务。

(1) SMS短息服务模式

短信服务模式是三者中历史最为悠久、使用范围最广、利用门槛最低的服务方式。短信服务模式对网络接入技术环境和移动终端都没有太高的要求，加上成本也不高，如此优惠的价格使得普通社会公众也能够负担得起接入与使用短信服务的成本。正因为短信服务模式所具备的上述特点与低廉的价格，它也最具有亲民性，成为当前使用群体最为广泛的服务模式。

(2) WAP网站服务模式

WAP网站服务模式是指通过构建手机、平板电脑等移动设备能够访问的网站来提供移动图书馆相关信息服务的模式，主要包括WAP(WirelessApplication Protocol)网站和移动优化(Mobileoptimized)的Web网站。它是一种窄带方式传输数据的服务方式，其功能丰富，交互便捷，也是目前移动互联网用户利用互联网与移动图书馆的方式之一。

(3) App客户端应用服务模式

App(Application)指第三方应用程序，需要图书馆发布App客户端，供读者在移动设备中安装，而后图书馆通过该 App 提供信息服务。

近年来，随着手持终端的兴起，国内一些大型图书馆开始尝试利用 App 等工具为用户提供移动服务。例如，2005 年上海图书馆在全国首先推出“手机图书馆”，并陆续推出了手机二维码应用和移动客户端，将图书馆服务的桌面终端延伸到移动终端；清华大学图书馆于 2011 年年底成功推出了基于安卓系统的图书馆客户端，开始利用 App 为用户提供馆藏目录查询等 10 个电子资源数据库检索、个人借阅记录查询等服务；中国国家图书馆继“掌上国图”之后推出系列电子书 App，将馆藏电子书以 App 形式供用户下载阅览。

练习与思考

1. 简述网络信息资源的特点。
2. 搜索引擎的特点与类型有哪些?
3. 什么是开放获取? 有哪些特征与类别?
4. 简述中文搜索引擎百度、Google 的语法特点及其他重要功能。
5. 在谷歌图书频道检索一本你感兴趣的书，并谈谈在谷歌上免费阅读电子图书的心得。

第8章

信息利用与创新

学习目标

⊙ 了解信息的整理和分析方法,能够整理和分析信息;

⊙ 了解学术论文的类型、格式、撰写要求及具体撰写方法;

⊙ 了解科研活动中的学术规范、合理使用文献的权限,并能按规范进行学术活动;

⊙ 掌握国标参考文献著录格式,能按标准进行规范著录。

开篇案例

大数据成功预测美国大选

进入2012年,大数据(Big Data)一词越来越多地被提及,人们用它来描述和定义信息爆炸时代产生的海量数据,并命名与之相关的数据分析技术发展与创新。IBM的研究称,整个人类文明所获得的全部数据中,有90%是过去两年内产生的。人类的"大数据"时代已经降临。

大数据的能量巨大。2012年美国大选,因为选情太接近,评论家认为结果无法预计。但纽约时报Five Thirty Eight的博客作者和统计学家Nate Silver,却凭分析与挖掘海量数据而做出的模型预测:奥巴马有超过80%的机会赢得大选(后来提升到90.9%)。11月6日,2012美国大选投票最后结果显示,奥巴马获得313张选举人票(罗姆尼获206张),得票率50.34%,连任总统!Nate Silver预测对了所有50个州的选举结果,选举人票数和得票率都惊人地准确,充分展示了大数据强大的能量。

解决大数据问题的核心是大数据分析技术,即从各种各样类型的巨量数据中快速获得有价值信息的技术。总体来说,全球大数据还处在比较粗放的发展阶段。尽管如此，大数据在诸如医疗保健、能源、通信、零售业等很多领域都已经显示出非凡的威力，并必将对世界政治、经济、文化、民生以及各行各业产生更大的影响。

8.1 信息的整理与分析

通过各种正式和非正式渠道，一次文献信息调研所得的各种类型的信息往往很多且杂乱无章。只有对这些信息加以整理与分析，才能进行利用。

8.1.1 信息整理

信息整理就是对信息的加工处理，其目的是有序化现有信息，使其重点突出、脉络清晰。

信息整理的方法主要有以下两种。

1. 形式整理

首先，将搜集的信息按题名、编著者、信息来源、内容提要的顺序进行著录；其次，按各条信息涉及的学科或主题进行分类，并著录分类号和主题词；第三，将著录和归类后的信息，按分类或主题进行编号、整序，使之系统化。

2. 内容整理

内容整理分信息选择和信息提炼两个步骤。

信息选择和信息提炼都需要阅读，科学技术再发达，阅读却非得亲为不可，这一点无可代替。若想提炼出有价值的观点、思路、方法等，对遴选出的某些重要信息的阅读不是一遍就可以的，有时需反复多次阅读并梳理记录，只有这样才能内化为自己的东西。

（1）信息选择

选择信息前需浏览信息。用户通过浏览可对所研究专题有一个大概的了解，并初步确定信息的取舍或重要等级；浏览的目的是快速遴选出那些和研究课题相关性最大、质量较高、参考价值大的信息（可作重点标记或另建文件夹存放，留待以后精读）。那些相关性不大、研究性不足或实际意义不高和参考价值不大的部分也未必要剔除，可另外存储，留待后用，随着课题的进展，重点与非重点是可以转化的。浏览时短文可全读，长文可只读摘要、引言和结论，必要时需通读以掌握课题的概貌。

选择信息一般需遵循以下几个原则：① 相关性原则，即一般应该选择与课题关联程度大的信息；② 可靠性原则，即一般应该选择真实、准确且具有权威性的信息；③ 新颖性原则，即一般应该选择能够反映某领域最新研究成果的比较新的信息；④ 质量性原则，即应该选择那些立论科学、论据充分、论证缜密、数据精确、质量较高的信息。

(2) 信息提炼

经过选择的各种信息不一定都能被吸收利用,可根据需要对信息内容进行进一步的阅读整理,从中提炼出各种有用的材料、观点、思路、方法。对相同的观点进行合并,相近的观点进行归纳,各种图表数据进行汇总,编好顺序供下一步分析、筛选、利用。

信息提炼可采用以下方法:① 汇编法,即汇编原始资料,可将原始资料中的各种有用事实与数据汇总在一起,然后按一定方法编排加工,以方便利用;② 摘要法,即对原始信息的内容进行浓缩加工,抽取其中的主要事实和数据,这是对原始信息的浓缩,对其主要内容具有替代作用;③ 综述法,这是对同一课题大量原始信息进行归纳和综合而形成的具有研究性的信息产品。

8.1.2 信息分析

信息整理是相对浅层次的对信息从形式到内容的简单梳理;而信息分析是根据特定的需要,对已知信息进行深层次的思维加工和分析研究,形成满足需要的新信息的过程。

用于信息分析的方法有逻辑学法、数学法和超逻辑想象法三大类,其中逻辑学法是最常用的方法。逻辑学法具有定性分析、推论严密、直接性强的特点,属于这一类的常用方法有综合法和分析法。

1. 综合法

综合法是把与研究课题相关的各种分散信息,按特定的目的汇集、归纳形成系统、完整的信息集合。具体来说有简单综合、分析综合和系统综合。

简单综合是把原理、观点、论点、方法、数据、结论等有关信息一一列举,进行综合归纳。分析综合则是把有关的信息在对比、分析、推理的基础上归纳综合,并得出一些新的认识或结论。系统综合是一种范围广、纵横交错的综合方式,即把获得的信息从纵的方面综合与之有关的历史沿革、现状和发展预测的信息,从中得到启迪,为有关决策提供借鉴;从横的方面综合与之有关的相关学科领域知识、相关技术,从中找出规律,博采众长,为技术创新的起点或技术革新的方案提供相关依据。

2. 分析法

分析法是将复杂的事物分解为若干简单事物或要素,根据事物之间或事物内部的特定关系进行分析,从已知的事实中分析得到新的认识与理解,产生新的知识或结论。根据分析的角度不同,常用的有对比分析法和相关分析法。

对比分析法中对比的目的有:① 对同类事物不同方案、技术、用途进行对比,从对比分析中找出最佳方案、最优技术、最佳用途;② 对同类事物不同时期技术特征进行对比,从对比分析中了解发展动向和趋势;③ 对不同事物进行对比,从不同事物的类比中找出差距,取长补短。对比的方式有文字分析对比、数据分析对比、图表分析对比等。

相关分析法则是利用事物之间或事物内部各个组成部分之间存在的某种相关关系,如利用事物的现象与本质、起因与结果、事物的目标与方法和过程等相关关系,从一种或几种已知事物特定的相关关系顺次、逐步地来预测或推理未知事物,获得新的结论。

8.2 学术论文的撰写与投稿

整理信息与分析信息的目的是利用信息进行创新,产生信息利用的成果。成果形式包括专利、综述、书评、学术论文等,最常见的表现形式就是学术论文。

8.2.1 学术论文的类型

学术论文,也称科学论文、科研论文、研究论文。学术论文是某一学术课题在实验性、理论性或预测性上具有新的科学研究成果或创新见解和知识的科学记录,或是某种已知原理应用于实际取得新进展的科学总结,用以在学术会议上宣读、交流、讨论或在学术刊物上发表,或用作其他用途的书面文件。根据写作目的不同可分为以下 3 类。

1. 科学技术报告

科学技术报告是描述一项科学技术研究的结果、进展或一项技术研制试验和评价的结果,或是论述某项科学技术问题的现状和发展的文件。它比较注重于告知,可以是仅供内部参考的资料,也可以作为学术论文公开发表。不同于简单的实验报告,它既有理论,又有实践情况的描述。研究报告的内容大多是报告人科学实践的总结,有的是应用性的,有的是基础性的。

2. 学位论文

学位论文是高等院校毕业生用以申请授予相应学位时供评审用的学术论文,也叫毕业论文。1982 年我国国务院颁发了《中华人民共和国学位条例暂行实施办法》,明确规定我国的学位分为学士、硕士和博士 3 级,相应的论文就分为学士论文、硕士论文和博士论文。这 3 类学位论文是由简到繁、由浅入深、由低级到高级的关系。它们的篇幅也不一样,一般来说,学士学位论文不宜过长,10000 字左右即可;硕士论文篇幅较长,通常 30000 ~ 50000 字;博士论文篇幅最长,大多在 50000 字以上,有的甚至达二十几万字,完全可以作为一个系统性的专著进行出版。

3. 专题研究论文

专题研究论文是各学科领域中专业人员在自己所从事的领域进行科学研究、总结科研成果而撰写的专业论文。这种论文数量巨大,它要求探索各学科领域中的新课题,反映各学科领域中的最新学术水平。其主要读者对象是同行的专业工作者。因而,它以报道学术研究成果为主要内容,不必过多叙述一般研究过程。专题研究论文要提交会议交流或期刊发表,故篇幅不宜过长,一般正文部分以 5000 ~ 6000 字为宜。

8.2.2 学术论文的格式

为便于学术论文信息的收集、存储、处理、加工、检索、利用、交流和传播,1988 年 1 月 1 日起实施的国家标准 GB/T 7713—1987《科学技术报告、学位论文和学术论文的编写格式》对学术论文的编排格式作了规定,指明学术论文由以下两大部分构成。

1. 前置部分(见图 8-1)

前置部分:
- 封面 *
- 封二 *
- 题名页 *
- 变异本 *
- 题名(中外文)
- 序或前言 *
- 摘要(中外文)
- 关键词(中外文)
- 目次页 *
- 插图和附表清单 *
- 符号、标志、缩略词、首字母缩写、计量单位、名词、术语等的注释表 *

图 8-1 前置部分

2. 主体部分(见图 8-2)

主体部分:
- 1 引言
- 2 正文
- 3 结论
- 4 致谢 *
- 5 参考文献

图 8-2 主体部分

说明:学术论文如作为期刊、书或其他出版物的一部分,无须带“ * ”项目。

为了使学位论文的组成要素及结构等方面尽可能与国际标准保持一致,达到资源共享和国际交流的目的,2007 年 5 月 1 日实施的国家标准 GB/T 7713—2006《学位论文编写规则》部分代替了 GB/T 7713—1987《科学技术报告、学位论文和学术论文的编写格式》。有了科技论文的编写格式这一国家标准,对于一篇科技论文应先写什么,后写什么,各部分要写什么内容,以及表达中有什么要求,编排上应符合哪些规定等就都有章可循了。

8.2.3 学术论文的撰写要求

除了格式外,学术论文的各部分该怎么撰写也有一定的要求。

1. 标题

标题又称为题目、题名、篇名,是以最恰当、最简明的词语反映论文中最重要的特定内容的逻辑组合,是学术论文的必要组成部分。题名所用每一词语必须考虑到有助于选定关键词和编制题录、索引等二次文献并提供检索的特定实用信息。标题应该避免使用不常见的缩略词、首字母缩写字、字符、代号和公式等,一般不宜超过20个字,外文题名一般不宜超过10个实词。此外,标题还要避免使用笼统、空洞、模棱两可、夸张、华而不实的字词。许多作者习惯于用“研究”“观察”“体会”“探讨”等词语,其实除特殊情况外,一般这些都是不必要的。

2. 著者署名

著者是指在论文主题内容的构思、具体研究工作的执行及撰稿执笔等方面作出主要贡献的人员、能够对论文的主要内容负责答辩的人员,是论文的法定主权人和责任者。

通常将署名置于题名下方,在作者名下注明工作单位、单位所在地、邮政编码。

3. 摘要

摘要又称为文摘、概要、内容提要,是论文内容不加注释和评论的简短陈述,也是论文基本内容的缩影。摘要应具有独立性和自含性,即不阅读报告、论文的全文,通过摘要就能获得必要的信息,供读者确定有无必要阅读全文,一般应说明研究工作的目的、实验方法、结果和最终结论等,而重点是结果和结论。为国际交流,摘要还应有外文(多用英文)摘要。中文摘要一般为200~300字;外文摘要不宜超过250个实词。科技报告、学位论文的摘要可以用另页置于题名页之后,专题研究论文的摘要一般置于题名和作者之后、正文之前。

4. 关键词

关键词是为文献标引工作而从报告、论文中选取出来用以表示全文主题内容信息款目的单词或术语。每篇报告、论文选取3~8个词作为关键词,以显著的字符另起一行,排在摘要的左下方。为国际交流方便,应标注与中文对应的英文关键词,且中英文关键词的数量应是一致的。

5. 引言

引言简要说明研究工作的目的、范围、相关领域的前人工作和知识空白、理论基础和分析、研究设想、研究方法和实验设计、预期结果和意义等。引言应言简意赅,不要与摘要雷同,不要成为摘要的注释。比较短的论文可以只用小段文字起引言的作用。

6. 正文

正文是论文的核心部分,占主要篇幅,可以包括调查对象、实验和观测方法、仪器设备、材料原料、实验和观测结果、计算方法和编程原理、数据资料、经过加工整理的图表、形成的论点和导出的结论等。

由于研究工作涉及的学科、选题、研究方法、工作进程、结果表达方式等有很大的差异，因此正文内容没有统一的规定，但必须实事求是，客观真切，准确完备，合乎逻辑，层次分明，简练可读。

7. 结论

结论（或讨论）是整篇文章的最后总结，但它不是论文的必要组成部分。结论是最终的、总体的结论，不是正文中各段小结的简单重复。结论应该准确、完整、明确、精炼。

如果不可能导出应有的结论，也可以没有结论而只进行必要的讨论，并可以在结论或讨论中提出建议、研究设想、仪器设备改进意见、尚待解决的问题等。

8. 致谢

致谢一般单独成段，放在论文的最后面，但它不是论文的必要组成部分。必要时可在文末以简短的语言对研究工作或论文写作给予资助、帮助、指导等的组织或个人致以谢意。

9. 参考文献

参考文献是现代学术论文的重要组成部分，文后列出参考文献的目的：① 体现科学文化的继承性和发展历史；② 尊重和保护他人的著作权；③ 便于编辑和审稿人准确评价论著的学术、技术水平；④ 与读者共享信息资源。

引文必须是研究者阅读过，且对自己研究的观点、材料、论据、统计数据等有启发和帮助的文献，不能引而不用（伪引），更不能用而不引。

被列入的参考文献应该只限于那些著者亲自阅读过和论文中引用过而且正式发表的出版物或其他有关档案资料。私人通信、内部讲义及未发表的著作一般不宜作为参考文献著录，但可用脚注或文内注的方式说明引用依据。

对于论文文中参考文献的引用以及文后参考文献的著录格式，2005 年 3 月 23 日，国家质量监督检验检疫总局和中国标准化管委会发布了 GB/T 7714—2005《文后参考文献著录规则》，规定了各个学科、各种类型出版物的文后参考文献的著录项目、著录顺序、著录用的符号、各个著录项目的著录方法以及参考文献在正文中的标注法。

小贴士

国内外各种刊物的论文格式和参考文献著录格式有所不同。如果想在某期刊上发表论文，应该到该期刊的网站上查看“投稿指南”或“征稿要求”。

10. 附录

附录是论文的附件，不是必要组成部分。它在不增加文献正文部分的篇幅和不影响正文主体内容叙述连贯性的前提下，向读者提供论文中部分内容的详尽推导、演算、证明、仪器、装备或解释、说明，以及提供有关数据、曲线、照片或其他辅助资料（如计算机的框图和程序软件）等。

8.2.4 学术论文的撰写步骤

撰写学术论文是一种行为过程，这一过程包括科学研究和执笔撰写两大阶段。科技论文的写作绝不仅是一个“写”字，其前期要做长时间的大量研究工作，研究是论文的写作基础。在科技论文的写作过程中，自始至终要把重点放在研究上，即要在研究上下工夫。研究阶段的主要工作是收集和积累大量材料，进行深入地分析，探索事物内在本质，抓住规律，解决种种问题。有了好的研究成果，谋篇构思后，执笔行文才能做到水到渠成。

1. 选题

论文选题是指论文要论述的范围或研究方向，通常是研究过程中选定的研究课题。不管是社会科学还是自然科学，可供研究的课题数不胜数，但并不是任何选题都具有研究价值，可以形成论文。选题既受到本人学术水平、研究能力的限制，又受到研究条件的制约。因此，选择既能反映自己科学水平和创新能力，又符合客观条件的课题不是一件容易的事情。所以，人们常讲“好的选题意味着成功的一半”。那么在选题时，应该注意什么呢？

① 要选择有科学价值的论题。科学价值体现在两个方面：一是实用价值，即能解决人们社会活动中的一些实际问题，对人们的社会实践活动具有指导意义；二是理论价值，即科学本身发展的意义，也就是说科学研究的选题应该直接或间接有利于我国的社会化建设，推动我国科学事业的发展，有利于人类的进步。

② 选择适合自己特点的论题。科技论文写作一定要从自己的实际出发，考虑个人特点。个人特点主要指两个方面：一是自己的业务知识和学科特点；二是结合自己的兴趣和爱好。

③ 选题要具有可行性。可行就是要选条件成熟，难易适当的论题。影响课题现实可行的因素有主客观两方面的条件：客观条件，如资料、信息、图书不足，实验手段、仪器设备缺乏等；主观条件，如学识有限，学科知识储备不足，对某一专题研究时间较短，尚无深刻而独到的见解等。

2. 信息的收集、整理与分析

确定论文的选题后，便要开始进行资料的收集工作。学术研究必须建立在对前人研究成果的继承和最新科学技术的吸收上。在每一项学术研究中，必须通过收集到的资料，了解课题已有的成果及目前的状况，只有这样才能避免重复他人研究的课题，把学术研究放到一个新的起点上，在继承他人已有研究成果的基础上发展创新。所以说，收集资料是撰写论文的基础。

信息的收集应从两个方面着手：一是亲自进行调查研究，把观察到的现象与测量到的数据详细记录下来；二是通过信息检索获取与研究课题相关的各种资料。

资料的整理分析就是将所获取的资料经过阅读、鉴别、评估、筛选和分类、汇编、分析、撰写读书报告和资料综述，使原来分散的、个别的、局部的、无系统的资料，变成能说明事物的发展过程或整体，显示其变化的轨迹或状态，论证其道理或指出其规律的系统资料。最后根据研究的目的或文章的主题决定取舍，并考虑资料在文中如何引用最为恰当。

3. 确定主题

主题是作者在一篇论文中提出的基本观点或中心论点。在一篇学术论文中只能有一个主题，并要求不论其长短，该主题必须贯穿始终，也就是所有内容必须围绕主题来撰写。

论文的选题一般只规定了论文研究的一个大致的方向，论文的具体主题则需要根据选题占有信息并进行整理分析后形成。提炼主题时要善于从大量的现象或材料中揭示事物的本质，善于抓住重要矛盾，同时还要注意抓住事物的特点，发现事物发展的规律，逐步形成自己的观点。

4. 编写提纲

提纲是论文的骨架，从写作程序上讲，编写提纲是作者动笔行文前的必要准备。用简洁明了的语言安排出论文的篇章结构，把文章的逻辑关系视觉化，就是编写提纲。一个好的提纲能帮助作者理清思路，把握论文的逻辑结构，将观点和材料组织成先后有序、连贯周密的论文轮廓。

提纲可分为简单提纲（又称“标题提纲”）和详细提纲（又称“句子提纲”）。简单提纲即根据写作格式的要求，用标题的形式非常概括地写出各部分的内容。这种提纲简明扼要，一目了然，也节省时间。详细提纲是根据基本格式的要求，用一个或几个能表达完整意思的句子把各部分的内容写出来。这种方法具体、明确，不易遗失内容。提纲的选择要根据作者的需要来编制。如果考虑周到，调查详细，用简单提纲即可完成论文写作；但如果考虑粗疏，调查不周，则必须用详细提纲。对于初次写作的人，或者写作内容比较复杂的论文，一般采用详细提纲。

5. 撰写初稿

撰写初稿就是按照写作提纲，围绕论文主题把自己的研究成果和逐步形成的思想、观点表达出来。一般学术论文写作的思路是：提出问题、分析（解决）问题、得出结果和结论。

引言部分写作的重点是提出问题，让读者明白作者是“如何提出问题”或“为什么要提出这个问题”，提出这个问题的“必要性和重要性”。正文部分写作的重点是“如何解决（分析）问题”，其展开一定的广度与深度，以达到使读者明了“作者从不同的角度已经把产生问题的原因分析透彻”“解决问题的方法符合科学理论”“而且得到了使人可以相信的结果”为度。结论部分写作的重点是作者对自己的研究成果作出结论。

初稿不是定型的论文，只算是论文雏形，所以内容要尽可能丰富、充分，即便有自相矛盾、重复的地方也不要紧。

6. 修改定稿

写出初稿，最多只算完成了一半的写作任务。从内容到形式，学术论文需要修改的地方很多，可以从推敲标题、调整结构、订正论点、控制篇幅、更动材料、锤炼语言、论文格式等几个方面着手。修改是提高论文质量的重要环节。

一般来说，论文修改的方法有自改法、他改法和综合法3种。自改法，是指作者自己修改，可以趁热打铁，尽快修改，也可以放置一段时间，等写作兴奋期过了再改，还可以反复诵读，诵读比一般的阅读更能发现不足。他改法，是指论文初稿写好后，可以请导师、学长或者同学帮忙修改。导师和学长由于不熟悉该课题，会有不同的发现和不同的观点，可使论文更客观和全面。综合法即将自改法和他改法的结合起来。一篇论文通过自改和他改的反复修改，才可精益求精。

8.2.5 学术论文投稿宜忌

论文只有发表才能达到广泛交流的目的，才能形成科研成果被学术界认可，学术论文大多都是通过学术期刊发表的。除了论文本身的质量外，投稿也有一定的技巧，投稿恰当，论文被采用的几率就会大很多。

1. 恰当评估自己论文的水平

投稿前应恰当地评估论文的水平：是有重大的理论创新，还是仅仅为理论在某个领域的应用，是重大的发明发现，还是一得之见，其创新性怎样，学术性、价值到底如何。如果仅仅是一得之见却向国家级权威刊物投稿，采用的几率几乎为零；如果论文质量非常高，创新性非常高，却投向低层次的刊物，也许能采用，但论文的价值会打折扣。初次投稿最好请专业教师帮忙把关，避免盲目性。

2. 准确了解刊物信息

（1）了解本学科专业期刊和核心期刊

北京大学出版社出版的《中文核心期刊要目总览》，介绍了各学科领域内的核心期刊和一般期刊，可以起到较好的指导作用，也可以上网了解期刊信息，如报刊浏览网。可通过检索工具选择出自己想投稿的刊物，到阅览室翻阅这些刊物，对这些刊物的办刊方针、刊登范围、刊登的论文水平和篇幅有一个更具体、直接的了解，以提高投稿的针对性。

（2）了解期刊的等级

期刊有正式和非正式出版之分，鉴别标志是其有无正式刊号，即ISSN号或CN；正式出版物又有核心与非核心之分，目前不少高校把学术论文是否在核心期刊上发表作为评价论文水平的一个标准。了解期刊的等级，有助于根据自己论文的实际情况，调整投稿目标。首投可以考虑级别稍高的刊物，不中后再退而求其次。

(3) 了解学术期刊的出版周期、发行量等

一般而言，出版周期短的刊物，其发文的速度快且用稿量相对较大，论文录用的机会要多一些；另外，非核心期刊、边远省份和非省会城市的刊物投稿的人要少一些，水平也低一些，论文录用率要高一些。

(4) 了解刊物的用稿偏好

了解刊物的征稿要求、栏目、发文质量。不同的期刊的办刊方针是不同的，有的偏理论，有的重实践，有的喜短小精悍，有的爱长篇大论。总之，应根据自己的论文寻找最匹配的刊物。

3. 按目标刊物的刊稿格式编写论文

虽然学术期刊论文的大概格式都差不多，但先后顺序、款项的多寡及顺序还是略有不同的，可通过相应出版物或网站查阅该刊具体要求。

4. 和编辑部的联系渠道保持畅通

及时与编辑部沟通，可打电话或发送电子邮箱，也可在投稿平台上发信息。如果编辑部返回修改意见，一般应按要求修改。若不能按时或者按要求修改好论文，或觉得有可商榷之处，应及时作出说明或给出不能修改的原因。

5. 切忌一稿多投

投稿时要遵循一定的道德规范，不能一稿二投甚至一稿多投。按照《中华人民共和国著作权法》以及各报刊的一般约定，如果投出的论文 3 个月内没有得到采用的消息，作者可以再投稿。

小贴士

若投出的论文 3 个月内没有得到采用的消息，可向编辑部询问，确认没有被录用后，再改投其他刊物，以免产生不必要的误会。因为有些刊物发现作者有一稿多投的行为后，会将作者拉入“黑名单”，从此不再刊登该作者的任何稿件，这对科研工作者而言损失颇大。万一一稿多发，误人误己，会给自己留下学术上的阴影。

扩展阅读① 文献管理软件

开展一个课题研究，或写作一篇论文，会收集、利用到动辄几十、上百甚至几百篇文献信息，在研究的过程中，这些文献信息或启发作者思路，或作为研究的依据、基础。如何高效搜索、科学管理和便捷应用文献信息成为亟待解决的问题。为此，文献管理软件(Bibliographic Software)应运而生。文献管理软件是一种用于帮助学者进行信息的收集、整理、分析乃至写作及参考文献管理的软件，其基本功能如下：

① 文献管理。文献管理软件可实现个人数据库的建立，也可完成以参考文献为

中心的个人知识管理。用户可以在其界面上实现文献的数据去重、库内检索、按字段排序、标志及数据统计等多项文献管理功能。

② 引文助手。文献管理软件安装成功以后，在 Microsoft Word 会自动生成插件，用户利用 Word 撰写论文时，即可借助该工具栏插入参考文献，已插入的参考文献会自动定位与编号，还可以根据指定的格式（系统自带国内外大部分常用期刊模板，也可自定义）将引用文献附在论文的最后，免去引文作业带来的系列烦琐工序。

③ 智能化网上检索。用户能在文献管理软件界面上检索学术文献，也可以实现文献的批量下载。

目前常见的中文文献管理软件有 NoteExpress、文献之星、医学文献王、PowerRef 等，其中 NoteExpress 应用比较广泛；外文文献管理软件有汤姆森公司开发的 Reference Manager、EndNote、ProCite 单机系列产品和 CSA 公司推出的联机 Refworks 系统，其中 EndNote 应用比较广泛。另外，西安知先信息技术有限公司开发的 NoteFirst 软件，除具备一般文献管理软件的功能而外，还提供团队科研协作及个性化服务，十分方便使用者对文献的批量下载、论文写作、知识搜集及资源的共享、交流等团队科研协作。

8.3 学术规范、学术不端与合理使用

8.3.1 学术规范

所谓学术规范，是指学术共同体内形成的进行学术活动的基本规范，或者根据学术发展规律制定的有关学术活动的基本准则，它要求学术研究人员在学术活动过程中，尊重知识产权和学术伦理，严禁抄袭剽窃，充分理解、尊重前人及今人已有之相关学术成果，并通过引证、注释等形式加以明确说明，从而在有序的学术对话、学术积累中加以创新。

学术规范主要包括学术法律规范、学术道德规范、学术写作规范、学术评价规范等，和大学生相关度最高的是前 3 个规范，其中写作规范在学术论文的格式与撰写中已有详细交代，此处主要讨论学术法律规范和学术道德规范。

1. 学术法律规范

学术法律规范是指学术活动必须遵循的法律法规。学术活动除受《中华人民共和国宪法》《中华人民共和国保守国家秘密法》《中华人民共和国统计法》等法律法规约束外，还应遵循与之关系最密切的《中华人民共和国著作权法》。

按照《中华人民共和国著作权法》等有关法律文件的规定，在学术活动中应特别注意做到以下 5 点。

（1）合作创作作品的版权由合作作者共同享有

合作作者中的每一个人都无权单独行使合作作品的版权。合作作品的署名应按照对科学研究成果所作贡献大小排列，但另有学科署名惯例或作者另有约定的除外。

（2）未参加创作的不可在他人作品上署名

艺术作品和学术成果的创作是艰苦的智力活动，需要创作者付出创造性劳动。如果没有参加创作，或只是参加了一些创作活动的准备、组织及咨询服务性工作，不能认为是参加了作品的创作，因而不能在作品上署名。

（3）不允许剽窃、抄袭他人作品

应坚决杜绝以稍微改变形式或内容，将他人作品的部分或全部据为已有，并以新作品的形式加以发表的剽窃行为，以及直接将他人作品的大部分或部分内容，以相同的形式，窃为已有的抄袭行为。

（4）禁止在法定期限内一稿多投

《中华人民共和国著作权法》明确规定，自作者稿件发出之日起 15 日内未收到报社通知决定刊登的，或者自作者稿件发出之日起，30 日内未收到杂志社通知决定刊登的，作者可将同一作品投向其他报刊社。同时又明确规定双方另有约定的除外。目前，我国学术性期刊一般都把通知作者的时间规定为 3 个月，应在此规定的时间内避免一稿多投，以保证报刊社在采用稿件时享有先于其他报刊登载的权利。

（5）可以合理使用他人作品的有关内容

学术研究、学术写作离不开对他人成果的借鉴和利用，都不同程度地存在引用他人已发表（出版）作品文字的现象，即对他人作品著作权的合理使用。合理使用他人作品的有关内容必须符合以下条件：① 引用的目的仅限于介绍评论某一作品或说明某一问题；② 所引用的部分不能构成引用人作品的主要部分或者实质部分；③ 不得损害被引用作品著作权人的利益。符合这 3 个条件时，可不经过著作权人同意，不向其支付报酬，但必须在自己作品中指明被引用作品的作者姓名、作品名称及版权事项。

2. 学术道德规范

学术道德规范是对学术工作者从思想修养和职业道德两方面提出的应该遵守的道德规范，具体内容包括：

① 在学术活动中，必须尊重知识产权，充分尊重他人已经获得的研究成果；引用他人成果时如实注明出处；所引用的部分不能构成引用人作品的主要部分或者实质部分；从他人作品转引第三人成果时，如实注明转引出处。

② 合作研究成果在发表前要经过所有署名人审阅，并签署确认书。所有署名人对研究成果负责，合作研究的主持人对研究成果整体负责。

③ 在对自己或他人的作品进行介绍、评价时，应遵循客观、公正、准确的原则，在

充分掌握国内外材料、数据基础上作出全面分析、评价和论证。

④ 尊重研究对象，包括人类和非人类研究对象。在涉及人体的研究中，必须保护受试人合法权益和个人隐私并保障其知情同意权。

⑤ 在课题申报、项目设计、数据资料的采集与分析、公布科研成果、确认科研工作参与人员的贡献等方面，遵守诚实客观原则。搜集、发表数据要确保有效性和准确性，保证实验记录和数据的完整、真实和安全，以备考查。公开研究成果、统计数据等，必须实事求是、完整准确。对已发表研究成果中出现的错误和失误，应以适当的方式予以公开和承认。

⑥ 诚实严谨地与他人合作。耐心诚恳地对待学术批评和质疑。

⑦ 对研究成果作出实质性贡献的有关人员拥有著作权。署名人应对本人作出贡献的部分负责，发表前应由本人审阅并署名。

⑧ 不得利用科研活动谋取不正当利益。正确对待科研活动中存在的直接、间接或潜在的利益关系。

8.3.2 遵守学术规范，杜绝学术不端

学术不端是指在科学研究和学术活动中的各种造假、抄袭、剽窃和其他违背学术活动公序良俗的行为。

1. 学术不端的种类

(1) 重复发表

同一个作者的同一篇论文在不同的学术刊物上正式发表，这往往是作者一稿多投造成的，责任也要由作者负责。

(2) 自我抄袭

有的作者把学位论文的一部分改头换面甚至原封不动地在学术刊物上再发表，构成了自我抄袭。

(3) 拿来主义

这种现象在生物医学领域的论文中比较常见。如直接复制他人的试验方法和操作描述，然后在试验条件和数据上略作更改替换。

(4) 东拼西凑

论文大部分的内容几乎都能找到与之相匹配的已发表文献，且非只一篇，造成这种情况的原因可能是作者整篇论文的写作是东拼西凑完成的。

(5) 剽窃与抄袭

著作权法所称抄袭、剽窃基本是同一概念，只不过程度或表现形式略有不同而已，都指将他人作品或者作品的片段窃为己有。论文剽窃有两种：一种是剽窃观点，用了他人的观点而不注明，让人误以为是论文作者的观点；一种是剽窃文字，照抄别人的文字表述而没有注明出处，也没有加引用符号，让人误以为是作者的表述。

2. 论文检测

为了应对抄袭,各种论文检测工具(又称学术不端文献检测工具)应运而生。目前大多数检测系统对文字复制的检测已经达到相当高的水平,但对于图表、公式、数据的抄袭和篡改等行为的检测还达不到要求。此外,学术不端文献检测系统只是将检测文献中与其他已发表文献中的雷同部分客观陈列出来,并提供文字复制百分比,但百分比只是描述检测文献中重合文字所占全部文字比例的大小程度,并不是指该文献的抄袭严重程度。当然,相对来说,百分比越大,重合字数越多,存在抄袭的可能性越大,但是检测系统不能自行判断否属于抄袭及抄袭的严重程度,仍需由专家审查后决定。

现在流行的论文检测系统主要是由三大中文期刊数据库提供商开发的,即中国知网论文检测系统、万方论文相似性检测系统和维普通达检测系统。得到公认并被部分高校用作论文检测标准的是中国知网和万方的检测系统。一般高校会在毕业论文送审前要求经过学术不端的检测,甚至部分学术刊物也要求作者在投稿前先期进行学术不端检测。

其实,最知道论文是否抄袭的是作者自己,在进行学术研究之初就应该学习学术规范,尊重前人成果,合理使用、规范标引与著录。

案例 8-1　浙江某大学副教授论文剽窃事件

2008 年 10 月 16 日,浙江某大学收到一封检举信,说该校某副教授涉嫌学术剽窃。

该校随后展开调查。一个月后,因涉嫌抄袭、剽窃实验数据,发表共计 8 篇假论文,学校撤销该副教授职务和任教资格,并将其开除。

受学术剽窃事件牵连,该副教授原所在研究室主任亦被解聘,其原学院院长也负有监管不力的责任,不再续聘。

小贴士

学术论文是衡量一个人学术水平和科研能力的重要标志。目前一般硕士、博士的学位论文、科技期刊论文都会被数据库收录,它既是论文作者的荣誉,也是一种严格的考验,如果存在抄袭,会对自己的学术成长产生不可估量的负面影响,学术研究者一定要戒之慎之。

8.3.3　网络环境下信息的合理使用

合理使用是知识产权方面的一个概念,它是指允许人们无须征求版权所有者的同意,就可以自由使用受版权保护的部分内容。合理使用概念是在美国 Flson Vs. Mars 一案中提出的,在美国 1976 年《著作权法》中被法典化。现在“合理使用”这个概念在许多国家的著作权法中都存在。建立合理使用制度的初衷是为了解决后续的作者创作新作品如何利用先前作者的作品的问题。

在网络环境中，智力作品的物质表达与传播状况导致更深层次的问题。在网络环境中，作品以数字化形式传输、下载，复制作品非常容易，并且成本更加低廉。在网络上，作者和社会公众（网络用户）之间的关系似乎处于一种对抗状态：作者需要将其作品的著作权延伸到网络空间，以使自己的作品权益在信息社会新的传媒方式下得到保障；而社会公众也有权利享受信息技术带来的利用人类知识和信息的方便，因而需要在网络空间利用作品。网络环境既需要保护作者和其他著作权人的权益，也需要保障社会公众能够广泛地接近网络世界中的作品。解决这种对抗状态的制度设计的办法仍然是建立网络空间的合理使用原则。关于网络空间合理使用制度的构建，各国都在积极地探索中。

1. 我国网络环境中合理使用判断标准

我国著作权法对于合理使用采取列举式的立法体例，即将符合合理使用的情形逐一进行列举，并设有明确给出合理使用的判断标准。而对于传统著作权的限制方式是否同样适用于信息网络环境，我国 2013 年修订的《中华人民共和国著作权法》并未做明确规定。

结合 2005 年颁布的《互联网著作权行政保护办法》和 2006 年颁布、2013 年修订的《信息网络传播权保护条例》，我国网络环境中合理使用判断标准，可建立以下三个基本要素：

① 使用的目的及其性质。使用目的必须正当，不能借合理使用之名行剽窃之实。在网络领域，合理使用须以善良之目的、公益之性质为判断标准，而不以是否营利为基本判断标准。

② 作品的性质。由于与公共利益的关系密切程度不一样，对不同的作品合理使用可有不同的要求，如政府公共信息网上的公共事务信息可由读者自由下载，其合理使用的要求较低。

③ 使用的程度。以下情形属侵权行为：大量引用原作应视为侵权，一般来说，在作品中少量使用原作片断被视为合理使用；不得照搬原作的精华部分，一般来说，作品的精华部分更能体现文章的独创性特点，对精华部分的保护应优先于其他部分；对经济价值的影响，不管使用者是否取得了实质性的利益，只要给权利人造成了实质性的“市场损害”，就不属于合理使用。

2. 我国网络电子期刊、电子数据库合理使用的一般性规则

在我国，授权用户出于个人的研究和学习目的，可以对大型网络产品（如电子期刊、数据库）进行以下合理使用：

① 对网络数据库进行检索；

② 阅读检索结果（文摘索引记录或全文文章，下同）；

③ 打印检索结果；

④ 下载检索结果存储在自己个人计算机上；

⑤ 将检索结果传送到自己的电子邮件信箱里；

⑥ 承担使用单位正常研究生教学任务的授权用户，可以将作为教学参考资料的少量检索结果，下载并组织到供本单位教学使用的课程参考资料包中，置于内部网络中的安全计算机上，供选修特定课程的研究生在该课程进行期间通过内部网络进行阅读。

以下行为超出了合理使用范围，是侵犯网络数据库商知识产权的行为，应严格禁止：

① 对文摘索引数据库中某一时间段、某一学科领域或某一类型的数据记录进行批量下载；

② 对全文数据库中某种期刊（或会议录），或它们中的一期或者多期的全部文章进行下载；

③ 利用批量下载工具对网络数据库进行自动检索和下载；

④ 存储于个人计算机的用于个人研究或学习的资料以公共方式提供给非授权用户使用；

⑤ 把课程参考资料包中的用于特定课程教学的资料以公共方式提供给非授权用户使用；

⑥ 设置代理服务器为非授权用户提供服务；

⑦ 在使用用户名和口令的情况下，有意将自己的用户名和口令在相关人员中散发或通过公共途径公布；

⑧ 直接利用网络数据库对非授权单位提供系统的服务；

⑨ 直接利用网络数据库进行商业服务或支持商业服务；

⑩ 直接利用网络数据库内容汇编生成二次产品，提供公共或商业服务。

扩展阅读② 学位论文作假行为处理办法

2012年11月13日，中华人民共和国教育部令第34号公布了《学位论文作假行为处理办法》（以下简称《办法》）。该《办法》是教育部颁布的首部处理学术不端行为的部门规章。《办法》共16条，对学位论文作假行为情形、学位授予单位和导师职责以及各有关主体作假行为的处罚等方面作出了明确规定。该办法曾被网友称为对论文作假的"史上最严处罚"。

该办法所称学位论文作假行为包括下列情形：

（一）购买、出售学位论文或者组织学位论文买卖的；

（二）由他人代写、为他人代写学位论文或者组织学位论文代写的；

（三）剽窃他人作品和学术成果的；

（四）伪造数据的；

（五）有其他严重学位论文作假行为的。

对涉及学位论文作假相关人员的处理办法

（一）学位申请人员的学位论文出现购买、由他人代写、剽窃或者伪造数据等作假情形的，学位授予单位可以取消其学位申请资格；已经获得学位的，学位授予单位可以依法撤销其学位，并注销学位证书。取消学位申请资格或者撤销学位的处理决定应当向社会公布。从作出处理决定之日起至少三年内，各学位授予单位不得再接受其学位申请。前款规定的学位申请人员为在读学生的，其所在学校或者学位授予单位可以给予开除学籍处分；为在职人员的，学位授予单位除给予纪律处分外，还应当通报其所在单位。

（二）第八条为他人代写学位论文、出售学位论文或者组织学位论文买卖、代写的人员，属于在读学生的，其所在学校或者学位授予单位可以给予开除学籍处分；属于学校或者学位授予单位的教师和其他工作人员的，其所在学校或者学位授予单位可以给予开除处分或者解除聘任合同。

（三）第九条指导教师未履行学术道德和学术规范教育、论文指导和审查把关等职责，其指导的学位论文存在作假情形的，学位授予单位可以给予警告、记过处分；情节严重的，可以降低岗位等级直至给予开除处分或者解除聘任合同。

（四）社会中介组织、互联网站和个人，组织或者参与学位论文买卖、代写的，由有关主管机关依法查处。

（五）对于“制度不健全、管理混乱，多次出现学位论文作假或学位论文作假行为影响恶劣”的学位授予单位，将“暂停或撤销其相应学科专业授予学位的资格、核减其招生计划”。

教育部学位管理与研究生教育司有关负责人表示，《办法》的出台施行，首次明确界定了学位论文作假行为和对各行为责任主体的处罚，对打击学术造假、依法规范管理、重塑科学道德与学风环境具有重大意义。各高校应严格执行《办法》，加强教育和监督，杜绝学术不端行为。

该办法自2013年1月1日起施行。《学位论文作假行为处理办法》全文，可查看教育部发布的2013年《教育部公报》第1、2号。网址为：http://www.moe.gov.cn/publicfiles/business/htmlfiles/moe/s7162/201406/170437.html。

练习与思考

1. 学术论文包括哪几部分？具体撰写学术论文有哪些具体要求？
2. 投稿的注意事项和基本技巧有哪些？
3. 你所在专业的论文可向哪些学术期刊投稿？这些期刊各自有哪些特点？
4. 在学术活动中应怎样遵守学术规范，避免学术不端？

附录1

文后参考文献著录规则(节选)

文后参考文献著录规则,是中华人民共和国国家标准化管理委员会发布的一项专门供著者和编辑编撰学术文章文后参考文献的国家标准,最新版于2005年发布,编号为GB/T 7714—2005。本标准规定了各个学科、各种类型出版物的文后参考文献的著录项目、著录顺序、著录用的符号、各个著录项目的著录方法以及参考文献在正文中的标注法。为方便读者查用,特将各类型出版物的著录格式节选如下。

1. 专著

[序号]主要责任者. 题名:其他题名信息[文献类型标识]. 其他责任者. 版本项. 出版地:出版者,出版年:引文页码[引用日期]. 获取和访问路径.

[1]余敏. 出版集体研究[M]. 北京:中国书籍出版社,2001:179-193.

2. 专著中析出的文献

[序号]析出文献主要责任者. 析出文献题名[文献类型标识]. 析出文献其他责任者//专著主要责任者. 专著题名:其他题名信息. 版本项. 出版地:出版者,出版年:析出文献的页码[引用日期]. 获取和访问路径.

[1] 程根伟. 1998年长江洪水的成因与减灾对策[M]//许厚泽,赵其国. 长江流域洪涝灾害与科技对策. 北京:科学出版社,1999:32-36.

[2] 陈晋镳,张惠敏,朱士兴,等. 蓟县震旦亚界研究[M]//中国地质科学院天津地质矿产研究所. 中国震旦亚界. 天津:天津科学技术出版社,1980:56-114.

3. 期刊文献

[序号]主要责任者. 文献题名[文献类型标识]. 刊名,年,卷(期):起止页码.

[1] 何龄修. 读南明史[J]. 中国史研究,1998,(3):167-173.

[2] 李晓东,张庆红,叶瑾琳. 气候学研究的若干理论问题[J]. 北京大学学报:自然科学版,1999,35(1):101-106.

4. 报纸文章

[序号] 主要责任者. 文献题名[文献类型标识]. 报纸名,出版日期(版次).

[1] 毛峡. 情感工学破解"舒服"之谜[N]. 光明日报,2000-4-17(B1).

[2] 谢希德. 创造学习的新思路[N]. 人民日报,1998－12－25(10).

5. 电子文献

主要责任者. 题名:其他题名信息[文献类型标志/文献载体标志]. 出版地:出版者,出版年(更新或修改日期)[引用日期]. 获取和访问路径。

萧钰. 出版业信息化迈入快车道[EB/OL]. (2001－12－19)[2002－04－15] http://www.cveader.com/news 20011219/200112190019.html.

6. 会议论文集

[序号] 主要责任者. 文献题名[文献类型标识]. 论文集名. 出版地:出版者,出版年:起止页码.

[1] 毛峡. 绘画的音乐表现[C]. 中国人工智能学会2001年全国学术年会论文集. 北京:北京邮电大学出版社,2001:739－740.

7. 学位论文

[序号] 主要责任者. 文献题名[文献类型标识]. 保存地:保存单位,年份.

[4] 张和生. 地质力学系统理论[D]. 太原:太原理工大学,1998.

8. 报告

[序号] 主要责任者. 文献题名[文献类型标识]. 报告地:报告会主办单位,年份.

[5] 冯西桥. 核反应堆压力容器的LBB分析[R]. 北京:清华大学核能技术设计研究院,1997.

9. 专利文献

[序号] 专利所有者. 专利题名:专利国别,专利号[文献类型标识],发布日期.

[6] 姜锡洲. 一种温热外敷药制备方案:中国,881056078[P],1988－08－12.

10. 国际、国家标准

[序号] 标准代号,标准名称[文献类型标识]. 出版地:出版者,出版年.

[7] GB/T 16159—1996,汉语拼音正词法基本规则[S]. 北京:中国标准出版社,1996.

附录2

中国图书馆分类法(第五版)简表

A 马克思主义、列宁主义、毛泽东思想、邓小平理论
- A1 马克思、恩格斯著作
- A2 列宁著作
- A3 斯大林著作
- A4 毛泽东著作
- A49 邓小平著作
- A5 马克思、恩格斯、列宁、斯大林、毛泽东、邓小平著作汇编
- A7 马克思、恩格斯、列宁、斯大林、毛泽东、邓小平生平和传记
- A8 马克思主义、列宁主义、毛泽东思想、邓小平理论的学习和研究

B 哲学、宗教
- B0 哲学理论
- B1 世界哲学
- B2 中国哲学
- B3 亚洲哲学
- B4 非洲哲学
- B5 欧洲哲学
- B6 大洋洲哲学
- B7 美洲哲学
- B80 思维科学
- B81 逻辑学(论理学)
- B82 伦理学(道德哲学)
- B83 美学
- B84 心理学
- B9 宗教

C 社会科学总论

C0 社会科学理论与方法论

C1 社会科学概况、现状、进展

C2 社会科学机构、团体、会议

C3 社会科学研究方法

C4 社会科学教育与普及

C5 社会科学丛书、文集、连续性出版物

C6 社会科学参考工具书

[C7]社会科学文献检索工具书

C79 非书资料、视听资料

C8 统计学

C91 社会学

C92 人口学

C93 管理学

[C94]系统科学

C95 民族学、文化人类学

C96 人才学

C97 劳动科学

D 政治、法律

D0 政治学、政治理论

D1 国际共产主义运动

D2 中国共产党

D33/37 各国共产党

D4 工人、农民、青年、妇女运动与组织

D5 世界政治

D6 中国政治

D73/77 各国政治

D8 外交、国际关系

D9 法律

DF 法律

E 军事

E0 军事理论

E1 世界军事

E2 中国军事

E3/7 各国军事

E8 战略学、战役学、战术学
E9 军事技术
E99 军事地形学、军事地理学

F 经济
F0 经济学
F1 世界各国经济概况、经济史、经济地理
F2 经济管理
F3 农业经济
F4 工业经济
F49 信息产业经济
F5 交通运输经济
F59 旅游经济
F6 邮电通信经济
F7 贸易经济
F8 财政、金融

G 文化、科学、教育、体育
G0 文化理论
G1 世界各国文化与文化事业
G2 信息与知识传播
G3 科学、科学研究
G4 教育
G8 体育

H 语言、文字
H0 语言学
H1 汉语
H2 中国少数民族语言
H3 常用外国语
H4 汉藏语系
H5 阿尔泰语系(突厥－蒙古－通古斯语系)
H61 南亚语系(澳斯特罗－亚细亚语系)
H62 南印语系(达罗毗荼语系、德拉维达语系)
H63 南岛语系(马来亚－波里尼西亚语系)
H64 东北亚诸语言
H65 高加索语系(伊比利亚－高加索语系)
H66 乌拉尔语系(芬兰－乌戈尔语系)

H67 闪－含语系（阿非罗－亚细亚语系）
H7 印欧语系
H81 非洲诸语言
H83 美洲诸语言
H84 大洋洲诸语言
H9 国际辅助语

I　文学

I0 文学理论
I1 世界文学
I2 中国文学
I3/7 各国文学

J　艺术

J0 艺术理论
J1 世界各国艺术概况
J19 专题艺术与现代边缘艺术
J2 绘画
J29 书法、篆刻
J3 雕塑
J4 摄影艺术
J5 工艺美术
[J59]建筑艺术
J6 音乐
J7 舞蹈
J8 戏剧、曲艺、杂技艺术
J9 电影、电视艺术

K　历史、地理

K0 史学理论
K1 世界史
K2 中国史
K3 亚洲史
K4 非洲史
K5 欧洲史
K6 大洋洲史
K7 美洲史
K81 传记

K85 文物考古
K89 风俗习惯
K9 地理

N 自然科学总论

N0 自然科学理论与方法论
N1 自然科学概况、现状、进展
N2 自然科学机构、团体、会议
N3 自然科学研究方法
N4 自然科学教育与普及
N5 自然科学丛书、文集、连续性出版物
N6 自然科学参考工具书
[N7]自然科学文献检索工具
N79 非书资料、视听资料
N8 自然科学调查、考察
N91 自然研究、自然历史
N93 非线性科学
N94 系统科学
[N99]情报学、情报工作

O 数理科学和化学

O1 数学
O3 力学
O4 物理学
O6 化学
O7 晶体学

P 天文学、地球科学

P1 天文学
P2 测绘学
P3 地球物理学
P4 大气科学(气象学)
P5 地质学
P7 海洋学
P9 自然地理学

Q 生物科学

Q1 普通生物学
Q2 细胞生物学

Q3 遗传学
Q4 生理学
Q5 生物化学
Q6 生物物理学
Q7 分子生物学
Q81 生物工程学(生物技术)
[Q89]环境生物学
Q91 古生物学
Q93 微生物学
Q94 植物学
Q95 动物学
Q96 昆虫学
Q98 人类学

R 医药、卫生

R1 预防医学、卫生学
R2 中国医学
R3 基础医学
R4 临床医学
R5 内科学
R6 外科学
R71 妇产科学
R72 儿科学
R73 肿瘤学
R74 神经病学与精神病学
R75 皮肤病学与性病学
R76 耳鼻咽喉科学
R77 眼科学
R78 口腔科学
R79 外国民族医学
R8 特种医学
R9 药学

S 农业科学

S1 农业基础科学
S2 农业工程
S3 农学(农艺学)

S4 植物保护
S5 农作物
S6 园艺
S7 林业
S8 畜牧、动物医学、狩猎、蚕、蜂
S9 水产、渔业

T 工业技术
TB 一般工业技术
TD 矿业工程
TE 石油、天然气工业
TF 冶金工业
TG 金属学与金属工艺
TH 机械、仪表工业
TJ 武器工业
TK 能源与动力工程
TL 原子能技术
TM 电工技术
TN 电子技术、通信技术
TP 自动化技术、计算机技术
TQ 化学工业
TS 轻工业、手工业、生活服务业
TU 建筑科学
TV 水利工程

U 交通运输
U1 综合运输
U2 铁道运输
U4 公路运输
U6 水路运输
EU8 航空运输

V 航空、航天
V1 航空、航天技术的研究与探索
V2 航空
V4 航天（宇宙航行）
[V7]航空、航天医学

X　环境科学、安全科学

X1 环境科学基础理论

X2 社会与环境

X3 环境保护管理

X4 灾害及其防治

X5 环境污染及其防治

X7 行业污染、废物处理与综合利用

X8 环境质量评价与环境监测

X9 安全科学

Z　综合性图书

Z1 丛书

Z2 百科全书、类书

Z3 辞典

Z4 论文集、全集、选集、杂著

Z5 年鉴、年刊

Z6 期刊、连续性出版物

Z8 图书报刊目录、文摘、索引

附录3

常用数据库简介

附表1 常用数据库简介

文献类型	序号	数据库名称	加工深度	学科	语种
期刊论文	1	CNKI-中国学术期刊网络出版总库	一次文献	综合性	中文
	2	重庆维普中文科技期刊数据库	一次文献/二次文献	综合性	中文
	3	万方数字化期刊数据库	一次文献	综合性	中文
	4	中国科学引文数据库 CSCD	二次文献	农业科学、生物学、化学、工程学(计算机科学、机械学等)、地球科学、管理学、数学、医学和物理学等诸多领域	中文
	5	ScienceDirect	一次文献/二次文献	物理学与工程、生命科学、健康科学、社会科学与人文科学	外文
	6	EI Village 2	二次文献	机械、汽车、核能、冶金、化工、农业、宇航、生物、地质、燃料、电子、电气、食品、工业管理、数理、仪表、土木、环境、地质等工程类	外文
	7	IEEE/IEE Electronic Library(IEL)	一次文献	天线、电路、通信、电机、能源、无线电、遥感、光学、核科学、计算机、生物医学、X 射线、工业、运输、纳米、安全等	外文
	8	EBSCO	一次文献/二次文献	综合性	外文
	9	科学引文索引扩展版(SCI-E)	二次文献	数、理、化、农、林、医、生命科学、天文、地理、环境、材料、工程技术、管理科学等	外文
	10	SPRINGER LINK	一次文献	综合性	外文
	11	ACS(美国化学学会)	一次文献	化学、环境、材料、植物、毒物、食品、分子生物、燃料与能源、药理与制药学、微生物、聚合物、农业等	外文

续表

文献类型	序号	数据库名称	加工深度	学科	语种
期刊论文	12	ASME Online Journals	一次文献	应用力学、流体力学、动力学、机械设计、能源、医疗器械、摩擦学、振动与声学等	外文
	13	LexisNexis Academic 学术大全	一次文献	法律与商业类居多	外文
	14	Emerald	一次文献	先进自动化、工程计算、电子制造与包装、材料科学与工程、图书馆与信息管理科学等	外文
	15	Nature Archive	一次文献	自然基础科学	外文
	16	Wiely	一次文献/二次文献	综合性	外文
	17	英国皇家物理学会数据库	一次文献	应用物理，计算机科学，凝聚态和材料科学，物理总论，高能和核能物理，数学和应用数学、数学物理，测量科学和传感器，医学和生物学，光学、原子和分子物理，物理教育学，等离子物理	外文
	18	英国机械工程师协会期刊库	一次文献	机械工程	外文
	19	剑桥期刊	一次文献	科技、医学、工程技术、社会科学类	外文
学位论文	1	CNKI 中国博士学位论文全文数据库	一次文献	综合性	中文
	2	CNKI 中国优秀硕士学位论文全文数据库	一次文献	综合性	中文
	3	万方中国学位论文全文数据库(CDDB)	一次文献	综合性	中文
	4	PQDD 学位论文全文数据库	一次文献	文、理、工、农、医等多个领域	外文
	5	PQDD 学位论文文摘数据库	二次文献	文、理、工、农、医等多个领域	外文
	6	江苏大学博、硕士学位论文数据库	零次文献	哲学、经济学、法学、教育学、文学、理学、工学、农学、医学、管理学及其它学科	中文
会议论文	1	CNKI 中国重要会议论文全文数据库	一次文献	基础科学、工程科技、农业科技、医药卫生科技、哲学与人文科学、社会科学、信息科技、经济与管理科学	中文
	2	国家科技图书文献中心中文会议论文库	二次文献	自然科学各专业领域	中文

续表

文献类型	序号	数据库名称	加工深度	学科	语种
会议论文	3	万方中国学术会议文献数据库(CCPD)	一次文献	综合性	中文
	4	IEEE/IEE Electronic Library	一次文献	航空航天、天线、生物医学、生物测定学、电路、通信、电气工程、能源、产业工程、情报技术、纳米技术、核科学、光学、电力、X 光线学、遥感、安全、软件、超级计算机、交通运输、无线电等	外文
	5	EI 数据库中会议论文	二次文献	机械、汽车、核能、冶金、化工、农业、宇航、生物、地质、燃料 、电子、电气、食品、工业管理、数理、仪表、土木、环境、地质等	外文
	6	会议录引文索引(CPCI)	二次文献	生命科学、物理与化学科学、农业、生物和环境科学、工程技术和应用科学等学科的会议文献	外文
图书	1	超星数字图书馆本馆镜像	一次文献	综合性	中文
	2	读秀学术搜索	一次文献/二次文献	综合性	中文
	3	书生数字图书馆	一次文献	综合性,但偏重于文学、经济、计算机、教材教参等	中文
	4	方正 Apabi 数字图书馆	一次文献	内容主要是社会科学、计算机类和精品畅销书,学科涉及文学艺术、语言、历史、经济法律、政治、哲学、计算机等,偏重计算机、外语、经济	中文
	5	中华数字书苑	一次文献	文艺、经济管理、生活、人文社科、计算机与网络、教育、科技、少儿	中文
	6	SPRINGER LINK	一次文献	社会科学、科技、医学	外文
工具书	1	CNKI 中国工具书网络出版总库	三次文献	综合性	中文
	2	读秀学术搜索的词条、词典、人物、知识	三次文献	综合性	中文
	3	中华数字书苑方正 Apabi 工具书	三次文献	综合性	中文
报纸	1	CNKI 中国重要报纸全文数据库	一次文献	综合性	中文
	2	读秀学术搜索	一次文献	综合性	中文
	3	中华数字书苑	一次文献	综合性	中文
	4	EBSCO 中的 Newspaper Source	一次文献/二次文献	综合性	外文

续表

文献类型	序号	数据库名称	加工深度	学科	语种
报纸	5	Lexis Nexis Academic 学术大全	一次文献/二次文献	综合性	外文
索引	1	CNKI 中国引文数据库	二次文献	综合性	中文
	2	中文社会科学引文索引(CSSCI)	二次文献	社会科学	中文
	3	中国科学引文数据库(CSCD)	二次文献	农业科学、生物学、化学、工程学(计算机科学、机械学等)、地球科学、管理学、数学、医学和物理学等诸多领域	中文
	4	科学引文索引扩展版(SCI－E)	二次文献	数、理、化、农、林、医、生命科学、天文、地理、环境、材料、工程技术、管理科学等	外文
	5	会议录引文索引(CPCI)	二次文献	生命科学、物理与化学科学、农业、生物和环境科学、工程技术和应用科学等学科的会议文献	外文
专利	1	中华人民共和国国家知识产权局专利数据库	一次文献	自然科学	中文
	2	上海知识产权专利信息公共服务平台	一次文献/二次文献	自然科学	中文
	3	美国专利商标局 USPTO	一次文献	自然科学	外文
	4	欧洲专利(国际网)	一次文献	自然科学	外文
	5	世界知识产权组织的 IPDL	一次文献	自然科学	外文
标准	1	中国标准服务网(CSSN)	一次文献/二次文献	综合性	中文
多种文献类型	1	新东方多媒体学习库	多媒体	英语	外文
	2	北大法意	一次文献/二次文献	法学	中文
	3	国务院研究发展中心(简称国研网)	一次文献/二次文献	经济、金融、财经	中文
	4	Dialog	一次文献/二次文献	综合性	外文

参考文献

[1] 安新华. 信息素质教育理论与实践[M]. 西安:西安地图出版社,2010.
[2] 包平. 农业信息检索[M]. 南京:东南大学出版社,2003.
[3] 蔡丽萍. 文献信息检索教程[M]. 北京:北京邮电大学出版社,2013.
[4] 曹彩英. 科技信息资源检索[M]. 北京:海洋出版社,2013.
[5] 陈鹤阳. 中文学术搜索引擎的比较研究[J]. 图书馆学研究,2009,(10):45-48.
[6] 陈乃林,周丕创. 技术情报检索与利用[M]. 南京:江苏科学技术出版社,1990.
[7] 陈氢. 信息检索与利用[M]. 北京:清华大学出版社,2013.
[8] 邓发云. 信息检索与利用[M]. 2版. 北京:科学出版社,2013.
[9] 邓仲华. 多语种叙词本体[M]. 武汉:武汉大学出版社,2011.
[10] 方东权,王琼. 现代图书馆及数字资源利用[M]. 北京:中国书籍出版社,2012.
[11] 葛怀东. 文献检索与利用(人文社科)[M]. 上海:上海交通大学出版社,2010.
[12] 葛敬民. 信息检索实用教程[M]. 北京:高等教育出版社,2005.
[13] 郭晓科. 大数据[M]. 北京:清华大学出版社,2013.
[14] 过仕明. 现代信息检索[M]. 哈尔滨:黑龙江教育出版社,2004.
[15] h-index[EB/OL][2014-10-4]. http://baike.baidu.com/view/2360060.htm?fr=aladdin.
[16] 何璃芳. 电子信息资源与计算机检索[M]. 北京:机械工业出版社,2009.
[17] 贺斌. 慕课:本质、现状及其展望[J]. 江苏教育研究,2014(1):3-7.
[18] 衡中青,潘卫东,熊歆. 引文索引及其索引原理[J]. 中国索引,2003(2):12-14.
[19] 洪全. 信息检索与利用[M]. 北京:人民邮电出版社,2011.
[20] 侯延香,王霞. 信息采集[M]. 北京:知识产权出版社,2012.
[21] 黄俊贵. 广东省中山图书馆同人文选[M]. 广州:广东省中山图书馆,1992.

[22] JCR 简介 [EB/OL] [2014 - 10 - 4]. http://baike.baidu.com/view/486400.htm?fr = aladdin.

[23] 金晓详. 数字信息检索与创新[M]. 北京:中国书籍出版社,2013.

[24] 柯平,高洁. 信息管理概论[M]. 北京:科学出版社,2007.

[25] 李曈. 信息检索与利用[M]. 南京:南京大学出版社,2006.

[26] 李武. 开放存取的两种实现途径研究 OA 期刊和 OA 知识库[M]. 上海:上海交通大学出版社,2012.

[27] 李玉莲,陈文. 信息检索与知识创新[M]. 重庆:重庆大学出版社,2011.

[28] 刘国智. 专利的申请及其实施[M]. 西安:西安交通大学出版社,1986.

[29] 刘瑞兴. 期刊引文分析[M]. 北京:中国统计出版社,1995.

[30] 刘湘生. 汉语主题词表的理论和使用[M]. 北京:书目文献出版社,1980.

[31] 刘峥颢. 标准及标准化[M]. 北京:中国计量出版社,2005.

[32] 罗晓涛. 探索移动图书馆服务新模式——以上海图书馆"手机图书馆"为例[J]. 图书馆论坛,2013(2):98 - 101.

[33] 马林山. 信息检索与利用[M]. 合肥:安徽科学技术出版社,2013.

[34] 马晓光,陈泰云,尹戎. 现代文献信息资源检索与利用[M]. 内蒙古:内蒙古人民出版社,2008.

[35] 彭力. 云计算导论[M]. 西安:西安电子科技大学出版社,2013.

[36] 彭莲好,王勇. 现代信息检索基础教程[M]. 武汉:华中科技大学出版社,2014.

[37] 彭奇志. 信息检索与利用[M]. 北京:中国轻工业出版社,2013.

[38] 祁延莉,赵丹群. 信息检索概论[M]. 2 版. 北京:北京大学出版社,2013.

[39] 钱起霖. 汉语主题词表标引手册[M]. 北京:科学技术文献出版社,1985.

[40] 全国图书馆参考咨询联盟管理中心,广东省立中山图书馆. 全国图书馆参考咨询联盟服务指南[EB/OL]. [2014 - 9 - 20]. http://www.ucdrs.net/admin/union/service.jsp.

[41] 乔冬梅. 国外学术交流开放存取发展综述[J]. 图书情报工作,2004(11):74 - 78.

[42] 乔好勤,冯建福,陈爱军. 文献信息检索与利用[M]. 2 版. 武汉:华中科技大学出版社,2013.

[43] 秦玉龙. 实用中医信息学[M]. 北京:中国医药科技出版社,2001.

[44] 沙振江,张晓阳. 人文社科信息检索与利用教程[M]. 镇江:江苏大学出版社,2007.

[45] 沈固朝,储荷婷. 信息检索(多媒体)教程[M]. 北京:高等教育出版社,2009.

[46] 孙平,伊雪峰. 科技写作与文献检索[M]. 北京:清华大学出版社,2012.

[47] 邰峻,张利平. 信息素养与计算机信息检索[M]. 北京:北京航空航天大学出版社,2011.

[48] 王凤琴. 国际专利分类法介绍[M]. 北京:专利文献出版社,1983.

[49] 王丽萍. 文献信息检索与利用[M]. 广州:华南理工大学出版社,2013.

[50] 王良超,高丽. 文献检索与利用教程[M]. 北京:化学工业出版社,2014.

[51] 王守华. 文献传递与馆际互借——利用本馆获取原文的主要途径[EB/OL]. (2013-11-8)[2014-9-20]http://lib.ujs.edu.cn/news/showall.asp?pp=1209.

[52] 吴贤奇. 现代文献信息检索[M]. 南京:东南大学出版社,2007.

[53] 伍雪梅. 信息检索与利用教程[M]. 2 版. 北京:清华大学出版社,2014.

[54] 夏立新. XML 文档全文检索的理论与方法[M]. 北京:科学出版社,2011.

[55] 肖晓旦,张士靖. 医学文献主题标引[M]. 北京:高等教育出版社,2008.

[56] 徐军玲. 实用科技信息检索与利用[M]. 上海:复旦大学出版社,2011.

[57] 徐庆宁,陈雪飞. 新编信息检索与利用[M]. 2 版. 上海:华东理工大学出版社,2012.

[58] 杨飚. 大学生信息检索与利用[M]. 武汉:华中科技大学出版社,2011.

[59] 叶爱芳. 移动图书馆在我国的发展现状与展望[J]. 图书与情报,2011(4):69-71,93.

[60] 袁润,刘红光. 理工科信息检索与利用教程[M]. 镇江:江苏大学出版社,2008.

[61] 袁润,沙振江. 大学生信息素质初级教程[M]. 镇江:江苏大学出版社,2013.

[62] 张厚生,袁曦临. 信息素养[M]. 南京:东南大学出版社,2007.

[63] 张怀涛. 信息检索新编[M]. 武汉:武汉大学出版社,2012.

[64] 张琪玉. 情报检索语言实用教程[M]. 武汉:武汉大学出版社,2004.

[65] 张英福,包和平,宛文红. 网络信息检索原理与应用[M]. 呼和浩特:内蒙古大学出版社,2005.

[66] 张永忠. 信息检索与利用[M]. 上海:复旦大学出版,2010.

[67] 赵莉,丛全滋. 信息素养实用教程[M]. 北京:中国轻工业出版社,2013.

[68] 赵生让. 信息检索与利用[M]. 西安:西安电子科技大学出版社,2013.

[69] 郑瑜,魏毅. 信息检索教程[M]. 北京:人民邮电出版社,2012.

[70] 中国教育网络. MOOC 的三大主流机构[EB/OL]. http://www.edu.cn/li_lun_yj_1652/20130506/t20130506_939019.shtml,2014-09-30.

[71] 中国人工智能学会. 中国人工智能进展 2001 中国人工智能学会第 9 届全国学术年会暨中国人工智能学会成立二十周年庆祝大会论文集[M]. 北京:北京邮电大学出版社,2001.

[72] 中华人民共和国国家质量监督检验检疫总局,中国国家标准化管理委员

会. GB/T 7714－2005 文后参考文献著录规则[S].(2005－3－23)[2014－9－6]. http://www.bzfxw.com/soft/sort055/sort056/565632.html.

[73] 周美芳. 高校学生信息素养评价指标体系及其实证研究[D].哈尔滨:黑龙江大学,2013.

[74] (日)竹田和彦. 专利基础知识[M]. 莫邦富等,译. 上海:上海翻译出版公司,1986.

[75] 周晓英. 信息组织与信息构建[M].北京:中国人民大学出版社,2011.